U0031185

20世紀中國

荒野上的大師

中國考古黃金時代

Rediscover A Lost Era

張泉 著

香港中和出版有限公司
www.hkopenpage.com

推薦序
不可磨滅的足跡

十年前，張泉第一次訪問史語所時，我告訴他，現在的史語所無法定義。

在史學領域，陳寅恪先生那一代人代表着一個大師的時代，但那個時代已經落幕。如今，史語所還能在世界漢學界佔據一席之地，靠的是每一位學人研究成績的累積，大家陸續開拓出新社會史、思想史、宗教文化史、新文化史、環境史等研究方向，走出各自的新路。從前，傅斯年先生認為史語所是一個學派，現在我們卻非常多元。

大師的時代似乎一去不返，但我很高興張泉願意探究那段逝去的時光。

2011 年秋，張泉來訪問史語所。當時他是《生活》雜誌副主編，策劃過敦煌、台北故宮、營造學社等專題報道，他的許多文章都讓我印象深刻。他希望採訪史語所的同仁，記錄幾代學人的心路歷程。那時我正擔任所長，自然全力支持。

離開台灣大約四個月後，他發來一篇三萬多字的長文，請史語所的同仁針對歷史細節幫忙勘誤。看得出，他下了很深的功夫，用豐富的史料展現出史語所從創建到遷台以來的變遷。他的視角獨特，從那一代人構築民族想像與重建公共信仰的角度出發，重新審視史語所的使命、探索與貢獻。他尊重歷史，持論公允，又能以動人的文字娓娓道來。我和幾位同仁讀過，無不交口稱讚。這篇報道在《生活》雜誌刊登後，我請同事又彩印了許多份，分發給所內的同仁和來訪的海內外學者，便於大家了解史語所的歷史淵源與嬗變。

2014 年秋，雲南派代表團來訪，提出在昆明舉辦關於史語所的大型展覽。抗戰期間，史語所被迫南遷，曾有一年半的時間落腳於昆明。據説，舊日的所址和一些故居仍保存完好。雲南方面希望邀請專家，協力策劃這次展覽。恰巧，一個多星期後，張泉再次來採訪，到史語所與我見面。我頓時眼中一亮。策劃這次展覽，他顯然是最合適的人選。他了解史語所的淵源與現狀，並且嚴謹、細緻；而作為資深媒體人，他也擅長以深入淺出的方式把遙遠的歷史傳遞給公眾。

聽了我的提議，張泉也很興奮。後來，他多次去昆明，來台灣，勘察遺跡，查閱檔案資料，尋訪專家和歷史親歷者。他每天到傅斯年圖書館，從開門坐到下班，梳理研究一些塵封的檔案資料，或者來史語所與同仁們訪談交流。大約一年後，他完成了策展方案，格局大氣恢宏，形式生動有趣。經過我所各學門多位同仁評審建議，策展方案又幾易其稿，堪稱是對史語所歷史非常全面、深入的總結和展示，自此，雲南方面也獲得了史語所在大陸完整首展的授權，所掌握的第一手檔案資料的深度與廣度，在大陸無出其右者。

這些年我也一直在關注張泉的寫作，他對晚清民國時期知識分子命運的追溯，對城市和地域文化變遷的探究，還有他與海內外各領域學者的訪談，都讓我感到很有價值。

如今閱讀他寄來的這部書稿，我發現，關於史語所的篇章既熟悉又陌生。他搜集了大量的第一手檔案資料，廣泛閱讀了各種回憶錄、學術論文和專著，對學人的精神、思想與人生發掘得更深入，呈現得更完整。他還把視野擴大到地質調查所、清華國學研究院和中國營造學社，勾勒學人的群像，探究學界的浮沉。這幾家學術機構都與史語所淵源頗深，學人之間存在着複雜又密切的交集，構成一個學術共同體。無論坐擁書齋，還是走向田野，他們都以科學的精神研習「紙上之材料」，探尋「地下之材料」，在無比艱苦的環境中，有了許多震驚世人的大發現，就像張泉在書中所寫的那樣，「不世出的天才湧進同一個時代，合力造就時勢」。

讀着這部書稿，我感慨萬千，不禁想起幾十年前一個隆冬時節。當時我重返哈佛，路過「哈佛中國同學碑」時突發奇想，冒着風雪爬到馱碑的贔屓背上，一字一句辨認、抄錄起模糊的碑文。那座石碑是1936年中國哈佛同學會為慶祝母校創校三百周年捐贈的，其中有一段話，我一直難以忘懷：

> 深識遠見之士，知立國之本必亟以興學為先。創始也艱，自是光大而擴充之，而其文化之宏往往收效於數百年間而勿替。

當年捐贈石碑的一千多名校友中，就有張泉這本書中講到的趙元任、李濟、吳宓、梁思成、梁思永等先生，碑文則是胡適先生的手筆，並由他千里迢迢帶到波士頓。那一代學人以此碑向哈佛致敬，而他們在中國探求學問、傳播新知的歷程，同樣艱辛曲折，同樣深謀遠慮，同樣堅忍不拔，也終於讓學術發揚光大，讓文化澤被後世，令人敬仰，也引人唏噓。

張泉的這本書，讓我們可以更清晰地回望他們走過的路。舊日的足音或已遠去，他們留在文化史上的足跡不可磨滅。

黃進興

目錄

中央研究院歷史語言研究所・重新發現中國

中國營造學社・被遺忘的「長征」

前言
大發現的時代

今日之時代，可謂之發現時代。

——王國維

「極可喜可恨可悲之事」

魯迅平生最自信的事，或許並不是文學。

1927 年 4 月 8 日，他到黃埔軍校演講，標題雖然叫《革命時代的文學》，入題卻是從挖煤開始的——「我首先正經學習的是開礦，叫我講掘煤，也許比講文學要好一些。」[1]

他以此自嘲，幽默地開場，但他其實沒有開玩笑。當還是個少年時，他確實曾對探尋礦藏心嚮往之，並為此下過苦功。

魯迅十八歲考入江南陸師學堂附設的礦務鐵路學堂，到日本弘文學院留學後，依然對礦物情有獨鍾，記錄了大量筆記，手抄、臨摹過許多海外礦業的專著。他甚至下過礦井，踩在半尺深的積水裡，頭頂仍有水不斷漏下，在他周圍，礦工們「鬼一般工作着」。魯迅讀書的時代，地質學仍被稱為「地學」，礦物學則被稱為「金石學」，不明就裡的人或許

1　魯迅：《革命時代的文學》，載《魯迅全集》（第三卷），人民文學出版社，2005 年，第 436 頁。

會以為，這兩門功課探討的仍是輿地和鐘鼎碑版這些古老的學問。[1]

魯迅正式出版的第一本書中有這樣一段話：

> 中國礦產，富有既如是。故帝軒轅氏，始採銅於首山，善用地也。唐虞之世，爰鑄金銀鉛鐵。逮周而礦制成……

當然，那時他還叫周樹人，那本書也不是小説集或雜文集，而是《中國礦產志》，但其流行程度並不亞於他的那些橫眉冷對、嬉笑怒罵的作品集。

《中國礦產志》是魯迅和他的同學顧琅合著的，曾被清政府學部定為國民必讀書。他們期望國人重視並了解自己國家豐富的礦藏，不要總是依賴外國人去研究和轉述；他們更希望未來的中國能自主開礦，發展實業，尋求富強之道。

不過，兩人最終選擇了不同的人生。

留學回國後，顧琅輾轉於教育、實業和政治領域，但並未放棄田野考察，他後來走訪了漢陽、大冶、萍鄉、六河溝、臨城、井陘、開灤、中興、本溪湖、撫順等地，在 1916 年出版了《中國十大礦廠調查記》，書名由張謇題寫。

魯迅選擇了「躲進小樓成一統」。發表《狂人日記》時，他已經三十七歲。人們記住了三十七歲以後的魯迅，卻淡忘了那個曾經企盼尋求礦藏的少年。

由於那段癡迷礦藏的經歷，魯迅一直對困守書齋的所謂「國學家」頗為不屑。1922 年 11 月，他在《晨報副鐫》上撰文嘲諷道：「當假的國學家正在打牌喝酒，真的國學家正在穩坐高齋讀古書的時候，莎士比

1　魯迅：《瑣記》，載《魯迅全集》（第二卷），人民文學出版社，2005 年，第 305—307 頁。

亞的同鄉斯坦因博士卻已經在甘肅、新疆這些地方的沙磧裡，將漢晉簡牘掘去了；不但掘去了，而且做出書來了。」[1] 字裡行間皆是悲愴的冷嘲，哀其不幸，更怒其不爭。

魯迅的評判，其實不算苛責。自 19 世紀後半葉李希霍芬（Ferdinand von Richthofen）以其七次遠征為海外漢學家、探險家踏勘中國揭開序幕，這片遠東的土地就因為極其豐富的自然、歷史與文化資源，吸引着沙畹（Édouard Émmannuel Chavannes）、奧勃魯契夫（B.A.Обручев）、斯文·赫定（Sven Anders Hedin）、桑志華（Emile Licent）、謝閣蘭（Victor Segalen）、斯坦因（Marc Stein）、伯希和（Paul Eugène Pelliot）、柏石曼（Ernst Boerschmann）、伊東忠太、鳥居龍藏、大谷光瑞、關野貞、大村西崖、常盤大定等海外學人紛至沓來，探索地理、礦藏、生物、建築、文物，他們的足跡縱橫南北。

當伯希和在北京六國飯店展示他在中國搜羅的古籍，尤其是敦煌遺書時，官員和學人無不扼腕歎息。羅振玉百感交集，感歎這是「極可喜可恨可悲之事」；兩江總督端方更是早早地認定這是「中國考據學上一生死問題也」。他們深感事態嚴重。即便如此，也很少有人願意像海外學人那樣，親自動身尋訪一番。於是，19 世紀末 20 世紀初的中國出現了一種奇特而尷尬的局面：來自海外的地質學家、考古學家和探險家在中國各地奔波，探訪藏匿在深山荒野間的礦藏、古跡、墓葬、洞窟……不斷地調查、攝影、發掘、整理、分析，而中國學者卻有意無意地對這些珍貴的遺跡視若無睹，或忙於欺世盜名，或甘願囿於書齋。一面是海外學人迫切地想做更多田野調查，卻又因中國之大，夙

1　魯迅：《不懂的音譯》，載《魯迅全集》（第一卷），人民文學出版社，2005 年，第 419 頁。

願難成，只能感歎「大業的完成，恐不是吾輩人能夠等到的」[1]，凡事盡力而為；一面卻是中國學人始終無動於衷，沉溺於「『安樂椅上研究』的博古家時代」[2]。

不過，當魯迅宣泄着滿腹牢騷時，一個充滿轉折意義的時代其實已經來臨，那時，年輕一代中國學人正躍躍欲試。他們大多在海外接受過現代學術訓練，崇尚科學精神，試圖重新發現古老中國的真相，重估文明的價值。他們不憚走向荒野，甚至樂在其中。在這波浪潮中，地質學家先行一步，古生物學家、人類學家、考古學家、建築學家前赴後繼，終於在二三十年間造就風氣，蔚為大觀。

他們是各自領域的拓荒者，也是走出書齋、走向曠野的第一代中國人。這本書希望重述的，正是他們的探索以及他們開創的新紀元。

前所未有的一代人

1913 年，北洋政府工商部創立地質研究所和地質調查所，由丁文江主持，[3] 自此，以丁文江、翁文灝、章鴻釗為代表的中國地質界先驅，就與葛利普（Amadeus William Grabau）、安特生（Johan Gunnar Andersson）、步達生（Davidson Black）、德日進（Pierre Teilhard de Chardin）等海外學者鼎力合作，一面努力培養專業人才，一面堅持不懈地進行田野考察，調查礦藏，勘探石油和煤礦，挖掘恐龍骨架和各

1 參見伊東忠太《中國建築史》，廖伊莊譯，中國畫報出版社，2017 年。

2 李濟：《安陽》，河北教育出版社，2000 年，第 62 頁。

3 1913 年 9 月 8 日的《政府公報》。轉引自宋廣波《丁文江與中國地質事業初創》，載中國社會科學院近代史研究所編《中國社會科學院近代史研究所青年學術論壇（2005 年卷）》，社會科學文獻出版社，2006 年。

種古脊椎動物化石，[1] 發掘史前文明遺址……無論是在地質學、地震學、土壤學，還是古生物學、人類學等領域，都堪稱成就卓著。

1936 年 10 月，中央研究院歷史語言研究所（以下簡稱「史語所」）十五次發掘殷墟，主持者從李濟、董作賓、梁思永，變成了更年輕的石璋如、劉燿、王湘等考古學人。大批甲骨和各種文物陸續出土，殷商時代得到證實，中華文明信史被向前推進了數百年。根據考古發掘，史語所的學人們陸續提出了一系列新的理論架構，諸如董作賓的「貞人說」、梁思永的「三疊層」、傅斯年的「夷夏東西說」等，皆極富開創意義，影響深遠。到 1937 年，法國漢學家伯希和在哈佛大學成立三百周年演講中盛讚史語所的考古發掘：

> 這是近年來全亞洲最重大的考古發掘。中國學者一下子獲得了耶穌降生以前一千年中國歷史的大量可靠材料。[2]

其實，不獨考古組，史語所語言組的成就也不遑多讓。趙元任等人歷時十年，走訪江蘇、浙江、廣東、廣西、皖南、江西、湖南、湖北等地，系統地進行方言實地調查，初步勾勒了中國語言變遷的軌跡，而這些尋訪與研究的意義，正如傅斯年所總結的那樣：「一個民族的語言即是這一個民族精神上的富有。」[3]

加入史語所之前，李濟和趙元任皆任教於清華國學研究院，並在

1　這些恐龍化石大多是由西北科學考察團中方代理團長袁復禮主持發掘的，而魯迅很關注考察團的動向，曾出面向中方團長徐炳昶約稿，徐炳昶後來這樣寫道：「東歸以後，東方雜誌的編輯曾由我的朋友魯迅先生轉請我將本團二十個月的經過及工作大略寫出來……。」

2　王汎森、杜正勝編：《傅斯年文物資料選輯》，「中央研究院」歷史語言研究所，1995 年，第 77 頁。

3　「史語所」籌備處：《歷史語言研究所工作之旨趣》，載國立中央研究院歷史語言研究所集刊編輯委員會編《國立中央研究院歷史語言研究所集刊》（第一本第一分），商務印書館（廣州），1928 年，第 3 頁。

各自領域發起過具有首創意義的田野考察——西陰村的考古發掘和吳語方言調查。清華國學研究院存世雖然只有四年[1]，卻網羅了梁啟超、王國維、陳寅恪、趙元任、李濟兩代名師，不僅為未來中國學界樹立了典範，亦可被視作史語所的「前傳」：陳寅恪、趙元任、李濟都是史語所的主事人，而梁啟超、王國維和陳寅恪雖然沒有參與田野考察，但以各自的遠見卓識和影響力，為學人走向荒野掃清了障礙，更奠定下思想根基，其中，王國維提出的「二重證據法」，影響尤為深遠。

地質調查所和史語所考古組探查的主要是地下的文物，中國營造學社追索的則是地上的古跡。魯迅生前，北京的家中常年擺着一幅從山本照相館購買的佛像照片，[2] 據說，他把這尊河北正定隆興寺的佛像譽為「東方美神」，儘管他畢生都沒見過它的真身。近代中國學人中，最早見到這尊佛像的，或許是中國營造學社法式部主任梁思成。1932年，梁思成一行就冒着戰火，對隆興寺做了詳細的調查、測繪和研究。他認為，這尊塑像雖然遭到後世篡改，但「顯然是宋代原塑」。當然，他關注的不只是造像，更是建築風貌，並盛讚隆興寺的牟尼殿為「藝臻極品」。[3]

魯迅去世時（1936年），中國營造學社創建只有五年，卻已經考察了上百個縣市的兩千餘處古建築，其中的佼佼者，如獨樂寺的觀音閣和山門、西大寺的三大士殿、佛宮寺的釋迦塔、華嚴寺的薄伽教藏，

---

1 1925年，清華大學成立清華研究院國學門，當時亦通稱「清華國學研究院」，後出於各種原因，在1929年停辦。

2 參見1923年7月3日的魯迅日記。「三日，曇。休假。寄三弟信。與二弟至東安市場，又至東交民巷書店，又至山本照相館買雲岡石窟佛像寫真十四枚，又正定木佛像寫真三枚，共泉六元八角。」

3 梁思成：《正定古建築調查紀略》，載《梁思成全集》（第二卷），中國建築工業出版社，2001年，第9、12頁。

以及善化寺、廣勝寺等遼金以降的古建築經典，都是通過梁思成、劉敦楨、林徽因等人的考察報告昭示於國人的。這些大地上的遺構，為破解北宋「天書」《營造法式》提供了大量直觀的證據。與此同時，一部中國建築史也在梁思成心中氤氳成形。

地質調查所、清華國學研究院、中央研究院歷史語言研究所、中國營造學社，是中國近代文化史上的四座高峰，也是學人走出書齋、走向田野的先行者。從北洋政府到國民政府，從「北伐」到「中原大戰」，從「九一八事變」到「七七事變」，國家不斷裂變，時代疾速轉捩，總統和內閣總理走馬燈般更替，登場謝幕，兒戲一般。但在這亂局的夾縫裡，以上述機構為代表的學人共同體，被愛國熱情激勵，默默耕耘，不懈奔走，勠力與共，開創了中國歷史上無數個第一：

中國人獨立進行的第一次科學的考古發掘——西陰村遺址發掘（李濟、袁復禮主持）；

第一份礦產資源調查和田野考察報告——《調查正太鐵路附近地質礦物報告書》（丁文江）；

第一本地質學講義——《地質學講義》（翁文灝）；

第一張着色全國地質圖——《中國地質約測圖》（翁文灝）；

第一幅地震區域分佈圖——《中國地震分佈圖》（翁文灝）；

第一部石油調查報告——《甘肅玉門石油報告》（謝家榮）；

第一部石油研究專著——《石油》（謝家榮）；

第一部古脊椎動物學專著——《中國北方之嚙齒類化石》（楊鍾健）；

第一部恐龍研究專著——《許氏祿豐龍》（楊鍾健）；

第一篇古建築調查報告——《薊縣獨樂寺觀音閣山門考》（梁思成）；

第一部正式頒佈的文物法規——《古物保存法》；

……

他們發現了「北京人」頭骨、「山頂洞人」頭骨、龍山文化黑陶，還有海量有字甲骨、大批殷墟文物、殷商故都，以及唐、宋、遼、金、元、明、清建築，提出了「燕山運動」「三門系」「三疊層」「貞人說」「夷夏東西說」等理論。中國第一座地震台（鷲峰地震台）、第一個油田（玉門油田）、第一條獨立發掘並裝架的恐龍化石（許氏祿豐龍），同樣由他們全力促成。

他們大多誦讀「四書五經」長大，隨後到海外接受現代學術訓練，崇尚科學精神。他們中有中國第一位地質學博士（翁文灝）、人類學博士（李濟）、第一位考古學碩士（梁思永）、最早的商業管理碩士（曹雲祥），還有「中國考古學之父」（李濟）、「中國科學考古第一人」（梁思永）、「漢語語言學之父」（趙元任）、「非漢語語言學之父」（李方桂）、「中國恐龍之父」（楊鍾健）……

他們是荒野上的大師，新學術的奠基者，是前所未有的一代人。當然，他們也是第一代世界主義者，改變了世界對中國的認知。

即便橫眉冷對如魯迅，雖不時會在日記、書信或文章中對他們揶揄一二，比如他認為史語所出版的《安陽發掘報告》「精義少而廢話多」；[1] 說梁啟超工資太高，而且「西學不大貫」，要配上李四光才能「湊成一個中外兼通的完人」；[2] 嘲諷丁文江陪着胡適去「覲見」蔣介石——「中國向來的老例，做皇帝做牢靠和做倒霉的時候，總要和文人學士扳

1 魯迅：《致台靜農》（1932 年 6 月 18 日），載《魯迅全集》（第十二卷），人民文學出版社，2005 年，第 311—312 頁。

2 魯迅：《雜論管閒事 · 做學問 · 灰色等》，載《魯迅全集》（第三卷），第 201 頁。

一下子相好」[1]……不過，毋庸置疑，魯迅未竟的夢，的確已在他們腳下逐漸變成現實。[2]

需要特別說明的是，民國時期注重田野考察的當然不止這四家機構。事實上，靜生生物調查所、中央研究院地質研究所、國立北平研究院史學研究會、「魁閣」等機構同樣雲集了一批不憚走出書齋的學人，他們致力於動植物、礦產、考古發掘、民族學等領域的調查與研究，並取得了不菲的成就。但是，本書決定聚焦於地質調查所、清華國學研究院、史語所和中國營造學社，因為它們既代表了多元的面向，彼此間又有千絲萬縷的關聯，形成了相對穩固的學術共同體；它們的發展歷程也足以折射出從 1910 年代到 1940 年代的不同階段，中國學界走向田野的渴望與困惑、構想與曲折、困境與探求。正因他們的努力，一個大發現的時代終於在近代中國的土地上顯露崢嶸。

走出書齋，走向曠野

中國歷史上，並非沒有讀書人走出書齋的先例。徐霞客和宋應星是其中的佼佼者，但在正史記載中，他們注定只能淪為邊緣角色。

1912 年，當雲南高等學堂監督葉浩吾向丁文江提起《徐霞客遊記》時，從歐洲學習地質學歸來的丁文江驚訝地發現，自己竟然對這個明代的同鄉一無所知。穿越了半個中國到了上海，他才終於買到一本《徐霞客遊記》，而他真正對徐霞客產生精神認同，還要再等兩年。兩年後，他到雲南考察地質，在極度疲倦中閱讀了這本兩個多世紀前的遊

1　魯迅：《知難行難》，載《魯迅全集》（第四卷），人民文學出版社，2005 年，第 347 頁。

2　相形之下，魯迅只對王國維比較客氣，他認為：「要談國學，他（王國維）才可以算一個研究國學的人物。」參見魯迅《不懂的音譯》。

記，他發現，自己在考察路上的見聞，與徐霞客兩百多年前的記錄竟能逐一吻合，不勝感慨：「始驚歎先生精力之富，觀察之精，記載之詳且實。」[1]

至此，他才真正對徐霞客心生敬意，更滿懷好奇。然而，這樣一個傳奇人物的人生歷程居然模糊不清，著作也早已支離破碎，大量散佚。於是，丁文江決定為徐霞客正名，整理徐霞客的遊記和年譜，繪製其周遊天下的路線圖。這項工作，幾乎集結了三代人的力量，他的前輩梁啟超、張元濟、羅振玉等人慷慨地為他提供了典籍資料，而他的後輩朱庭祜、葉良輔、譚錫疇、謝家榮、王竹泉等人則把在各地繪製的地圖交給他，點點滴滴拼合出徐霞客走過的路。

宋應星是另一個引發丁文江強烈共鳴的人。1914 年，他在昆明圖書館收藏的《雲南通志》中，讀到一段關於煉銅的描述，深為折服。這段引文摘自《天工開物》—— 又一個陌生的名字。更讓他震驚的是，這部明代的奇書在偌大的中國竟然一本都找不到。經過章鴻釗提示，他才知道，大洋彼岸的日本帝國圖書館，反倒收藏着這部古代中國的百科全書。於是，丁文江又歷時十三年，尋找傳世的版本，並努力還原宋應星兄弟的故事。

徐霞客和宋應星終於不再是深埋於歷史深處的無名氏，反而成為許多年輕學人的精神偶像。身處國家危亡的年代，和許多中國知識分子一樣，丁文江也習慣拿中國的先賢與西方的比較，進而論證中華文明曾有過的偉大創舉。他熱誠地宣稱徐霞客的旅程是「文藝復興精神的體現」，稱頌宋應星的《天工開物》「其精神與近世科學方法相暗合」。

1 丁文江：《重印徐霞客遊記及新著年譜序》，載徐弘祖撰，褚紹唐、吳應壽整理《徐霞客遊記》，上海古籍出版社，1995 年，第 1280 頁。

他認為徐霞客的「『求知』之精神，乃近百年來歐美人之特色，而不謂先生已得之於二百八十年前」。他評價《天工開物》的創造性價值舉世無雙：「三百年前言農工業書如此其詳且備者，舉世界無之，蓋亦絕作也。」他試圖論證，科學的精神與探索在中國由來已久，遠超西方，只是暫時失傳湮沒罷了。

丁文江以現代徐霞客自期，而他的「萬里遐征」，更要「看徐霞客所不曾看見」，記「徐霞客所不曾記載」。[1] 丁文江信奉「登山必到峰頂，調查不要代步」，一生身體力行。無獨有偶，這幾家學術機構的核心人物都做過類似的表態。丁文江的同事與繼任者翁文灝呼籲學人「擔斧入山，劈荊棘斬榛莽」，[2] 甚至還提出，「如果一年沒有上山，便不配稱地質學者」[3]；史語所創始人傅斯年要求書生「上窮碧落下黃泉，動手動腳找東西」[4]；從清華國學研究院加入史語所的李濟要「打倒以長城自封的中國文化觀，用我們的眼睛，用我們的腿，到長城以北去找中國古代史的資料」[5]；趙元任興致勃勃地表示，「用表格用錄音器作系統化的調查工作是一回事，到各處學説各種話當然又是一回事」[6]；中國營造學社的梁思成則強調，「研究古建築，非作遺物之實地調查測繪不可」……各種動詞，擲地有聲，而歸根結底，都是呼籲學人走出書齋，走向曠野。

1　胡適：《丁文江的傳記》，載歐陽哲生編《胡適文集》(7)，北京大學出版社，1998 年，第 429 頁。

2　章鴻釗、翁文灝：《地質研究所師弟修業記》，京華印書局，1916 年。

3　翁文灝：《回頭看與向前看》，載李學通編選《科學與工業化》，中華書局，2009 年，第 18 頁。

4　「史語所」籌備處：《歷史語言研究所工作之旨趣》，載國立中央研究院歷史語言研究所集刊編輯委員會編《國立中央研究院歷史語言研究所集刊》(第一本第一分)。

5　李濟：《中國上古史之重建工作及其問題》，載清華大學國學研究院主編，楊朗選編《李濟文存》，江蘇人民出版社，2018 年，第 177 頁。

6　趙元任：《我的語言自傳》，載趙元任著，吳宗濟、趙新那編《趙元任語言學論文集》，商務印書館，2002 年，第 655 頁。

許多年後，胡適給亡故多年的老友丁文江作傳(《丁文江的傳記》，1956 年)，依然忍不住感歎：「這樣最不怕吃苦，又最有方法的現代徐霞客，才配做中國地質學的開山大師。」

這不只是致以丁文江個人的敬意，其實也是丁文江這代學人的精神寫照。但這代人注定飽嘗艱辛，甚至前途莫測。如果地質調查所沒能勘探出礦藏，沒有發掘出「北京人」頭骨或恐龍化石，如果史語所沒能在殷墟發掘出海量的有字甲骨和各種文物，沒有找到殷商故都的基址，如果中國營造學社沒有發現大量古建築經典……很難說這一代學人不會繼續「淪為」又一個徐霞客或者宋應星，最後從歷史中悄然退場。

所幸，他們與一個大發現的時代相互成就。身處亂世，他們遭遇離亂動盪，可是，他們無疑又生逢其時。

絕境裡求生，陳見中突圍

丁文江迫切地希望為徐霞客和宋應星正名，其實也未嘗不是為了給他這一代中國學人正名。他們面對着更加複雜的社會環境，置身於動盪的大時代，萬事不由己，只有竭力而為。

中國的讀書人從來都對體力勞動心存鄙夷，而無論地質調查、考古發掘還是古建築考察，都需要頻繁外出，風餐露宿。儘管從洋務運動以來，實業救國已成共識，地質調查因此有了發展空間，許多人也開始認可考古發掘和古建築調查，相信它們有助於了解中華文明的來龍去脈，甚至賦予其愛國意義，然而，社會觀念如故，田野考察依然面對巨大阻力。

思想鴻蒙未開，民眾對考古發掘更是誤解重重。人們天然地相信，考古發掘就是搜羅寶物。李濟、袁復禮離開西陰村後，車站檢查人員如臨大敵，懷疑他們盜取了珍貴的文物。不料，一箱一箱查驗，居然全都是些碎陶片，這讓檢查員無比困惑，為甚麼要千里迢迢地把幾十箱碎陶片運回北京？[1] 抗戰期間，史語所遷到李莊，當地的鄉紳與百姓一度以為，這些學者是以吃人為生的——抗戰千里流亡，隨身攜帶的一定是最貴重的東西，可他們的行李中卻塞滿了人類的遺骸。石璋如到豳縣（今陝西彬縣）考察，一邊使用指南針，一邊繪圖，以致當地陪同的人堅信他是風水先生，再三央求他到家中幫忙看看風水，無論石璋如怎樣解釋都無濟於事。[2] 地質調查所歷時多年終於出版了《中國分省新圖》，丁文江卻在序言中繼續苦口婆心地呼籲：「我們只希望以後同行的諸君，少講些龍脈，少畫些筆架，使得中國青年漸漸地了解地形是怎樣一回事。」[3] 楊鍾健在雲南發掘出恐龍骨架，到重慶北碚舉辦展覽，竟然有人畢恭畢敬地拜倒在恐龍骨架前，虔誠地進香。他們不知道此龍非彼龍，只是敬香祈福的習慣由來已久，條件反射般深入骨髓。這樣的傳統太過漫長，以致梁思成尋訪雲岡石窟時忍不住感歎，十幾個世紀以來，民眾忙着焚香膜拜，卻對精美絕倫的造像熟視無睹，「在這講究金石考古學術的中國裡，（雲岡石窟真正的價值）卻並未有人注意及之」。[4] 千年以降，中國大地上的無數瑰寶正是這樣被有意無意地遺忘殆盡。

他們發現，在中國進行田野考察，最大的對手，其實是金石學傳統，它是如此根深蒂固。中國營造學社外出考察古建築，當地嚮導聽

---

1 李濟：《〈殷墟陶器研究報告〉序》，載清華大學國學研究院主編，楊朗選編《李濟文存》，第188頁。

2 陳存恭、陳仲玉、任育德訪問，任育德紀錄：《石璋如先生口述歷史》，九州出版社，2013年。

3 丁文江、翁文灝、曾世英：《中國分省新圖》，申報館，1933年。

4 梁思成、林徽因、劉敦楨：《雲岡石窟中所表現的北魏建築》，載《梁思成全集》（第二卷），第177頁。

說梁思成等人對古物感興趣，常常會自作主張帶他們去看碑刻，他們覺得，碑刻才是藝術，而建築不過是工匠的手藝，難登大雅之堂。起初，考古學被許多人認為只是金石學的一個別名而已，[1]而當中國學人開始獨立進行考古發掘，即便是馬衡、董作賓這些從傳統金石學框架中努力轉型的一流學人，也曾對考古發掘存在誤會。馬衡相信，通過考古發掘，可以挖出「地下二十四史」。這個天真的設想顯然不可能實現。董作賓主持殷墟第一次發掘，因過度關注甲骨，挖到人類遺骸，頓感冒犯了先人，匆忙把它們重新掩埋起來，直到後來與李濟相遇，才知道人類遺骸同樣蘊含着豐富的考古價值。到 1930 年代，考古發掘雖已碩果累累，然而，當夏鼐參加公費留學考試被考古專業錄取時，他頓感前途渺茫，哀歎自己「簡直是爬到古塔頂上去弄古董」。[2]夏鼐畢業於清華大學歷史系，後又師從傅斯年和李濟，連他都對考古心存偏見，旁人更可想而知。

政府對地質發掘和考古發掘的態度更為複雜。當地質學家致力於勘探煤礦、金屬、石油，為實業助力時，政府自然大力倡導、支持，而一旦科學家被地下的出土物吸引，開始發掘文物、古生物化石乃至古人類遺骸，政客的態度就開始發生微妙的變化。考試院院長戴季陶就想當然地以為，所有考古發掘都是盜墓，為此，他義正詞嚴地致電總統、行政院、教育部和中央研究院，要求立即停止考古發掘，還威脅說，倘若在古代，做這樣大逆不道的事情是要被凌遲處死的。李濟當時就預感到，「從此考古工作恐將永無太平之日」，這種「新舊史學觀

1　李濟：《現代考古學與殷墟發掘》，載張光直主編《李濟文集》（5），上海人民出版社，2006 年，第 3 頁。

2　夏鼐：《夏鼐日記》（卷一），華東師範大學出版社，2011 年，第 265 頁。

點的衝突」很容易就會被政治化。不出他所料，縱然蔡元培率領學者嚴詞反駁，行政院還是下令嚴禁發掘古墓，以致有的地區的考古發掘被迫延期。

地方與中央的博弈，同樣影響着田野考察。李濟到西陰村發掘，還帶着兩任前內閣總理和梁啟超寫給時任山西省省長閻錫山的介紹信，「山西王」卻一直避而不見，倘若不是山西省內務署的負責人被李濟的誠意打動，這次考古發掘很可能就此擱淺。發掘殷墟更是遇到了巨大的阻力。河南當地政府懷疑史語所盜取寶物，多次以各種形式粗暴干涉，而無論蔣介石的命令，還是《古物保存法》的頒佈，都無力影響河南省高層與基層的決策。只有權力和武力才能主宰一切，等到蔣介石贏得「中原大戰」，將河南納入勢力範圍，一切自然迎刃而解。為了贏得地方人士的信任，梁思成不得不學着用「老派的上層社會方式與軍官和地方官員打交道」。到各地考察時，他一面保持着「低調、禮貌而恭敬」的態度，一面又掏出印滿各種頭銜的名片，在言談間若無其事地透露自己和某些政要名流交好，一步步周旋，當地人才終於對他刮目相看，願意提供支持和幫助。[1]

困擾田野考察的，不止社會觀念和政治壓力，資金問題同樣棘手、嚴峻。

傅斯年努力湊齊了一千元，殷墟發掘才終於正式啟動，然而，第三次發掘結束後又陷入困境，弗利爾藝術館決定與史語所中止合作，

1　參見費正清《費正清中國回憶錄》，熊文霞譯，中信出版社，2013 年。此外，林洙還提及：「每次外出調研，社長朱啟鈐均事先通過社員中有關的黨政頭面人物，向當地政府打招呼，每到一處，各縣縣長、教育局局長均親自接待，並派員嚮導，必要時還派保安人員護送。」參見林洙《叩開魯班的大門 —— 中國營造學社史略》，中國建築工業出版社，1995 年，第 21 頁。

所幸，中華教育文化基金會及時施以援手。[1] 殷墟第十一次發掘成果卓著，但預算遠超過撥款，值得慶幸的是，中央研究院第二任總幹事是丁文江，他深知田野考察的意義，於是另闢蹊徑，邀請國立中央博物院參與投資，約定先由史語所研究出土文物，此後再把它們送到博物院珍藏，這才妥善解決了資金問題。[2] 中國營造學社的前身營造學會，幾乎讓創始人朱啟鈐耗盡家財，也是由於中華教育文化基金會的支持，又有中英庚款董事會襄助，中國營造學社才得以建立並運轉十多年。周口店的發掘則依賴美國洛克菲勒基金會提供的資金，可是，當出土成果越來越少，資金也就日漸匱乏。1936 年，地質調查所新生代研究室岌岌可危，隨時可能會關閉，是賈蘭坡發現的三個「北京人」頭骨拯救了這家學術機構。

抗戰爆發後，情況日益惡化。在昆明，董作賓和胡厚宣準備拓印殷墟 YH127 坑出土的有字甲骨，卻找不到足夠的宣紙。[3] 陳寅恪寫完《元白詩箋證稿》，也沒有合適的稿紙謄抄，只好給史語所的同事寫信求助。為了維繫中國營造學社的運轉，梁思成一次次前往重慶，向各個政府部門求援 —— 他的前半生衣食無憂，亦無心仕途，後半生卻不得不放下自尊，與官僚們周旋，四處化緣。謝家榮等人進行地質調查時，則下定了決心，「必要時一切事可由我們自己來做，剩下的錢，我們要留作野外調查之用，萬一公家一時不給我們款子，那我們只有吃飯不拿薪，我們學地質的應有這種苦幹精神」。

這二三十年間，中國學人無疑是在絕境裡求生，於陳見中突圍，

1　李濟：《安陽》，第 78 頁。

2　同上書，第 89—90 頁。

3　同上書，第 131 頁。

終於在曠野之上踏出新路。

內憂外患的「黃金時代」

這群現代徐霞客和宋應星，大多有着體面的身份和不菲的收入，但他們寧願往荒野中輾轉，在泥濘、崎嶇間奔波。手無縛雞之力的書生必須學着應對各種挑戰，有時坐着騾車顛簸，[1] 有時赤腳在冰河中穿行，[2] 有時帶着帳篷風餐露宿，能住進牛棚都值得慶幸。[3] 沿路可能找不到食物，飲水也是大問題，漂浮在水面上的微生物往往讓他們望而卻步。[4] 他們潛入過幾十米深的地下，舉着油燈，點着蠟燭，忍受無盡的孤獨，往泥土堆積中尋找蛛絲馬跡。他們遭遇過塌方，與炸藥朝夕相處。[5] 他們時常攀爬數十米高的建築，測繪，攝影，稍有不慎就可能從高空跌落。[6] 他們在深谷中迷過路，[7] 也曾險些闖入山中的瘟疫區。[8]

當然，生命脆弱，世事無常，還有更殘酷的挑戰等着他們。袁復禮在新疆的冰雪中發掘恐龍化石，凍傷了腳，捱到發掘結束回到烏魯木齊才得以動手術，休養了三個月才痊癒；梁思永抱病發掘殷墟，罹患重病，臥床長達兩年之久；翁文灝到浙江考察石油，遭遇車禍，九死一生；二十八歲的吳希曾在湘西勘探煤礦，也遇車禍，卻未能醒來；

1　騾車是梁思成、林徽因等人在山西考察時常用的交通工具。

2　梁思永在昂昂溪進行考古發掘，每天都要徒步幾公里，再穿越冰冷的河水才能抵達發掘地點。

3　賈蘭坡、黃慰文：《周口店發掘記》，天津科學技術出版社，1984 年，第 99 頁。

4　梁思成：《正定古建築調查紀略》，載《梁思成全集》（第二卷），第 4 頁。

5　裴文中：《周口店中國猿人成年頭蓋骨發現之經過》，載《裴文中科學論文集》，科學出版社，1990 年，第 1 頁。

6　梁思成在應縣木塔測繪時，就曾因為一個驚雷，險些從高空中墜落。

7　參見謝家榮記《旅甘日記》（1921 年 10 月 17 日）。

8　袁復禮：《三十年代中瑞合作的西北科學考察團》，《中國科技史料》1984 年第 2 期，第 54—58 頁。

丁文江在湖南勘察煤礦，煤氣中毒，不幸罹難；年輕的趙亞曾在雲南，許德佑、陳康、馬以思在貴州均被土匪槍殺；傅徽第則在贛南被日軍殺害……

這是個大發現的時代，卻又是極為動盪的時代。天災頻發，戰亂不斷，既困擾着貧弱的國家，也吞噬着他們的生活。幾場大雨就足以讓周口店的發掘被迫暫停幾個星期，[1] 讓中國營造學社的考察之旅不斷延期。[2]

戰爭是更大的威脅。1927 年，李濟前往陝西考察，由於北伐戰爭，他不得不繞道半個中國，先北上大連，再坐船南下上海，然後轉漢口，再從漢口取道北上。[3] 同樣在這一年，地質調查所開始大規模發掘周口店，附近時常炮聲隆隆。有時會有士兵突然出現，佔用他們發掘出來的洞穴，試驗手榴彈。[4] 甘肅軍閥誤把西北科學考察團攜帶的氫氣管當作炮筒，誤以為他們是張作霖的軍隊，隨即扣押了科考團的學者。當時的新疆省主席楊增新遇刺身亡後，繼任者金樹仁則對考察團百般阻撓，令科考一度陷入僵局。1933 年，梁思成前往正定調查古建築，卻發現火車上全都是軍人。灤東戰事困擾着整個行程，他擔心北平遭到轟炸，不得不壓縮原定計劃，隨時準備返程。

軍閥混戰之後，是更加殘酷的抗日戰爭和長達八年的流亡歲月。他們匆匆踏上南遷之路，不幸的是，多年來各自收集的珍稀書籍、資

---

1 例如，1929 年，「北京人」頭蓋骨被發現之前的幾個月，周口店的發掘工作就因為連綿的夏雨被迫暫停了七個星期。

2 例如，梁思成考察寶坻西大寺時，因為大雨，長途汽車停運，考察計劃延遲了一個多星期。

3 轉引自陳洪波《中國科學考古學的興起：1928—1949 年歷史語言研究所考古史》，廣西師範大學出版社，2011 年，第 120 頁。

4 李濟：《「北京人」的發現與研究之經過》，載張光直主編《李濟文集》（2），上海人民出版社，2006 年，第 29 頁。

料、記錄的筆記乃至書稿，卻大多在離亂中散佚。由於部署周密，許多珍貴的文物得以保全，但並非所有文物都這樣幸運：「北京人」頭骨化石在秘密運往美國途中不知所蹤；中國營造學社存放在天津麥加利銀行地下金庫裡的底片，基本毀於洪水，只有一批測繪圖稿和膠片經過小心的整理、晾曬，勉強得以保全；[1] 袁復禮在西北考察時收集的十七箱標本全部遺失，他的《蒙新考查五年記》的新疆部分也被弄丟了；史語所在安上村曹王墓發掘的出土物在濟南被毀，考察報告在九龍被燒盡。許多年後董作賓仍耿耿於懷，「新材料完全損失了，而且永遠損失了」。[2]

國難當頭，他們也時常陷入自我懷疑，不知道自己的工作究竟是否有意義。翁文灝向傅斯年哀歎，地質考察對抗戰沒有任何幫助。傅斯年也常常自問：「書生何以報國？」李濟一度想過放下鏟子，扛起槍去前線打仗，[3] 而李濟與董作賓、梁思永一手培養起來的「考古十兄弟」[4]，最終也因為戰爭分道揚鑣，終生未能重聚。

風雨、天險、疾病、匪患、戰爭……任何一點變故，隨時都可能將他們吞噬。近代中國的學人們，卻在深谷中劈出一線光明。內憂外患，國土淪喪之際，他們取得的學術成就甚至被視為民族最後一絲尊嚴所在，正如孫楷弟在寫給陳垣的信中所講，中國「生產落後，百業凋

1　林洙：《叩開魯班的大門》，第 16—17 頁。費慰梅對此也有簡單描述。參見費慰梅《梁思成與林徽因》，曲瑩璞等譯，中國文聯出版公司，1997 年，第 181 頁。

2　董作賓：《國立中央研究院歷史語言研究所傅所長紀念專刊編後記》，載《董作賓先生全集》（甲編），藝文印書館，1977 年，第 1124 頁。

3　李濟：《安陽最近發掘報告及六次工作之總估計》，載傅斯年等編《安陽發掘報告》（第四期），南天書局有限公司，1933 年，第 564 頁。

4　李景聃（1900—1940），石璋如（1902—2004）、李光宇（1905—1991）、劉燿（後改名為尹達，1906—1983）、尹煥章（1909—1969）、祁延霈（1910—1939）、胡厚宣（1911—1995）、王湘（1912—2010）、高去尋（1910—1991）、潘慤（1907—1969）。

零，科學建設，方之異國，殆無足言；若乃一線未斷唯在學術」。[1] 這也正是這一代學人的自我期許。陳寅恪相信，「國可亡，而史不可滅」；翁文灝則正告同仁，「即便中國暫時亡了，我們也要留下一點工作的成績，叫世界上知道我們尚非絕對的下等民族」。

他們並未將罪責完全歸咎於時代，沒有因外力干擾而忘記本分，他們在荒野之中，於書齋內外，上下求索，努力恪守精神的尊嚴。其實，哪有甚麼「黃金時代」，從來都是勇毅者以自己的名字開創新的紀元。

1 轉引自陳洪波《中國科學考古學的興起：1928—1949 年歷史語言研究所考古史》，第 109 頁。

地質調查所

書生擔斧入山

第一章
李希霍芬的「偏見」

紅皮膚的人

咳嗽聲此起彼伏，海浪一般，從深夜直到清晨從未止歇。丁文江和幾十名礦工躺在一間用土牆圍起來的草棚裡，整夜都沒合眼。清晨起來，他發現，滿地都是濃痰。

1914 年，大半個春天，他深入雲南，探訪中國的錫都——個舊。白天待在礦洞裡，幾十步開外都能聽見礦工們沉重的喘息聲。他們早被生活的重負壓彎了脊樑，皮膚也被礦石染成紅色，短暫的人生看不到絲毫希望。

這還並非徹底的絕望。幾個月後，丁文江從他們眼中讀出了更加迷惘無助的神情。紅皮膚的人衣衫襤褸，成群結隊在山路上踟躕而行，不知該以何為生。他們失業了。第一次世界大戰爆發後，歐洲陷入戰火，雲南的錫礦頓時沒了銷路，許多礦場隨之倒閉。20 世紀初的世界，諸多隱秘的角落，就這樣相隔萬里卻彼此關聯。

對於山外世界的變化，丁文江幾乎一無所知。他輾轉於雲南、四川和貴州，這場孤獨的旅途長達十個月，如同漁翁誤入桃花源，早不知今夕何夕。

他隨身帶着帳篷、羅盤、經緯儀、氣壓高度計和照相機，沿着蜿蜒的金沙江，在荒山中穿行，踏勘地貌，考察礦藏。一路上要忍受酷暑、嚴寒與飢餓，晝夜溫差動輒高達三十攝氏度，有時雨太大，帳篷都被淋透，能在鄉間找塊草垛睡一覺都值得慶幸。但他極為興奮，不知疲倦地奔走。在個舊，他着迷於當地人摸索出來的採礦方法——開鑿水渠用流水沖出礦砂，這讓在英國接受過現代地質學教育的丁文江大開眼界；然而，站在廠房裡，他發現好幾台從歐洲進口的採礦設備落滿灰塵，竟然沒有人會操作，他又惋惜不已。

民間智慧與現代技術，就這樣在深山中無聲對峙，而中學與西潮的悄然角力，正是此刻中國社會的縮影。

轎子與帳篷

一路風塵僕僕，除了鼻樑上的眼鏡，已經很難從丁文江身上發現讀書人的影子。當地人尤其難以置信，一個從京城來的官員居然不坐轎子，卻背着帳篷四處奔波。

轎子，卻是丁文江最痛恨的東西。「絲綢之路」的命名者、德國地理學家李希霍芬，曾把中國學者稱為「斯文秀才」——他們留着長指甲，出門離不開轎子，還一定要帶着書童隨時伺候。[1] 他認為，中國很難開展地質調查，因為「中國的文人性情懶惰，歷來不願意很快行動。在大多數情況下，他既為自己的貪心而煩惱，又不能把自己從關於禮節和體面的固有成見中解脫出來。按照他的觀點，步行就是降低身份，

1 李濟：《石璋如〈考古年表〉序》，載張光直主編《李濟文集》（5），第 131 頁。

從事地質行當在人們心中就是斯文掃地」。[1] 他的評價或許存在偏見，卻無疑又揭示出某些真相：千年以降，中國的讀書人始終對體力勞動心存芥蒂，他們寒窗苦讀，就是為了逃離田野，登上廟堂。於是，像徐霞客那樣不辭辛勞地探勘山水、孜孜記錄的人物，在中國歷史上只是鳳毛麟角，並且從未被主流接納。即便進入民國以後，「賽先生」的名字即將在年輕人中間風靡，依然很少有人願意學習地質學這樣的專業。畢竟，地質考察需要風餐露宿，日曬雨淋，看起來不像個體面的職業；何況，那些冗長的術語、近乎離奇的發現與解釋，聽起來都匪夷所思，與人們熟知的「四書五經」格格不入。

不過，李希霍芬的刻板印象並不適用於丁文江。

丁文江似乎是個天生的探險家。十六歲時，這個極少出遠門的泰州少年不顧家族反對，舉債到日本留學。[2] 兩年後，儘管他幾乎不通英語，旅費也捉襟見肘，卻還是說服了兩個朋友，結伴前往歐洲。途經檳榔嶼，他們禮節性地拜訪了康有為，依靠康有為贈送的十個金鎊，才終於完成了這場橫跨半個地球的航程。[3] 到英國後，丁文江依然走投無路，險些去船塢打工，所幸，一位好心的醫生幫助他留了下來，他才得以在劍橋大學和格拉斯哥大學獲得動物學和地質學雙學士學位。經過專業的科學訓練，冒險精神終於有了新的用武之地，回國後，他滿懷憧憬準備探索崇山與疾流。他戴着眼鏡，捏着雪茄，卻以徐霞客自期。

1 轉引自費俠莉《丁文江：科學與中國新文化》，丁子霖、蔣毅堅、楊昭譯，楊照明校，新星出版社，2006 年，第 34 頁。

2 丁文江於 1902 年前往日本留學，胡適在《丁文江的傳記》中說丁文江當時十六歲，為虛歲。根據丁文江的哥哥丁文濤的回憶，丁文江這次留學，「戚友多疑阻，先嚴不免為所動」，後來，經過丁文江的老師龍璋勸導，丁文江的父親才決定「舉債以成其行」。

3 李祖鴻：《留學時代的丁在君》，《獨立》1936 年 7 月 5 日第 208 號。

1913 年，在加入礦政司地質科第一天，他就問了一個古怪的問題——北京西郊的齋堂在哪裡？聽説那裡出產煤礦。

沒有人知道，更無人關心。地質科只是龐大的官僚機構下的一個小小科室，幾個同僚對地質知識幾乎一無所知，他們所想的，不過是按部就班地處理公文，上班下班，每月按時領取薪水。

躊躇滿志的年輕人瞬間被拋進現實的漩渦，但他並沒有被官僚系統吞噬，天真地試圖依託地質科做些非比尋常的事。他深知，如果中國不進行地質勘探和科學研究，就只能依賴國外的學者和技術，無從發展，更無力自主；而想要改變現狀，扭轉李希霍芬式的「偏見」，必須從教育入手。

學不孤而聞不寡

丁文江的目標，是用三年造就一批地質人才，他們不僅要「學業優異」，更要「體力強健」。[1]

推進地質教育，其實並非丁文江首創。地質科第一任科長章鴻釗也曾做過詳細的規劃。章鴻釗比丁文江大十歲，畢業於東京帝國大學地質學系，他之所以選擇地質學專業，是因為中國地質人才匱乏，而礦業、工業、農業乃至商業，都與地質學息息相關，因此，他希望通過地質調查與研究，改變國家貧弱的狀況。進入地質科之後，章鴻釗就草擬了《中華地質調查私議》，希望設立地質講習所，培養專門人才，推進地質調查，但他未能如願，隨即轉投了農林部。

所幸，繼任者丁文江行動力出眾，迅速與礦政司司長張軼歐達成

1　丁文江：《工商部試辦地質調查説明書》，載歐陽哲生主編《丁文江文集》（第 3 卷），湖南教育出版社，2008 年，第 163 頁。

一致。張軼歐同樣從海外留學歸來，先入讀日本早稻田大學，後前往比利時，在海南工科大學獲得路礦業碩士學位。他一直珍藏着章鴻釗留下的《中華地質調查私議》，希望能付諸實踐。張軼歐和丁文江一拍即合，商定創辦地質研究所，由二十六歲的丁文江擔任所長。[1]

地質科資金有限，丁文江決定另闢蹊徑。當時北京大學設有地質學門，但已經瀕臨終結，學生稀少，而且體格很弱，根本不適合田野工作；但是，北大地質學門擁有專業書籍、儀器和宿舍，這些寶貴的閒置資源正可以幫助地質研究所解燃眉之急。於是，丁文江與北京大學校長何燏時、理科學長夏元瑮商定，各取所長，合作培養學生。1913 年夏，他主持了地質研究所的入學考試，選拔了三十名學生。9 月 4 日，工商部成立地質調查所和地質研究所，丁文江兼任兩所所長。[2]

「出走」的章鴻釗很欽佩年輕的丁文江，在丁文江的勸說下，欣然應允到地質研究所赴任，與丁文江一起指點這些年輕人。科學專業進入中國之初，面臨重重阻力，前瞻精神與行動力都彌足珍貴，更難得的是，丁文江兼具了這兩種特質。章鴻釗後來這樣感歎：「丁先生是偏於實行的。往往鴻釗想到的還沒有做到，丁先生便把這件事輕輕地做起了。這不單是鴻釗要感激他，在初辦地質事業的時候，這樣勇於任事的人，實在是少不得的。」[3]

1 丁文江：《〈地質彙報〉序》，載國立北平研究院地質學研究所農商部地質調查所《地質彙報》（第 1 號），1919 年。

2 1913 年 9 月 8 日的《政府公報》。轉引自宋廣波《丁文江與中國地質事業初創》，載中國社會科學院近代史研究所編《中國社會科學院近代史研究所青年學術論壇（2005 年卷）》，社會科學文獻出版社，2006 年。

3 參見章鴻釗《中國研究地質學之歷史》，載中國地質學會《中國地質學會誌》（第 1 卷），1922 年。

丁文江竭力想為學生們尋找更多優秀的老師，他還打算邀請任教於北京大學地質學門的德國教授梭爾格（Friedrich Solgar），儘管有些人認為這實在不是個明智的選擇。他們覺得梭爾格非常傲慢，脾氣很壞。不過，丁文江與梭爾格交談了幾次，又結伴外出考察，通過這些接觸，他確信梭爾格很專業，而且可以合作。

他並不一味迷信外國專家。北大還有一個德國教授，帶着一份井陘煤礦的地質圖到地質研究所應聘，宣稱是自己畫的。不過，丁文江一眼就看出，他大概是把李希霍芬早年繪製的一張舊圖放大了來冒充，於是斷然拒絕了這個德國人。

又過了一年，丁文江終於等來第三個精通地質學的中國人，從比利時魯汶大學留學歸來的翁文灝，中國第一位地質學博士，主要研究地質、岩石和古生物。經章鴻釗引薦，丁文江與翁文灝一見如故，後者放棄了煤礦公司的聘書，加入地質研究所。「一戰」爆發後，梭爾格應徵入伍（後在青島被俘），所幸，翁文灝的到來幫地質研究所緩解了教學壓力，因此，章鴻釗把他譽為「本所最有功之教員」。

自此，丁文江、章鴻釗與翁文灝三駕馬車並駕齊驅，為中國地質學界奠定了基礎。

在北洋政府臃腫的官僚系統中，丁文江發現了一個奇特的現象，許多政府部門花費重金招募外國專家，可是，由於行政官員不學無術，根本不知道該怎樣讓這些外國專家發揮作用。農商部高薪聘請的瑞典地質學家安特生，就是其中之一。

安特生是瑞典烏普薩拉大學（University of Uppsala）地質學教授兼瑞典地質調查所所長，還曾擔任世界地質學大會秘書長。他能被北洋政府任命為礦政顧問，不僅因為他的學術成就，更因為他的祖國屬於

「少數幾個對中國沒有野心的西方國家」之一。[1] 他也不負眾望，接受聘書不久，就在河北宣化的龍關山和煙筒山等地發現了儲量驚人的鐵礦，因此受到時任大總統袁世凱接見，後來又被黎元洪授予「三等嘉禾章」。然而，勘察鐵礦的過程中，他卻對埋藏在大地深處的各種古生物化石產生了濃厚的興趣，於是，當丁文江發出邀約，安特生毫不猶豫地就答應了。兩人皆擁有廣博的視野，對田野考察滿懷熱忱，彼此惺惺相惜。

幾年過去，丁文江終於不再孤獨，終於可以欣慰地感歎：「一所之中，有可為吾師者，有可為吾友者，有可為吾弟子者，學不孤而聞不寡矣。」[2]

「十八羅漢」

學術領袖的視野，往往決定着一家研究機構乃至一個領域的格局與命運。

丁文江等人為地質研究所設置的課程，並未局限於地質學、地理學、岩石學和礦物學，還涉及動物學、古生物學、冶金學、機械學、測量學，甚至照相術，他們試圖全面提升學生的綜合素養，並着重培養實踐能力。

強化田野考察是他們的共識。地質研究所規定，教師必須半年從事教學，半年外出考察，這樣才能教學相長。[3] 丁文江堅持，「登山必到峰頂，調查不要代步」。翁文灝則強調，中國地質學界如果想要迎頭趕

1 李濟：《安陽》，第 45 頁。

2 丁文江：《〈地質彙報〉序》。

3 丁文江：《試辦地質調查簡章》，載歐陽哲生主編《丁文江文集》（第 3 卷），第 166 頁。

上，「惟有擔斧入山，劈荊棘斬榛莽」。[1] 丁文江、章鴻釗和翁文灝分頭帶領學生外出進行地質考察或測量實踐，指導他們撰寫考察報告，短則三四天，長則十餘天，足跡從京郊蔓延到河北、山東一帶。他們的背囊裡一直攜帶着鐵錐、指南針、傾斜儀、放大鏡和小刀。氣壓計和望遠鏡也是必備的儀器，前者用來測定高度，後者用來觀察環境。丁文江對學生還有更嚴格的要求，不僅要善於觀察，認真採集標本，更要勤於記錄，通過步速或步數來估算距離，每晚必須整理筆記，繪製地質圖。如果學生爬山時趕不上他的腳步，他就會大聲唱歌或者朗誦詩詞來鼓舞他們。[2] 他希望大家在考察過程中學到的不只是技能，更是相互協調合作的精神。在他們的引導下，儘管這些學生只學了三年地質學，卻都積累了豐富的田野經驗。

這些年輕人依然用毛筆書寫調查報告，謄抄在箋紙上，但在豎排的工整小楷中間不時會跳出英文術語和人名。他們還在調查報告裡繪製了圖片，小到標本，大到地貌，都如實地予以還原和分析。謝家榮和趙志新把各自採集的礦產標本放到顯微鏡下，再把觀察到的形態描繪在紙上，並塗上顏色；[3] 趙志新甚至標註了石英、長石、綠泥石、磁鐵礦和皓石在綠泥片麻岩中所處的位置；[4] 周贊衡手繪了杭州附近的地質剖面圖；[5] 而李學清則用三維立體的形態繪製了山脈褶皺的方向圖 [6]……

1　章鴻釗、翁文灝：《地質研究所師弟修業記》。

2　朱庭祜：《我所知道的丁文江》，載歐陽哲生編《丁文江先生學行錄》，中華書局，2008 年，第 274 頁。

3　謝家榮：《直隸龍門縣附近地質報告》。

4　趙志新：《臨城地質報告》。

5　周贊衡：《浙江杭州西湖地質報告》。

6　李學清：《浙江杭州西湖地質報告》。

儘管老師的評語和批註頗為嚴格，但他們對這些年輕人的成長顯然很滿意。

1916 年，地質研究所有十八人成績合格，獲得畢業證書[1]—— 他們被戲稱為中國地質學界的「十八羅漢」。地質研究所因此被視為「中國科學上第一次光彩」，[2] 卻也就此完成了使命。此後，丁文江、章鴻釗、翁文灝的工作重心都轉向了地質調查與研究，而以謝家榮、王竹泉、葉良輔、李學清等人為代表的「十八羅漢」也被悉數網羅進地質調查所，[3] 多年後，他們將成為中國地質界的中堅力量，主持着中國最重要的地質學機構，包括中央研究院地質研究所，以及北京大學、中央大學、中山大學的地質系。

丁文江興奮地宣佈：「我已經有了一班人能登山涉水，不怕吃苦。」[4] 作為中國地質界劇變的見證者，安特生也間接澄清了李希霍芬四十年前的刻板印象：

> 一般的中國上流社會人士都不喜歡勞動，著者以曾和許多受過教育的中國人士一同旅行的資格，敢在這證明，地質研究所的畢業生出門已完全不用轎子，而且十分明瞭野外地質學家的唯一行動工具只是兩條結實的腿。

地質研究所停辦後，北京大學地質學系卻重新開張。1917 年，蔡

---

1 其中，十五人被授予卒業證書，三人被授予修業證書。

2 轉引自李學通《幻滅的夢 —— 翁文灝與中國早期工業化》，天津古籍出版社，2005 年，第 20 頁。

3 1916 年年初，地質調查所曾改為地質調查局，張軼歐兼任局長，但實際由丁文江會辦，並主事。10 月，地質調查局又改回地質調查所，丁文江任所長。

4 胡適：《丁文江的傳記》，載歐陽哲生編《胡適文集》(7)，北京大學出版社，1998 年，第 435 頁。

元培主持北大，成為中國教育史上一個里程碑式的事件。陳獨秀被任命為文科學長，一大批明星學者、作家迭現，新舊思想激烈交鋒，後人遂感慨於蔡元培「思想自由，兼容並包」的主張，稱讚他對「新文化運動」的推動，但事實上，獲益的當然不只是人文學科，不只是環繞着《新青年》與《新潮》雜誌的那一批文學鬮將。

幾年後，丁文江突然給蔡元培帶來一張滿是零分的成績單。他原本期待着能從北京大學地質學系發現新的人才，於是給這批畢業生舉行了一次考試，卻失望地發現，許多學生甚至無法準確地鑒別出岩石的種類。他正告蔡元培，地質教育亟待改革。蔡元培立刻虛心地向丁文江請教，丁文江則向他舉薦了兩位人才。

一年前，丁文江曾陪同梁啟超訪問歐洲，順路拜訪了多位地質學家，一面向歐洲和美國的學術界介紹中國地質調查所的工作，一面為中國地質學界招攬了兩位傑出的學者。在英國伯明翰大學研究採礦和地質學、獲得自然科學碩士學位的李四光，以及美國著名古生物學家、哥倫比亞大學教授葛利普，都將接受北大地質學系的聘書。[1]

丁文江對李四光尤為關心。他擔心李四光回國後生活清寒，先安排他到農商部礦政司第四科工作了一段時間，以便在北大開學前能領取薪水養家糊口，後來又幫他謀求了北京圖書館副館長的兼職。[2] 這是丁文江的待人之道，一直無比熱誠，無微不至。

隨着葛利普和李四光的到來，北大地質學終於夯實了基礎，從此

1　胡適：《丁文江的傳記》，載歐陽哲生編《胡適文集》(7)，第 419—420 頁。

2　參見樊洪業《李四光與丁文江的恩恩怨怨》，《南方週末》2014 年 1 月 30 日。此外，1942 年 3 月，李四光獲得第二屆丁文江先生紀念獎金，翁文灝在致辭中也提及這段往事，李四光「返國後即至北京大學任教授，生活寒苦，教學不懈。其時丁文江先生感李先生學校收入為數實少，乃勸先生就北平圖書館副館長之職，強而後允」。

脫胎換骨。四年後，丁文江已經敢於宣稱，北大的地質學教育和西方大學相比有過之而無不及，尤其在田野考察方面，甚至超越了絕大多數西方研究機構。[1] 畢十年之功，他終於可以自信地回應李希霍芬的「偏見」。

1　轉引自費俠莉《丁文江：科學與中國新文化》，第 44 頁。

第二章
先行者

「奇裝異服」的「歹徒」

第一次在北方過冬天，丁文江發現，自己完全低估了山中的風雪與嚴寒。

1913 年冬，教學之餘，他終於找到機會踏上夢寐許久的地質考察之旅。他和梭爾格、王錫賓結伴前往山西，沿着正太鐵路走了一個半月，考察太行山，並調查了井陘煤礦和陽泉鐵礦廠，繪製出二十萬分之一地質圖。

每天清晨出門，氣溫常常低至零下八攝氏度，甚至零下十八攝氏度。他在浮山遭遇了大雪，在蒙山遇到大風，而他連禦寒的衣服都沒帶夠。但是，能有機會外出考察，勘測地質，他依然無比興奮，覺得「苦少樂多」。

兵荒馬亂的年代，人與人之間的關係也變得微妙而複雜。在太行山中，由於他攜帶着測量工具，穿着「奇裝異服」，山村客店的主人甚至懷疑他是歹徒，拒絕讓他投宿。直到他取出現金，反覆解釋，店主才終於放鬆警惕。[1]

李希霍芬曾經深信，山西的煤鐵儲量足夠供全世界使用幾千年。然而，丁文江和梭爾格發現，山西地表最厚的礦藏都沒有超過兩尺（約為 66.67 厘米），鐵礦尤其有限，李希霍芬顯然言過其實。根據這次考察，丁文江撰寫了《調查正太鐵路附近地質礦物報告書》，這是中國人完成的第一份礦產資源調查和田野考察報告。

回到北京只待了一天，他便獨自動身前往雲南、四川和貴州。十個月間，他走訪了東川和會理的銅礦、個舊的錫礦和宣威的煤礦，繪製出地質圖，不厭其煩地採集各種化石和標本，對寒武紀、志留紀、泥盆紀、石炭紀和二疊紀地層尤為關注。[2] 他甚至還做了一些人類學的工作，給栗蘇、青苗、羅婺、羅倮這四個少數民族的數十位民眾拍攝照片，測量他們的身體特徵。他大量記錄、採集素材，卻並不急於撰寫學術報告和論文，直到 1932 年才在《獨立評論》上陸續發表了《個舊的地形與錫礦分佈》《個舊的土法採礦冶金業》《個舊錫務公司》和《新舊礦冶業的比較》。他不願輕易著述，堅信一定要做足夠充分的調查和深入的研究，落筆才有價值。

他很欣慰他的學生都能「登山涉水，不怕吃苦」，而他自己更是如此。後來，儘管被教學和行政牽絆，他也從未放棄田野考察，一直身體力行，為同僚和學生做出表率。他時常隨身帶着羅盤和放大鏡外出考察，不斷揮動鐵錘，敲擊岩石與化石，測量地層的傾斜度。無論環

1 丁文江：《漫遊散記》，雲南人民出版社，2008 年。

2 黃汲清：《丁在君先生在地質學上的工作》，《獨立》1936 年 2 月 16 日第 188 號。

境怎樣艱苦，他都盡可能拒絕騎馬，堅持步行。[1] 1916 年，他前往江蘇、浙江、安徽，考察揚子江下游地質，探討江南山嶺地質與秦嶺、南嶺的關聯與成因。兩年後，他又前往中原，在三門峽地區和山西河津發現了獨特的地層分佈，並進行剖面分析，與安特生合作確立了「三門系」的地層名稱與特點。1919 年的一天，他才突然發現，回國雖已七年，待在北京卻還不到四年，其餘時間都在各地漫遊，南至雲南、貴州，西至山西、陝西，東達安徽、浙江……不知不覺間，他已走過半個中國。

扉頁上的中國人

在紐約自然歷史博物館的一本館刊扉頁上，李濟意外地發現了一張中國人的肖像，「銳利的目光」和「兩鈎胡尖」給他留下了深刻的印象。此時，二十多歲的李濟還不是「中國考古學之父」，他仍在哈佛大學攻讀人類學博士學位。他完全不認識這個名叫「V.K.Ting」的人，但還是極為興奮。留學海外多年，很少能在科學刊物上看到中國人的名字，「V.K.Ting」的面孔讓他無比激動，彷彿科舉時代自家出了狀元一樣。

扉頁上的「V.K.Ting」，正是丁文江。他不僅是中國地質調查所所長，還創辦並主持着幾份學術刊物：《地質彙報》（*The Bulletin of the Geological Survey of China*）以中英文雙語出版；《中國古生物誌》（*Paleontologica Sinica*）則完全以英文出版，分為甲種（植物）、乙種（無脊椎動物）、丙種（脊椎動物）、丁種（人類）。它們都在世界學界享有

1 曾世英：《追憶川廣鐵路考察和〈申報地圖〉編繪》，載歐陽哲生編《丁文江先生學行錄》，中華書局，2008 年，第 333 頁。

盛譽，為地質學家和古生物學家提供了平等對話的平台。

1916 年，地質調查所遷入北京兵馬司胡同九號，從此成為中國科學界的朝聖之地，而丁文江和同仁們歷時多年勤奮推進的地質調查也結出碩果。1919 年，《中國礦產志略》出版，對金、銀、鉛、鋅、鐵、錳、錫、銻、汞、鎢等金屬，以及硫化鐵、陶土、明礬、螢石、滑石、白雲石及苦土石、石棉、石墨、石油、石鹽、石膏、自然鹼等非金屬礦產在全國各地的分佈情況與特點，進行了詳細的記錄。新任礦政司司長邢端為這部著作撰寫了序言，並指出地質學的獨特意義：地質學並非僅僅是稽古的學問，地質學者更要有能力「覘其生成，窮其變化，則於礦之良否，量之多寡，脈之淺深，可按圖而索也」。[1]

1921 年，丁文江突然前往北票煤礦擔任總經理，把自己一手創辦的地質調查所交給翁文灝主持。

這個選擇讓外人無比震驚，但是朋友們知道，他另有苦衷。父親去世後，丁文江就決定主動養育幾個年少的弟弟，因此，他不得不尋求薪資更高的工作，來肩負家族的責任。

儘管投身實業，他依然密切關注學術界的動向，不遺餘力地提攜有能力的年輕人。

1923 年，在北票煤礦公司辦公處，李濟終於見到了紐約自然歷史博物館館刊扉頁上的「V.K.Ting」。

此時，李濟已經獲得哈佛大學人類學博士學位，回國任教於南開大學。一見面，丁文江就熱情地鼓勵李濟一定要多做研究，同時無奈地感慨，自己又做生意又做行政，研究時間被大量擠佔，左右為難。

1 邢端：《序》，載翁文灝《中國礦產志略》，農商部地質調查所印行，1919 年。

他開始若無其事地與李濟聊天，實則暗中考察李濟的學術功底和見地。兩人談了兩個小時，丁文江顯然很滿意，臨別前，他重述了初見時的那番話，再次敦告李濟務必要潛心學術。

初出茅廬的李濟，對這位比自己大九歲的「前輩」卻並不客氣。他指出，丁文江在雲南做的人體測量，有些數據不夠準確。經過核對，丁文江發現了問題所在，原來，他當年製作的卡尺不夠精準。他不以為忤，而是欣然接受了李濟的批評，還熱情地把李濟介紹給地質學和古生物學界的朋友們。

這正是丁文江為人處世的風度。許多年輕人稱他為「丁大哥」，[1]而無論在生活中還是在學術界，他其實都當之無愧。

幾年後，丁文江突然又做出一個讓人們困惑不解的決定。

他離開實業界，決定從政，接過了軍閥孫傳芳拋來的橄欖枝，出任淞滬商埠督署總辦。其實，他一直以北宋名臣范仲淹自況，給自己起的筆名就叫「宗淹」。儘管他自嘲為「治世之能臣，亂世之飯桶」，[2]但他信奉「好人政治」，天真地試圖通過從政來改造社會。他對軍閥們報以同情之期望，願意相信他們有道德底線，他曾告訴蔣廷黻：「你不懂軍人……如果他們中任何一個有你那樣教育程度，他們一定可以，而且絕對可以比你對國家有貢獻。」[3]擔任淞滬商埠督署總辦的八個月間，他重整上海市政建設，收回了公共租界的會審公堂。但他的這段政治生涯處於極不恰當的時刻，不久，孫傳芳就不敵北伐軍，轉而向張作霖乞援，丁文江為此憤然辭職。後來，正是這段短暫的從政經歷，讓

1 傅斯年：《我所認識的丁文江先生》，《獨立》1936 年 2 月 16 日第 188 號。

2 胡適：《丁文江的傳記》，載歐陽哲生編《胡適文集》(7)，第 501 頁。

3 蔣廷黻：《蔣廷黻回憶錄》，中華書局，2014 年，第 132—133 頁。

他飽受詬病。

他早年曾勸説梁啟超「放棄政治活動，而從事學術研究」，多年後他依然堅持這一判斷，始終認為梁啟超「是優秀的作家，但不是政治家」。[1] 然而，和民國的許多書生一樣，當丁文江用複雜的口吻臧否前輩梁啟超的一生時，他和他的朋友們卻也在踏入同一條命運之河，一次次重蹈覆轍。[2]

他終究還是回到了學界。作為中國地質學界的先行者和組織者，他當然還有許多夢沒有做完。在各地遊走時，他驚訝地發現，自己隨身攜帶的中國地圖，竟然還是康熙時代的傳教士留下的版本，各種錯漏不僅巨大，甚至荒謬。他決心為中國重新繪製一份可信的地圖。因此，他要求同事和學生外出時盡可能地進行勘測，繪製地圖，並標註出經緯度，期望着有朝一日能積少成多。1924 年，地質調查所開始按照國際地質聯合會的標準，正式啟動繪製地圖的長期計劃。九年後，丁文江、翁文灝、曾世英聯合出版了《中國分省新圖》。[3]

夙願終於達成，本是件高興的事，丁文江的序言卻寫得有些五味雜陳：

> 我們只希望以後同行的諸君，少講些龍脈，少畫些筆架，使得中國青年漸漸地了解地形是怎樣一回事。[4]

此時已是 1930 年代，他仍然需要苦口婆心地敦告世人，真正的田

1 丁文江在與顏惠慶談話時這樣評判。

2 多年後，丁文江也獲得了相似的評價。他的小兄弟傅斯年説，丁文江是一個好官僚，而不是政治家。

3 1950 年代中印邊界談判時，中國政府以此圖為談判的依據。參見費俠莉《丁文江：科學與中國新文化》，第 31 頁，譯者註。

4 丁文江、翁文灝、曾世英：《中國分省新圖》。

野調查、真正的地質學乃至真正的科學，究竟是怎樣的。

地震和石油

1920 年 12 月 16 日晚上 8 點多，上海徐家匯觀象台的神父們目睹了不可思議的一幕。

維謝爾特地震儀上的筆尖劇烈波動，一場大地震正排山倒海而來。到 8 點 16 分，地震波竟然大到連地震儀都無法承受，筆尖被徑直甩落下來。[1]

不止上海，全世界九十六個地震台都察覺到了地震波。然而，直到甘肅固原電報局的三名工作人員冒着生命危險用門板臨時搭起工作間，對外發出電報，人們才知道究竟發生了甚麼。

甘肅發生了一場里氏八點五級的地震，震中在海原，距離固原八十多公里。這是中國有文字記載以來唯一的一次震中烈度高達 XII 度的大地震，二十三萬人在這場劫難中喪生。[2] 後來，固原縣誌記錄下這個可怕的瞬間，「狀如車驚馬奔，轟聲震耳，房倒牆塌，土霧彌天」。

然而，北洋政府根本無暇西顧，半年後，農商部、內務部和教育部才聯合派出六名代表，前往甘肅考察。翁文灝是農商部代表，與他同行的，還有他一手培養起來的「十八羅漢」成員之一謝家榮。謝家榮剛剛從美國斯坦福大學和威斯康星大學學成回國，重返地質調查所。四個月間，伴隨着持續的餘震，他們在山中奔走，在野外露營，對地震的成因、強度、賑災事宜等進行了深入的調查研究，並繪製出等震線圖。

1 徐家匯觀象台：《1920 年 12 月 16 日大地震的概述和評註》。

2 一說遇難者高達二十七萬人。

翁文灝發現，這次地震之所以傷亡慘重，一個重要原因是當地的房子大多用土建造，而且位於山中，缺乏植被，地震發生後，民宅轉瞬就變成墳墓。因此，在《調查甘肅地震大略報告》和《為條陳調查甘肅地震意見呈請》中，他建議當地改建住宅，廣種林木。

通過這次考察，他對地震產生了濃厚的興趣。研究地震及其餘震，尋找其間的規律，事關國計與民生。古籍文獻中對地震的記錄，也讓他深感好奇。他開始不厭其煩地查閱典籍，收集了從夏朝以來的三千五百多條地震記錄，分析總結其間的規律。他認為，地震的分佈與地質構造息息相關，發生過大地震的斷裂大多形成於第三紀或第四紀之初。進而，他在全國版圖上總結出十六條地震帶，並繪製出中國第一幅地震區域分佈圖。他還特別整理、分析了甘肅歷史上的四百次地震，於 1922 年完成了《甘肅地震考》，兩年後又出版專著《地震》，解析地震的原理，呼籲政府和民眾重視地震的危害。

1928 年，翁文灝遊説律師林行規捐出京郊的莊園，用於建造地震台。他從中華教育文化基金會申請了資金，地質調查所也努力撥出部分款項，到國外購買先進的地震監測儀器。兩年後，鷲峰地震研究室在北平西山落成。鷲峰地震台是中國自主建造管理的第一座地震台，從 1930 年 9 月 20 日下午

1 點 2 分 2 秒第一次接收地震記錄開始，直到全面抗戰爆發之前的七年時間裡，鷲峰地震台記錄的世界各地地震多達兩千四百七十二次。

1921 年的甘肅之行，不只是為了調查研究地震，陪同翁文灝西行的謝家榮，還身負另一重使命。初秋時節，他告別了翁文灝，取道西寧，越過祁連山，沿着河西走廊，出嘉峪關，前往玉門。

幾年前，美孚石油公司曾斥資二百五十萬在中國勘探石油，無功而返，美國學者遂斷言，中國缺乏石油資源。翁文灝對此不以為然，

他深知石油之於現代國家的重要意義，便派得意門生謝家榮前往玉門調查地質。玉門自古以來就有關於石油的記載，他希望謝家榮可以就當地是否有豐富的石油儲備、是否值得開採等做出判斷。

抵達玉門後，謝家榮在懸崖和峽谷間輾轉，只遇到三個滿身污穢的挖油人和一群淘金者。後來，他在深谷中迷了路。山路邊不時會出現小小的石堆，顯然是當地人留下來指路用的，但它們究竟暗示着甚麼，他完全不清楚。所幸，一個放羊的人發現了他，帶着他走了十幾里路，終於走出深谷。[1] 經過一番艱苦的調查，謝家榮完成了中國第一篇石油調查報告《甘肅玉門石油報告》。根據當地的地層和地質特點，他認為，這裡應當蘊藏着豐富的石油，呼籲政府勘探開採。他還強調，提前進行科學勘察與規劃，可以讓開採計劃事半功倍。「從前探油，盲人瞎馬，無標識之可尋，往往虛費金錢，毫無所得，今則凡闢一新油田，須經無數地質家之考察，然後從事施工。」

可惜，此時的中國四分五裂，軍閥混戰，無力將翁文灝與謝家榮的構想付諸實踐。儘管如此，地質調查所一直也沒有放棄努力。1930 年，謝家榮出版了中國第一部石油研究專著《石油》，同年，地質調查所建成沁園燃料室，由謝家榮主持，專攻煤炭、石油和天然氣。十餘年間，謝家榮、王竹泉、孫越崎、孫健初、潘鍾祥、黃汲清等人前赴後繼，不辭辛勞地在西北和西南勘測石油。1934 年，陝北延長油田 101 井率先出油。三年後，地質調查所派孫健初與美國地質學家韋勒（J.M.Weller）和工程師薩頓（F.A.Suton）前往西北考察，他們相信，玉門老君廟附近有希望找到油田。翁文灝極為興奮，派孫健初再度勘探，

1　參見謝家榮《旅甘日記》（1921 年 10 月 17 日）。

制訂出開採計劃。1939 年 3 月，玉門油田正式出油。至此，翁文灝十八年前的期望才終於得以實現。

汽車與實習生

研究地震只是翁文灝學術生涯的一段插曲，他涉足的領域還包括煤炭分類與標號命名法、金屬礦床分佈規律、地殼運動、岩漿運動與造山運動、石油地質等方面。他依然奔波於中國各地，通過廣泛的地質考察推動學術研究，進而提出新的理念。

根據在北京西山地區考察發現的侏羅紀髫髻山組火山岩的特點，他開創性地用「燕山運動」（Yenshan Movement）來定義發生在中國東部的造山運動 —— 地殼受到擠壓，褶皺斷裂變動，造就了中國東部地貌的輪廓。這個判斷一直沿用至今。

作為地質調查所新的掌門人，他同樣展現了傑出的管理才能。調查所規模日漸壯大，古生物研究室、新生代研究室、礦物岩石研究室、沁園燃料研究室、土壤研究室、地震研究室陸續創立，地質學、古生物學、人類學、地震學、土壤學……在這裡開枝散葉。

地質調查所設立之初，張軼歐曾預言，如果中國有一個能與世界學界較量，在千百年後名垂學術史的機構，恐怕只有地質調查所。[1] 那時，有人或許還以為這是妄言。1934 年，美國科學史家 C.H. 皮克（C.H.Peake）撰文稱讚地質調查所「在國際科學界有着應有的地位」，「它的研究為增值地球的博物史知識做出了真正的貢獻」。[2] 經由丁文江

1 1919 年，張軼歐在《地質彙報》的序言中寫道：「方地質調查所之始設也，余有狂言，以為民國凡百設施，求一當時可與世界學子較長短，千百載後，可垂名於學術史者，惟此所而已。」

2 轉引自姜玉平《中國近代最早獲得世界聲譽的科學期刊及其啟迪》，《自然辯證法通訊》2006 年第 1 期。

和翁文灝的經營，雲集於地質調查所的兩代學人勠力同心，張軼歐當初的「狂言」終於成為現實。

後人若以「後見之明」回顧，或許會以為，地質調查所的發展不過是順理成章之事。其實，實情絕非如此。地質調查所建立之初的幾年，政府撥款只有三分之二到賬，此後的數額更是驟減。翁文灝接任不久，地質調查所險些被政府關閉。經過他奔走遊說，蔡元培、梁啟超、張謇、馮熙運、張伯苓、張國淦等人出面，聯名致函農商部，認為地質調查所「辦理有年，成績昭著，似不應在裁減之列」，地質調查所才得以死裡逃生。「北伐」臨近結束時，地質調查所再度陷入資金困境，翁文灝到南京尋求援助，為了節省開支，只能在鼓樓上露宿。[1] 1930 年代，地質調查所有一百一十名職員，每月卻只能收到六千元撥款；與之形成鮮明對比的是中央研究院地質研究所，雖只有二十多名職員，每月經費卻有七千元。所幸，地質調查所從建立伊始就與實業界關係密切，如果實業家需要幫助，無論是測量礦區圖、製作地質圖、化驗礦質，還是確定打鑽地點，地質調查所都會鼎力支持，並且不收取任何報酬。[2] 他們的無聲付出，在多年後獲得了回報。每逢地質調查所遇到資金困難，或者需要開拓新的研究空間，總有實業家願意解囊相助：圖書館和陳列館是由各界名流捐款建成的；古生物研究室由北票、中興、開灤、福中等煤礦公司捐建；「沁園」燃料研究室由實業家金紹基捐建；鷲峰地震台的土地則是律師林行規捐出的……此外，來自中華教育文化基金會的資金支持，更是長年維繫着地質調查所的運作。

地質調查所雖然可以藉此擺脱不時來自政治的侵蝕，但經費依舊

1　翁心鈞：《翁文灝地質生涯摭拾》，《人物》2008 年第 5 期。

2　丁文江：《我國的科學研究事業》，《申報》1935 年 12 月 6 日。

捉襟見肘。想要不斷開創新的研究室，發展新的學科，都需要苦心經營。雖然身為地質調查所所長，翁文灝卻一直不肯買一輛車自用。他認為，一輛汽車的費用足以給地質調查所聘請兩名實習生，他不願為了自己貪圖舒適而錯過兩個年輕的人才。[1] 他不懈地在各界奔走，為地質調查所爭取資金支持。為了給地質調查所減輕負擔，他一度只肯領取一半的薪資。但他必須設法補貼家用，於是，他業餘時間便到北大和北師大兼職教課，還勤奮地寫文章賺取稿費。[2] 當年，在地質研究所的畢業典禮上，丁文江曾告誡學生，不可染習留學生習氣，不可過於計較個人薪水、辦事經費，不可染官僚之習氣，應勤儉自勵，盡出所學，實心做事。

丁文江和翁文灝們，更是身體力行，畢生如此。

奇石

與熱衷於四處奔走的丁文江和翁文灝不同，年長的章鴻釗對各種奇石懷着更深的熱忱，在傳統金石學和現代地質學之間，他試圖尋找一條新的出路。

他自幼就對金石學很感興趣，但他認為，傳統金石學的分類和定名方法都存在缺陷。從日本留學回國後，他就遍查古籍，嘗試用現代科學的方法，為金石學定名，並探究其淵源流變。

1921 年，他歷時六七年完成《石雅》，詳細考證了《尚書 · 禹貢》《山海經》《爾雅》《穆天子傳》等古籍記載的各種名物，瑪瑙、綠松石、和

1　丁文江：《我所知道的翁詠霓 —— 一個朋友病榻前的感想》，《獨立》1934 年 4 月 22 日第 97 號。

2　翁心鈞：《翁文灝地質生涯摭拾》。

氏璧、解玉砂、藍田玉、石英……這些在中國經典中流傳千年或神秘或模糊的物質，他都給出了詳盡的解釋，探究它們的成因，並確定它們在現代礦物學中對應的名稱。在丁文江看來，章鴻釗是「按照科學的礦物學對中國古代的和現代的寶石詳加鑒定」，其研究視野與方法都與傳統金石學截然不同。對於金石學應當如何轉型，章鴻釗顯然提供了一種可能 —— 基於現代地質科學，重新探索並定義中國古籍中記錄的礦物和古生物。因此，丁文江願意把《石雅》稱為一部「開創性的研究著作」。

1922 年除夕，二十六位中外地質學家雲集兵馬司胡同九號，商討成立中國地質學會。[1] 幾天後，章鴻釗當選會長，翁文灝和李四光擔任副會長，丁文江則被選為評議員，同時主編《中國地質學會誌》。

六年後，因為傷病困擾，章鴻釗被迫放棄田野考察，並辭去地質調查所的職務，專心著述。隨着《三靈解》《古礦錄》等一系列專著的出版，更多充滿詩意的神秘古物，經由他的考證，顯出真容。

對國際學界而言，章鴻釗的研究或許還擁有別樣的意義。多年後，當英國科學史家李約瑟（Joseph Needham）書寫《中國科學技術史》「礦物學」這一章，他無比慶幸地發現，自己不必為了考證一些模糊的概念而消耗精力，章鴻釗的著述已經為他提供了明確的答案。

豆芽菜胡同五號 & 兵馬司胡同九號

每個週末，豆芽菜胡同五號暫時取代兵馬司胡同九號，成為地質學家、古生物學家、人類學家和地理學家聚集的中心。這裡是葛利普

---

1 袁復禮後來回憶，是他和謝家榮一起，向丁文江、翁文灝提議成立中國地質學會，他們還用英文起草了《中國地質學會章程》。

的寓所，在他的客廳裡，來自世界各地的學者濟濟一堂，「沒有階級，沒有主屬，甚至沒有老幼」。[1]

座上的賓客，除了丁文江、翁文灝、章鴻釗等人之外，也不乏地質調查所的年輕人。來自海外的學者更是絡繹不絕，其間的主角，除了葛利普和安特生，還有加拿大古人類學家步達生和法國古生物學家德日進等人，他們都在各自的領域享有世界聲譽。步達生在協和醫學院擔任解剖學教授，不過，自從與安特生合作研究古人類化石後，他和醫學院院長胡恆德（Henry Houghton）的關係就日益緊張，後者希望他專注於醫學教育，不要再執迷於研究那些「神秘的山洞」。步達生只好在業餘時間研究古人類學，即便如此，他還是取得了巨大的成就。德日進則是一個「離經叛道」的耶穌會士，曾在巴黎天主教學院教地質學。他於 1923 年來到中國，與桑志華（Emile Licent）合作做田野考察和古生物研究。他對進化論和原罪的態度，觸怒了教會，被迫放棄了巴黎的教職。但是命運弄人，陰差陽錯，在中國，他找到更大的空間，後來更應邀擔任地質調查所新生代研究室名譽顧問。

事實上，中國地質學從誕生伊始就是一個國際化的學術共同體。1922 年 1 月 27 日，中國地質學會成立時，六十二名會員中有二十二人來自國外。此後不久，翁文灝作為第一位中國代表，前往比利時布魯塞爾參加第十三屆國際地質學大會（International Geological Congress），提交了四篇論文，作者分別是他和丁文江，以及葛利普、安特生。8 月 10 日，翁文灝被評議會推選為副會長和分組會議主席，

1　楊鍾健：《科學家是怎樣長成的？紀念葛利普先生逝世二周年紀念作》，《科學》1948 年第 3 期，第 68 頁。

剛剛成立的中國地質學會也被吸納進國際地質學會。[1]

中國與海外的科學家坦誠相待，合作考察，分工研究，儘管針對具體問題常有分歧，卻願意在理性的討論中相互啟發。正是這種信任與合作、自由與開放的風氣，促成了近代中國地質學和古生物學的許多重大發現，埋藏於大地深處的諸多謎團得以漸次解開，中國地質學也在短短十幾年間異軍突起。

自然，中國地質學家也會為了把出土文物留在中國而寸步不讓，但他們並非偏激、狹隘的民族主義者。在一次演講中，丁文江闡明了一個不容迴避的真相，「歐美人研究科學，至少已經有一百五十年的歷史。我們饒不過二十年。人家當然比我們高明，我們當然要與外國人合作，受外國人指導」，而這一切的最終目標是「方始有趕上人家的希望」。[2] 這是丁文江多年的心得，他深知，如果沒有葛利普幫忙研究化石，如果沒有繪圖員幫忙繪圖，僅憑自己單打獨鬥，無論考察還是研究，都不可能真正取得進展。

然而，1920 年代初，局勢逐漸發生變化。「五卅運動」的餘波讓人們對來自海外的考古學家也滿懷敵意，而蘭登·華爾納（Landon Warner）在中國西北的盜掘與破壞，更激怒了中國學界與民眾。每個人都能感受到氣氛正日漸緊張，在一封信中，德日進感歎，儘管中外學者之間的關係「已經超越了國家、種族和信仰的界限」，但他又隱隱擔憂，一切終將成為「分道揚鑣的序幕」。[3]

作為地質調查所的主持者，翁文灝的態度也變得愈發微妙。他一

1　參見李學通《中國參加第 13 屆國際地質大會史事考》。

2　丁文江：《我國的科學研究事業》，《申報》1935 年 12 月 6 日。

3　這封信寫於 1927 年 2 月 20 日。轉引自費俠莉《丁文江：科學與中國新文化》，第 47 頁。

直希望國人能知恥後勇，奮發圖強。1916 年，他告誡年輕一代，「必要之知識，相當之經驗，又不可不求學於他國之校與他國之師」，[1] 九年後，他更加急迫地表態：「我們自己的材料，自己的問題，不快快地自己研究，以貢獻於世界，卻要『勞動』他們外國人來代我們研究，我們應該感覺十分的慚愧，應該自加十二分的策勵。」[2] 他當然清醒地知道，中西之間仍存在巨大的差距，1934 年為《周口店洞穴層採掘記》作序時，他承認，「我們所取得的成績大半還靠合作諸人的輔助教導」，因此，一定要「與外國先進學者虛心合作，用力追隨」，但他也對地質調查所的中方學者提出了新的要求 —— 凡是能夠由中國人獨立完成的研究，就不要再依賴西方學者。不過，身處一線的中國學者與西方學者合作多年，更從他們那裡受益良多，於情於理都很難生硬地拒絕繼續合作。[3]

在這個民族主義浪潮席捲中國的時代，地質學界難以置身事外，同樣被激流推搡着，奔向新的臨界點。[4]

---

1 章鴻釗、翁文灝：《地質研究所師弟修業記》。

2 李學通：《書生從政：翁文灝傳》，蘭州大學出版社，1996 年，第 47 頁。

3 例如，楊鍾健回國後，長年與德日進結伴外出考察，第一次考察時，他就提出，「德君已受地質調查所聘任，而為我國服務了」。後來他也沒有完全聽從翁文灝的主張，依然分配了周口店出土的一些標本，供德日進繼續研究。

4 如同瑞典探險家斯文 · 赫定所總結的那樣，這是「標誌新時代開始的、從南方起席捲整個中國的民族主義潮流的結果」。參見賈建飛《文明之劫 —— 近代中國西北文物的外流》，人民美術出版社，2004 年，第 100 頁。

第三章
「難稽」的洪荒

仰韶村與周口店

在北京的中藥舖裡，時常能見到一些碎骨片。中國人相信，它們都是龍的遺骸，研磨成粉，可以治病，擁有奇效。

1918年2月，安特生從燕京大學教授、美國化學家格吉布（John McGregor Gibb）那裡得知，北京西南周口店附近的雞骨山，能找到許多類似的碎骨片。當然，它們不是龍骨，而是嚙齒類動物的化石。循着這條線索，安特生到雞骨山發掘，收穫頗豐。三年後，他帶着奧地利古生物學家師丹斯基（Otto Zdansky）又回到這裡，一個熱心的當地人告訴他們，兩公里之外的龍骨山，有一片廢棄的石灰礦，能找到更大更好的龍骨。他把他們帶到一座十米高的礦牆邊，指着隨時可能倒塌的礦牆說，龍骨就藏在裂縫裡。這個素昧平生的中年人仿若神靈從天而降，安特生在這片新的發掘點發現了腫骨鹿、犀牛、鬣狗等動物的化石，以及一些帶刃的白色脈石英碎片，看起來很像石器時代原始人製作的工具。

1923 年，在安特生的強烈要求下，師丹斯基又到龍骨山進行了一次發掘。但是，當時他們都以為，埋藏在這裡的只有遠古動物的遺骸。

在安特生漫長而傳奇的發掘生涯中，周口店似乎一直都只是一段插曲。每隔幾年，他就會想起周口店，但他的注意力始終被中原牽絆。

1918 年在雞骨山短暫發掘後，他就趕赴河南，在澠池縣仰韶村發現了一批震撼人心的古生物化石。兩年後，他的助手劉長山從仰韶村的村民手中購買到一些石斧和石刀，這讓安特生隱約覺得，仰韶村下面或許還掩埋着一片新石器時代的遺址。

1921 年，安特生獲准前往仰韶村進行考古發掘，一位年輕的中國地質學家加入了發掘隊。二十八歲的袁復禮剛剛從美國留學歸來，他在布朗大學和哥倫比亞大學學習生物學、植物學、考古學和地質學，獲得碩士學位，因為母親病重決定提前回國，被地質調查所聘為技師。

從 1921 年 10 月 27 日到 12 月 1 日，安特生、師丹斯基和袁復禮等人一起，在仰韶村的十七個發掘點挖掘出大批彩陶、石器以及一些骨器和蚌器，裝滿了十一個木箱。袁復禮還繪製了《仰韶遺址地形圖》。仰韶村出土的彩陶上繪製着精美的幾何圖案和動物圖形，這讓安特生尤為興奮。兩年後，在《中國遠古之文化》（*An Early Chinese Culture*）中，他提出「仰韶文化」的概念，確認它屬於新石器時代晚期文化。這是一個歷史性的突破，因為許多西方學者一直認為，中國不存在石器時代的遺跡。依靠最新的考古發現，安特生幫助中國衝破了偏見；不過，他卻又造就了另一種偏見——他敏銳地注意到，在中亞的安諾文化（Anau Culture）和特里波列文化（Tripolye Culture）中也出土過許多彩陶，經過比較分析，他認為，彩陶很可能是從中亞經由中國西北傳入中原的。為了驗證這個假說，他逆着設想中的彩陶傳播路線，又動身前往西北，希望找到更多證據。

在陝西、甘肅、內蒙古、西藏等地，歷時十八個月，他發掘了五十多處文化遺跡和大批文物。根據寧定縣齊家坪遺址、西寧縣朱家寨遺址、碾伯縣馬廠塬遺址、洮沙縣辛店遺址、狄道縣寺窪遺址和鎮番縣沙井遺址出土的文物，他梳理出彩陶文化的發展順序——齊家、仰韶、馬廠、辛店、寺窪、沙井。他相信，彩陶文化是從中亞傳入這些地方，再逐漸流入中原，成就了仰韶文化。這些發現，讓他對「中國文化西來説」更加篤定。

許多中國學者不認同這個觀點，但是很少有人能否認他對中國考古學做出的開創性貢獻。他對地層學的重視，對科學考古方法的運用和演示，對田野調查的親身示範，都讓他的同僚、助手、學生乃至隨行的工人們獲益良多。

1934 年，六十歲的安特生在瑞典出版了《黃土的兒女》(*Children of The Yellow Earth*)，謙遜卻又張揚地回顧起自己在東方的諸多驚人發現——「一系列幸運的環境使我幾次成為開拓者」。1914 年，他發現了疊層石礦石有機物的起源，四年後發現了聚環藻團塊和第一個三趾馬區，之後一年在蒙古發現了海理群，1921 年發現了仰韶遺址、黃河邊的始新世哺乳動物、奉天沙鍋屯洞穴堆積，以及周口店。[1]

同樣在這一年，李濟回溯並展望中國考古學的發展，盛讚安特生讓中國歷史上那些「『難稽』的洪荒」終於變成「一件有物可證的具體案件」。[2] 儘管李濟並不認同安特生的一些觀點，尤其是「中國文化西來説」，但安特生作為開拓者的角色與地位，卻無法撼動，並且毋庸置疑。

---

1 安特生：《黃土的兒女》。轉引自李濟《安陽》，第 45 頁。

2 李濟：《中國考古學之過去與將來》，載《安陽》，第 302 頁。

「北京男士」還是「北京女士」

周口店真正的意義，在安特生離開中國以後才得以揭曉。

1925 年，安特生回到瑞典，擔任遠東博物館（Museum of Far Eastern Antiquities）館長。次年 10 月，他陪同瑞典王儲古斯塔夫六世・阿道夫（Gustaf VI Adolf）訪問中國。瑞典王儲是一名考古愛好者，擔任萬國考古會會長。在 10 月 22 日的歡迎會上，中外學人濟濟一堂，不過，主角卻是重返中國的安特生，他帶回來一個震驚世界的消息。

安特生展示了一些 PPT 以及來自烏普薩拉大學最新的研究報告。他宣佈，此前在周口店發掘出的化石中，有兩顆遠古人類的牙齒，可能分別是右上的第三臼齒和靠前面的下前臼齒，並且，他斷言：「在第三紀末或第四紀初，亞洲東部確實存在人類或與人類關係十分密切的類人猿⋯⋯周口店的發現，給人類起源於中亞的假說提供了強有力的證據，在一連串鏈條中又增加了重要一環。」

舉座震驚。

德日進並不認同這個推測。他給安特生寫了一封信，提出 PPT 中展示的牙齒標本可能是某種食肉類動物下排最靠後的臼齒，「它們的人類屬性始終無法令人信服」。[1]

在年末的另外一次會議上，安特生的老朋友葛利普更是當眾發問，「北京人」（Peking Man）究竟是人還是食肉動物。因為研究尚未有定

1 這封英文信收藏在瑞典遠東博物館，參見韓琦《從礦務顧問、化石採集者到考古學家 —— 安特生在中國的科學活動》，載《法國漢學》叢書編輯委員會編《舊學新知：中歐知識與技術之演變》（《法國漢學》第十八輯），中華書局，2019 年，第 40—41 頁。對於這件事，李濟有過不盡相同的回憶，他寫道：「1926 年 10 月 22 日當安特生宣讀關於周口店的荷謨形牙齒研究的論文時，德日進是聽眾中唯一提出質疑並認為幻燈片顯示的化石標本可能是某種『食肉類動物』的牙齒的人，他給安特生寫了個條子，說明他對韋曼鑒別的懷疑。」參見李濟《安陽》，第 54 頁。

論，安特生半開玩笑地回應——「北京人」既不是男士（man），也不是食肉動物，而是兩者之間的一種；而且，「北京人」是一位女士（lady）。[1]

爭論仍在繼續，不過，「北京人」的名字從此不脛而走，後來，儘管「北京人」有了學名「中國猿人北京種」（Sinanthropus pekinensis），人們依然樂於稱它為「北京人」。繼「尼安德特人」和「爪哇人」相繼被發現後，橫空出世的「北京人」為人類起源提供了新的例證。

科學家們決定迅速採取行動，推動周口店的發掘。

北京協和醫學院的古人類學家步達生與安特生是老相識，已經提前得知周口店出土古人類牙齒的消息。他和翁文灝商量後，決定向美國洛克菲勒基金會申請資金。[2] 地質調查所與協和醫學院合作創辦了地質調查所新生代研究室（Cenozoic Research Laboratory），[3] 專門負責周口店遺址的調查、發掘和研究。雙方約定，古生物標本出土後，由協和醫學院保存，並進行研究，但是，所有文物歸中國地質調查所所有，必須永遠留在中國。

1927 年 4 月 16 日，北伐戰火正熾，周口店的發掘在烽火邊緣艱難地進展。瑞典古脊椎動物學家步林（Bjirger Bohlin）應邀來到中國，與地質調查所的李捷合作，率領六十名工人開始發掘。半年後，五百

1　安特生在《黃土的兒女》中寫道：「Well, Dr. Andersson, how are things just now with the Peking man? Is it a man or a carnivore?」「My dear Dr. Grabau,the latest news from the Chou K'ou Tien field is that our old friend is neither a man nor a carnivore but rather something half-way between the two.It is a lady.」轉引自戴麗娟《中國地質學及史前學發展初期之國際性格——從德日進寄至法國的一張餐卡看起》，《古今論衡》2013 年第 25 期。

2　此事最終由協和醫學院院長胡恆德與洛克菲勒基金會接洽。

3　胡承志在《我所在的新生代研究室》中回憶，1926 年 10 月，步達生與翁文灝決定創辦新生代研究室，這個研究室的名稱在 1927 年的一些文件中不斷出現，但它真正成立，則是在 1929 年。參見高星等主編《探幽考古的歲月：中科院古脊椎所 80 周年所慶紀念文集》，海洋出版社，2009 年，第 53 頁。

多箱遠古動物化石被運往北京。在最激動人心的 10 月 16 日，他們發現了一顆保存完好的遠古人類牙齒。經過研究分析，步達生確定它是成年人左側的第一顆下臼齒，他把這個物種正式命名為「中國猿人北京種」。

臥虎藏龍

在周口店這片臥虎藏龍之地，你永遠不知道，埋頭做事的工人身懷怎樣的絕技。他們可以隨手撿起一塊牙齒，立刻判斷出它是鹿牙，或者拾起一小塊化石，認出它是鳥骨。從北京大學地質學系畢業的裴文中第一次到發掘現場，就被這些工人震驚得目瞪口呆。

1928 年，二十四歲的裴文中和三十一歲的楊鍾健一起來到周口店。楊鍾健剛剛從德國留學歸來，在慕尼黑大學主攻古脊椎動物學，獲得博士學位。他的博士論文《中國北方之嚙齒類化石》是中國學者寫的第一部古脊椎動物學專著，翁文灝對他寄予厚望。剛從北大畢業的裴文中則完全不同，由於成績不好，他只能做「練習生」，主要負責管理賬目，協助發掘，薪資也只有楊鍾健的三分之一。[1] 更致命的問題在於，裴文中從未學過有關脊椎動物的課程，只好臨時抱佛腳，德國古生物學家齊特（K. A. von. Zittel）的《古生物學教程》，被他當作聖經一樣每晚苦讀。

這一年的發掘非常重視土層的分佈及其特點。穿越一層又一層色彩、質地都不盡相同的土塊和砂石，地下的遺存逐漸顯露端倪。首先

1 根據翁文灝與步達生擬定的協議，楊鍾健第一年月薪二百元，第二年二百二十元，第三年二百五十元，裴文中第一年前六個月月薪六十元，後六個月八十元，第二年九十元，第三年一百元。參見胡承志《我所在的新生代研究室》，載高星等主編《探幽考古的歲月：中科院古脊椎所 80 周年所慶紀念文集》，第 57 頁。

要穿過 1.2 米厚的鮮黃色硬土層，進入 1.75 米厚的淺灰色砂土層，進而是 7.25 米厚、由大塊灰岩組成的不規則層，繼續深挖則進入厚達 6.7 米、由顆粒極細的各色土組成的對基層，隨即就會發現由角礫岩和黑土組成的化石層。在 0.4 米的化石層之下，還有 6 米厚的堅硬灰岩角礫層、1.5 米厚的砂層、5 米厚含砂量略少和 2 米厚含砂量更大的堅硬角礫岩和紅色砂質土，最後便是 2 米厚、含有大量結核的砂質紅土層。[1]

考古挖掘遠比想像中枯燥得多。每天待在現場，和工人們打交道，各種繁雜的瑣事層出不窮，讓人疲於應付，楊鍾健覺得自己簡直成了工頭。

發掘因為戰火被迫暫停了幾個月，而他們一直堅持到大雪封山，發掘出了五百七十五箱化石，找到了兩個遠古人類的右下頜骨化石，其中一個還有三顆完整的臼齒。

不過，經過兩年的發掘，鏟子已經觸及堅硬的石層，動物化石越來越少。他們猜測，龍骨山的寶藏已經所剩無幾。步林、德日進和楊鍾健都在考慮新的考察計劃，而一些震撼人心的消息正從中國西北傳來，持續誘惑着他們。

七隻活的恐龍

1928 年 10 月，法國的一家報紙刊發了這樣一篇聳人聽聞的報道——「中國新疆發現了七隻活的恐龍。」

發現「七隻活的恐龍」的人，就是曾和安特生一起發掘仰韶遺址的

1 參見德日進、楊鍾健《周口店洞穴層》。轉引自林聖龍《北京猿人第一個頭蓋骨出土於第 11 層而非第 10 層——紀念裴文中教授誕辰 100 周年》，《人類學學報》2004 年第 3 期，第 175 頁。

袁復禮。

一年多以前，德國漢莎航空準備開通一條中德航線，邀請瑞典考古學家、樓蘭古城的發現者斯文 · 赫定考察沿途的地貌與氣象條件。斯文 · 赫定躊躇滿志，準備在中國進行第四次考察。通過安特生的介紹，他徵得了北洋政府要員和奉系軍閥張作霖的同意，不過，這次行程卻引起軒然大波。考察團只允許中國派兩名代表參加，並且限期一年必須離團東返，而且出土文物要先送到瑞典研究，等到中國成立相應機構以後再返還。這兩條激怒了中國學界，進而民怨沸騰。北京十餘家機構組成中國學術團體協會，與斯文 · 赫定談判了兩個月，簽訂了中國近代科學史上第一個平等條約。雙方約定合作組成考察團，嚴禁考察與中國國防相關的事物，嚴禁破壞文物和古跡，嚴禁文物出境。

西北科學考察團最終由十七位歐洲學者和十位中國學者組成。北京大學教務長、哲學系教授徐炳昶擔任中方團長，十位中方成員在地質學、古生物學、考古學、史學、地圖繪製、攝影和氣象觀測等方面各有所長，其中，袁復禮主要負責調查地質。這場考察長達五年，其中有三年是由袁復禮代理中方團長職務。他們啟程時，北京還是首都；千里迢迢歸來時，北京已然變作北平，南京成為新的國都，蔣介石取代了張作霖，成為這個國家新的主宰者。

一行人在西北暴烈的陽光下觀測氣象，繪製地形圖，拍攝照片，進行考古發掘。二十八歲的地質學家丁道衡很快就有了重大發現，7 月，他在白雲鄂博發現了大鐵礦。三個月後，另一名中方團員黃文弼在居延博羅松治發現了幾枚漢簡。不過，決定性時刻是由袁復禮締造的。1928 年秋，袁復禮在新疆吉木薩爾縣三台大龍口發掘出四十二個爬行動物化石，其中有七個完整的三疊紀爬行動物化石，包括水龍獸、二齒獸，以及以他的姓氏命名的袁氏闊口龍和袁氏三台龍。斯文 · 赫定與徐炳昶欣喜若狂，迅速向海內外通報了這個喜訊，於是便出現了那家法國報紙上聳人聽聞的演繹——中國新疆發現了七隻活的恐龍；瑞典一家報紙則刊登了另一個版本——沙漠裡發現的恐龍蛋像驢一樣大。[1]

這只是西北科考的開端。沿途極度艱苦，甚至危險重重。他們曾被風雪所困，接連四十八天看不到人煙，只能努力節食，甚至不得不殺死駱駝充飢。[2] 如果不是偶遇了舊土爾扈特部的兩個王子，他們很可能會在不知情的情況下闖進山中的瘟疫區。[3] 在沙漠裡，遇到苦的水也要強迫自己下嚥，他們甚至喝過駱駝尿。帳篷不時會被風沙掩埋，野狼有時會在帳篷外徘徊。然而，無論環境怎樣艱苦，袁復禮都嚴格為出土物排序、編號、記錄、包裝。

滄海桑田的傳說也在面前發生着。西行時，袁復禮路過兩個乾涸了兩百多年的湖——依克諾爾湖和巴克諾爾湖，據説當年康熙皇帝來過以後，這裡就變成了一片石灘。不料，幾個月後，當結束了在新疆的考察，再次路過，他卻發現這裡已然湖水盈盈。一年前的秋雨讓乾枯了兩個多世紀的湖重生了，而岸邊的羊群也從十餘頭暴增到兩千多頭。[4]

幾年之間，陳宗器與斯文·赫定等人一起考察了羅布泊，認為羅布泊是交替湖。黃文弼考察了古高昌國遺址和土垠遺址，不過，大規模發掘「居延漢簡」的機會則留給了瑞典考古學家貝格曼（Warlock Bergman），他在額濟納河附近找到了上萬枚「居延漢簡」。袁復禮則率隊發掘出七十二具各類爬行動物化石，他還兩上天山考察，測量了博

1 袁復禮：《三十年代中瑞合作的西北科學考察團》，《中國科技史料》1983 年第 1 期。

2 徐炳昶：《徐旭生西遊日記》，寧夏人民出版社，2000 年。

3 袁復禮：《三十年代中瑞合作的西北科學考察團》，《中國科技史料》1983 年第 2 期。

4 袁復禮：《三十年代中瑞合作的西北科學考察團》，《中國科技史料》1984 年第 3 期。

格達峰和天池一帶的地形。

1930 年年末，袁復禮在白骨甸發現了奇台天山龍化石，然而，考察團已經分頭行動，人手不夠，他只好先在地上畫出無數個小正方形，詳細編號，再指導三名駄夫幫他一起發掘。天寒地凍，幾個人不斷地把雪水燒開，澆在地上，融化凍土，再小心地一點點挖掘。他們在積雪中工作了三十二天，袁復禮凍傷了腳，卻一直捱到次年 2 月回到烏魯木齊才終於動了手術，又過了三個月才痊癒。[1] 然而，半年後，當大隊人馬乘坐火車返程，袁復禮卻決定冒着風雪，選擇一條新的路線東返。沿路積雪皚皚，沒過腳踝，他只能用推輪計算距離，每次轉彎都要用羅盤確定方向，這樣一直走了五個月，途經四千多公里，才抵達呼和浩特。不過，這一路跋涉是值得的，他又發掘出一批大型爬行動物化石，包括寧夏結節繪龍，為五年的考察畫上了完美的句點。

他曾在科學考察筆記本上這樣寫道：「既不獻給地球上的人類，也不獻給天堂中的諸神，僅獻給那些在西蒙古及神奇的中亞徒步旅行的迷途者。」其實，在考察之路上的許多時刻，他自己都可能成為迷途者，甚至葬身於那片瀚海與風雪之中，但他終究帶着諸多驚人的發現回到了北平。他被瑞典皇家科學院授予「北極星騎士勳章」，當斯文 · 赫定試圖在《亞洲腹地探險八年》中介紹這位中國學人時，他突然發現，必須用四種身份才能準確地描述袁復禮的貢獻——「一個非常博學的、優秀的地質學家、古生物學家、考古學家和地形測量學家」。

袁復禮回歸北平時，周口店已經有了同樣震驚世界的大發現，不

1 袁復禮：《三十年代中瑞合作的西北科學考察團》，《中國科技史料》1983 年第 4 期。

過，楊鍾健深入研究了袁復禮帶回來的爬行動物化石，[1] 堅定地認為：「此其重要，殆不在中國猿人之發現以下。」

雞肋

1929 年，新生代研究室正式成立，丁文江和步達生分別擔任名譽主持人和名譽主任，楊鍾健被任命為副主任，德日進做名譽顧問。不過，這一年春天，步林、楊鍾健、德日進都離開了龍骨山。步林加入了西北考察團。楊鍾健和德日進則前往山西、陝西、內蒙古等地，他們沒有汽車或駝隊，只有六匹騾子馱着行李，在三個月裡奔走了二十八個縣市，考察地質，重點研究黃土和紅色土，並發掘出一批古生物化石。在神木，德日進展現出驚人的判斷力，他發現了一個一尺多（約 35 厘米）的足印，立刻根據經驗斷定這是禽龍的腳印，這令楊鍾健敬佩不已。[2] 經過這趟旅程，楊鍾健積累了田野考察經驗，也在考古學、人類學、地文和岩石方面向德日進取經不少，他感歎，「我之獲益，比在學校時多得多」。[3]

留在周口店的，只有二十五歲的裴文中和一些技工，喧鬧的工地瞬間安靜下來。後來，在《周口店洞穴層採掘記》中，裴文中寫道：「步達生、德日進和楊鍾健指示完畢走後，山中頓覺岑寂，而過起孤獨的生活。」[4]

1 楊鍾健後來這樣回憶：「由於這些化石（指在孚遠、奇台等地保存甚好的骨化石）保存完好，且意義重大，所以我對它的研究興趣日增。袁君亦陸續交來其他材料，使我先後有若干關於下三疊紀中國之唯一水龍群專文發表，此實為我對脊椎動物方面最滿意之貢獻。」

2 楊鍾健：《西北的剖面》，生活 · 讀書 · 新知三聯書店，2014 年，第 12、37 頁。

3 楊鍾健：《楊鍾健回憶錄》，地質出版社，1983 年，第 61 頁。

4 裴文中：《周口店洞穴層採掘記：地質專報乙種第七號》，國立北平研究員地質學研究所實業部地質調查所，1934 年。

荒山其實並非徹底岑寂，爆炸聲不時會驚擾山裡的生靈。粉塵崩散，群鳥亂飛，可惜，沒有太多驚喜出現。

裴文中不知道自己是否入錯了行。讀大學時，他是一個蹩腳的地質系學生，卻熱衷於寫作。他的小說《戎馬聲中》得到過魯迅的稱讚，說他「拉雜地記下了遊學的青年為了炮火下的故鄉和父母而驚魂不定的實感」，並把這篇文章收入《中國新文學大系：小說二集》中。然而，裴文中終究沒能成為作家，畢業後無處教書，也找不到合適的工作，能在周口店待下來，已經算是幸運了。1929 年上半年，他曾被派到安陽，跟隨史語所參與殷墟的第二次發掘，協助做測量工作，並學習考古；但他似乎做甚麼都沒有興趣，無論是測量還是田野採集，始終無精打采。[1] 在周口店的時光比在殷墟時更加乏味。第五層洞穴層無比堅硬，炸藥幾乎不起作用。他不知道留守的意義究竟是甚麼，每天夜裡，絕望無邊無際，侵蝕着他，吞噬着他。他卻別無選擇。這工作如同雞肋，食之無味，棄之可惜。[2]

被子裡的人頭

行色匆匆的年輕人，其貌不揚，很容易就會被人海淹沒。他背着厚厚的被子、褥子和毯子，與房山車站上那些四處奔波討生活的乘客別無二致。狂喜與忐忑，都藏在看似平靜的面孔下。他必須加倍小心，不能讓人發現 —— 被子裡包裹着一個「人頭」—— 人的頭骨。

幾天前，裴文中迎來了命運的轉機。1929 年 11 月底，隆冬來臨，

1 參見石璋如著，李永迪、馮忠美、丁瑞茂編校《殷墟發掘員工傳》，「中央研究院」歷史語言研究所，2017 年，第 178 頁。

2 「雞肋」是裴文中自己的感受，他在《周口店洞穴層採掘記》中寫道：「山中工作，遇到第五層，非常堅硬，我們怎樣崩炸，都不見效，因之覺得山中工作頗有『雞肋』之感。」

周口店的發掘已近尾聲，挖掘深度已達到基準點以下 22.6 米，洞穴仍在延伸，但是越來越狹窄，只能依靠汽燈甚至蠟燭照明。不過，驚喜卻接踵而至，他們陸續發現了完整的犀牛頭骨、完整的鹿的前肢和水牛足以及一些鬣狗的脊椎骨。[1] 不過，決定性的瞬間發生在 1929 年 12 月 2 日下午 4 點，在鬆砂和堅硬的填質中，裴文中看到一個圓形的東西，他相信，那是人的頭骨。這裡就是安特生幾年前發掘出大批古生物化石的地方，被稱為「第一地點」。紅色砂質黏土（red sandy clay）中，「北京人」頭骨出現了。在發回北京的電報中，裴文中強壓着內心的狂喜，寫道：「頃得一頭骨，極完整，頗似人。」

同事王存義顯然更加興奮，他給抱着頭骨的裴文中拍了張全身照，視線都聚焦在「北京人」的頭骨上，卻沒注意，只拍了裴文中的半個腦袋。

為了避免化石在運送過程中被損壞，裴文中抱着頭骨化石，在火盆上小心地烤了三天，烘乾水分，讓它變結實，然後才用幾層綿紙和厚麻布袋把它包裹起來，灌上石膏，在外面又團團裹上被褥。12 月 6 日，他把這個頭骨化石帶回北京，交給了步達生。

起初，步達生不太相信裴文中的判斷。一天前，他曾寫信給安特生，提及裴文中的電報，還有些將信將疑。不過，面前的頭骨化石徹底打消了他的疑慮。

12 月 28 日，中國地質學會在地質調查所舉行特別會議，宣佈了這個重大消息：「北京人」頭骨化石重現人間。

1930 年，實驗室裡也有了重大收穫，經過對前一年出土標本的整理和修復，又一個「北京人」頭骨化石被拼接出來。為了慶祝中國地質

1 裴文中：《周口店中國猿人成年頭蓋骨發現之經過》，載《裴文中科學論文集》，科學出版社，1990 年，第 1—2 頁。

學會第七屆年會，地質調查所特地舉辦展覽，展示了從周口店發掘出來的一批化石標本，其中就有「北京人」頭骨化石。從 3 月 30 日到 4 月 3 日，短短五天，在簽名簿上留下名字的參觀者就有兩千多人。[1]

古老的祖先和神秘的考古發掘，開始以微妙的方式進入公眾視野。

跨越與新生

誕生於內憂外患之時，考古發掘不僅是科學領域的探索，甚至關乎民族尊嚴。這一代學人始終被強烈的民族情感激勵着，鼓動着，急切地試圖向世界證明，中國不僅有黃帝和堯、舜、禹的傳說，不僅有夏、商、周以降的代際傳承，在遠古時代，中國大地上同樣孕育過遠古人類的一支。

大量化石的出土，為學術研究奠定了基礎，也將研究推向新的方向。此後十年，《中國古生物誌》丙種（脊椎動物）和丁種（人類）收錄的論文激增。1936 年，謝家榮曾這樣感歎：「地質研究之空氣，為之一變，地質界同仁相率以高談海陸變遷生物進化為榮，而以煤田及礦床之研究為膚淺不足道。」[2] 但他和同仁依然致力於地質調查，孜孜不倦地勘測土壤、煤礦、石油和各種金屬礦藏，足跡遍及中國各地。但是，古生物學研究後來居上，成為一時顯學。

隨着田野考察的深入，這一代學人的視野也愈發廣闊。短短十幾年間，周口店的發掘與研究就經歷了跨領域的持續擴展，裴文中後來總結道：

1　胡承志：《我所在的新生代研究室》，載高星等主編《探幽考古的歲月：中科院古脊椎所 80 周年所慶紀念文集》，第 59 頁。

2　謝家榮：《近年來中國經濟地質學之進步》，《地質論評》1936 年第 1 期。

> 在 1927 年以前，龍骨山的挖掘工作，是古生物學的，即目的在於挖掘動物骨骼的化石。1927 至 1930 年的工作是人類學的，即目的在於挖掘人類的化石。1930 年的工作，除了發現了人類的化石外，最重要的是發現了石器，發現了「北京人」用火的痕跡。從此而後，龍骨山上的工作，就成了考古學的範疇，即是要注意化石的位置和彼此的關係，土石中發現的石塊以及土石等的性質和位置等。因此，從 1930 年以後，在龍骨山挖龍骨，就成了一種廣泛的、多方面的學術工作，包括地質、古生物、人類學和考古學等專門的科學。[1]

在北大地質學系讀書時，裴文中並不是優秀的學生，但是，周口店的考古發掘彷彿重新塑造了他。在現場積累的豐富經驗、經手的第一手資料，激活了他敏銳的直覺。比如，他認為，周口店出土的一些脈石英似乎是人工製作的。儘管步達生和楊鍾健都不認同，裴文中還是在實驗室裡自己製作石器，試圖驗證這個假設。後來，法國考古學家步日耶（Henri Breuil）應邀來到中國，他斷定，這些脈石英標本確實是人工製作的石器。[2] 裴文中的大膽假設與實驗精神，給步日耶留下了深刻的印象，他還向翁文灝明確提出，希望能招收裴文中做學生。

裴文中還收集了一些燃燒過的動物骨骼、鹿角、石塊等標本，它們很可能可以證明，「北京人」已經會使用火了。德日進把部分標本帶回法國，巴黎博物館礦物研究室的戈貝爾（Gaubert）博士經過實驗分析後確認，周口店確實存在用火的遺跡。這個重大發現促成了考古工作的轉型，從此，對周口店的發掘和研究，從單純尋找「北京人」，轉向

1　裴文中：《龍骨山的變遷》，《中國科技史料》1982 年第 2 期。

2　但雙方其實並未達成共識，直到 1950 年代，學者們依然在爭論這些石器究竟是否是人工製作的。

了對遺址和遺物的綜合觀照。

此外，他們也不只關注史前人類，對食肉目、食蟲目、翼手目、嚙齒目和其他靈長目化石也進行了深入研究，並用中英文發表了多篇論文。

1932 年，裴文中開始在周口店嘗試使用「探溝法」進行挖掘——先發掘出一條 5 米深、1.5 米寬的探溝，以 3 米為一段，分成四五段，然後根據地層的特質以及地層間的關係，再有針對性地挖掘。他承認，新的嘗試源於史語所。儘管當初追隨史語所發掘殷墟時，他似乎總是心不在焉，但是，跨學科的實踐無疑還是帶給他諸多啟迪。[1] 史語所考古組主任李濟還特地借給他考古學的書，教了他一些考古學知識。

從 1920 年代到 1930 年代，正是這些跨領域探索與跨國合作促成了學術的新生，而不同學術機構之間相互支持，共同造就了一個群星閃耀的年代，也讓地理與歷史的大發現成為可能。

不尋常的「韭菜」

日益嚴峻的政局，把考古發掘攪動得五味雜陳。日軍蠶食着東北三省，華北危急，周口店距離戰火越來越近，考古發掘由此變成了對文化遺存的搶救——中國的學人們急於趕在國難臨頭之前，發現更多的珍寶，解開無盡的謎團。

五年過去了，周口店重又岑寂起來，發掘隊將目光投向「北京人」時期的遺物和遺跡考察，又在山頂洞找到了距今一萬八千年到一萬一千年前舊石器時代晚期的遺址，但他們沒能再挖出一個「北京人」頭骨，只發現了三個「山頂洞人」的頭骨化石和一些別致的裝飾物。

1 裴文中：《周口店洞穴層採掘記：地質專報乙種第七號》。

1934 年，步達生突發心臟病，在研究室裡去世。芝加哥大學教授、德國人類學家、解剖學家魏敦瑞（Franz Weidenreich）接替了他的職務。楊鍾健長年與德日進合作，一直在各地考察，足跡遍及東北、華北、西北、長江流域和廣東等地，研究則橫跨地層學、地質學和爬行動物等領域，在山東臨朐，他還發掘出大批植物、魚類和哺乳動物的化石。裴文中也離開了周口店，在步日耶支持下，他於 1935 年前往法國留學，就讀於巴黎人類古生物研究所和巴黎大學動力地質研究室，像當初在周口店發掘現場苦讀一樣，初到巴黎，他近乎瘋狂地學習語言，只用了一個月就掌握了法語，並希望能用兩年時間獲得博士學位。

周口店的挖掘現場，留給了二十五歲的賈蘭坡。

賈蘭坡只有高中學歷，三年前考入新生代實驗室，同樣從練習生做起，此時已經升任技佐。他也是個勤奮的年輕人。一本 1885 年在倫敦出版的《哺乳動物骨骼入門》，他半頁半頁地苦讀，生吞硬記那些冗長複雜的英文術語。他和工人們打過一條野狗，旁人爭着吃肉，他卻惦記着骨頭。他把狗的骨架重新拼起來，對照《哺乳動物骨骼入門》分辨每塊骨頭的名稱和特點。後來，他又花了月工資的三分之一，買了一本英文版的《舊石器時代的人類》，努力自學。經過兩年苦讀，他竟能輕鬆地用拉丁文標註各種哺乳動物的牙齒。

新的年輕人來了又去，北京大學地質學系畢業生李悅言和燕京大學生物學系畢業生孫樹森都來過周口店，但又陸續離開。幾個月間，發掘隊只發現了幾顆牙齒和三塊很小的頭骨碎片，很少有人能忍受這種既枯燥又近乎無望的發掘。

1936 年雨季過後，只有賈蘭坡帶着技工們回到周口店。

與當初的裴文中相比，賈蘭坡的壓力更大。日軍步步緊逼，地質調查所已經在一年前遷往南京，兵馬司胡同九號改為北平分所，由楊鍾健擔任分所所長。由於周口店的發掘連續幾年都沒有重大進展，1936 年，洛克菲勒基金會只提供了六個月的經費，而且可能從此永遠停止資助，新生代研究室或許也將不復存在。楊鍾健打算在周口店設立一座陳列館，請賈蘭坡負責管理。這是他能為這個兢兢業業的年輕同事想到的最佳出路。

10 月 22 日上午 10 點，賈蘭坡與一場小小的驚喜相遇，在第 8 層和第 9 層之間，兩塊石頭中間突然露出一塊下頜骨化石。他小心地把它挖出來，可惜，化石被土和石頭包裹着，已經碎成幾塊。這裡距離六年前裴文中發現第一個「北京人」頭蓋骨的地點，只有十米左右。

隨即又是漫長而無望的等待。轉眼間立冬了，雪紛紛揚揚灑在這片荒寂的山中。

11 月 14 日夜裡，又下了一場小雪，次日上午 9 點，發掘隊才開始工作。半個小時後，一名技工挖出一塊核桃大小的碎骨片，隨手放進小荊條筐裡。這塊碎骨片吸引了賈蘭坡的目光，他問技工這是甚麼，技工回答説，是「韭菜」—— 發掘隊把碎骨片稱為「韭菜」。

賈蘭坡卻把這塊「韭菜」撿了起來，仔細端詳。他忍不住大聲驚呼，他相信，這是人的頭骨。

他立刻派人把現場圍起來，自己帶着幾名有經驗的技工開始發掘，耳骨、眉骨逐漸從半米多的堆積裡顯露出來。他們驚訝地發現，這個頭骨是被砸碎的。到了中午，所有的碎片都出土了。這群不久前還無比絕望的年輕人興奮地意識到：「新生代研究室要時來運轉了。」

當天下午 4 點 15 分，又一個頭蓋骨出土了。消息傳到北平，新生代研究室名譽主任魏敦瑞從床上興奮地跳起來，褲子都穿反了。

十天後，又是一場小雪。雪後，發掘隊在一片硬角礫岩中發現了第三個頭蓋骨，它的完整程度前所未見，甚至完好地保留着神經大孔的後緣部分、鼻骨上部以及眼孔外部。[1]

短短十一天裡，賈蘭坡率領發掘隊發現了三個「北京人」頭骨化石，時隔六年，周口店再度成為世界矚目的焦點。不久，洛克菲勒基金會發出一份越洋電報，決定將資助延長三年。[2] 就這樣，瀕臨終結的新生代研究室奇跡般復蘇。

---

1 參見賈蘭坡《悠長的歲月》，江蘇人民出版社，2008 年。

2 胡承志：《我所在的新生代研究室》，載高星等主編《探幽考古的歲月：中科院古脊椎所 80 周年所慶紀念文集》，第 70 頁。

第四章
生死之際

命運的追襲

田野考察，各種風險總是不期而至。

1929 年，丁文江發起西南地質調查，年輕的趙亞曾和黃汲清先行出發，考察了陝西、甘肅、四川以後，又進入雲南。在雲南昭通，三十歲的趙亞曾為了保護化石，被土匪槍殺。丁文江和翁文灝都對他寄予厚望，葛利普也把他視為中國地質界「未來之領導者」，可他卻倒在了田野考察的路上。這件事讓丁文江和翁文灝感到極大的震動與自責，他們努力為趙亞曾爭取撫恤金，後來，丁文江還一直設法照顧趙亞曾的孩子。[1]

五年後，翁文灝聽說浙江長興可能蘊含石油，異常興奮。畢竟，他一直對石油念念不忘。他當即決定從南京去浙江考察，不料卻在武康遭遇了嚴重的車禍，生命垂危。

---

1 胡適：《丁文江的傳記》，載歐陽哲生編《胡適文集》（7），第 436 頁；胡適：《丁在君這個人》，《獨立》1936 年 2 月 16 日第 188 號。

當時丁文江正在協和醫院養病，聞訊後痛哭着與醫生爭執，執意前往杭州。他反覆念叨着：「詠霓這樣一個人才，是死不得的。」[1]

翁文灝的傷勢震動了中國學術界，甚至驚動了蔣介石。兩年前，翁文灝曾應邀到廬山為蔣介石講學，建議國家發展工業，蔣介石深以為然，極力邀請他兼任軍事委員會國防計劃委員會秘書長。聽説翁文灝出事了，蔣介石下令，不惜一切代價全力搶救。七十多天後，翁文灝終於死裡逃生。

然而，地質調查所仍在持續遭受衝擊。1934 年 3 月 15 日傍晚，步達生按照慣例來到實驗室，準備通宵工作。他興致勃勃地和楊鍾健討論了一些田野考察計劃。沒想到，楊鍾健離開半小時後，步達生突發心臟病，在「北京人」頭骨和「山頂洞人」頭骨旁停止了呼吸。[2] 他躊躇滿志地想把新生代研究室建成大規模的學術機構，涵蓋古人類學、伴生動物群、地層、人文、冰川等多領域，甚至初步選好了地址，打算為新生代研究室新造一座大樓。[3] 他還和印度、緬甸、越南等國家的專家聯絡，試圖將考察與研究擴展到南亞，對新生代地質進行綜合的比較分析。[4] 只是，他的這些構想就此戛然而止。

噩耗並未就此停止。誰也沒有想到，死神隨即轉身，俯視丁文江。1935 年年末，丁文江到湖南譚家山勘察煤礦，仍然像年輕時在個舊那樣，不辭辛苦地下礦洞。這次旅途勞頓不堪，他感染了風寒，在旅館休養時又不幸煤氣中毒。醫生搶救他時，竟然連續做人工呼吸，壓斷

1 參見傅斯年《我所認識的丁文江先生》，《獨立》1936 年 2 月 16 日第 188 號。

2 楊鍾健：《楊鍾健回憶錄》，第 72 頁。

3 胡承志：《我所在的新生代研究室》，載高星等主編《探幽考古的歲月：中科院古脊椎所 80 周年所慶紀念文集》，第 55—56 頁。

4 楊鍾健：《新生代研究室二十年》，《科學》1948 年第 11 期。

了他的一根肋骨，刺破了胸膜，過了很多天才發現。

翁文灝趕赴長沙，想要營救丁文江。可惜為時已晚，1936 年 1 月 5 日，四十九歲的丁文江在湖南去世。

往事如同一根根繩索綑縛着朋友們。

老友胡適想起剛剛相識時，丁文江擔心他酗酒，又不便直接勸告，就從胡適自己的《嘗試集》中摘選了幾句詩，請梁啟超題在一把扇子上，送給他。胡適又想起，當初自己生病，丁文江跑來勸他搬家，還悄悄地承擔了一部分房租。丁文江對朋友一直這樣古道熱腸。

翁文灝更難忘記，自己出車禍時，丁文江強撐病體，着手為他籌備後事，並打算收養他的幼子。正如丁文江的小兄弟、史語所所長傅斯年所描述的那樣：「凡朋友的事，他（丁文江）都操心着並且操心到極緊張極細微的地步，有時比他那一位朋友自己操心還要多。」[1]

在朋友的記憶中，丁文江一直是「丁大哥」——一個可以託付一生的朋友。然而，「丁大哥」這樣的「江湖聲名」，無形中也成了一種精神負擔。1933 年，中央研究院總幹事楊銓遇刺身亡，蔡元培希望請丁文江接任，傅斯年、李濟、李四光等人立刻拿「丁大哥」的聲名作為勸駕的理由，給丁文江寫信説：「見義不赴，非所謂『丁大哥』也。」[2] 丁文江因此更加難以拒絕。當然，他也從來不負眾望，僅用了一年半時間，就把中央研究院「這個全國最大的科學研究機關重新建立在一個合理而持久的基礎上」。[3]

---

1 傅斯年：《我所認識的丁文江先生》。

2 1933 年 7 月，丁燮林、李四光、周仁、唐鉞、李濟、傅斯年致丁文江。參見王汎森、潘光哲、吳政上主編《傅斯年遺札》（第一卷），社會科學文獻出版社，2015 年，第 411 頁。

3 胡適：《丁在君這個人》。

丁文江在世時，曾經這樣評價翁文灝：「若不是大部分的光陰消磨在為他人做嫁衣上面，他的科學的成就一定要十倍於此的。」[1] 他自己又何嘗不是如此。他是一個「百科全書」式的學者，又是一個「徹頭徹尾的實幹家」。[2] 他對地質調查的定義，不僅僅着眼於礦物和岩石，更關注其形成與演變的過程，進而探究地球的形狀、構造和歷史。他還涉足自古以來陸地之上與海水之內的各種生命及其演變過程，乃至諸如地理、氣候等影響其發展分佈的因素，就連葛利普這樣的地質學大家，都對他極為欽佩。[3] 他原本可以取得更大的學術成就，但他終究還是決定充當學術界的推手，為他人作嫁衣裳。

羅素曾這樣評價丁文江：「（他）是我所見中國人中最有才最有能力的人。」在蔡元培眼中，丁文江「是一位有辦事才幹的科學家，普通科學家未必長於辦事，普通能辦事的，又未必精於科學，精於科學而又長於辦事，如在君先生，實為我國現代之罕見人物」。「長於辦事」又「精於科學」，於學術界是幸運，於丁文江個人卻是無盡的消耗。和傅斯年相仿，丁文江也是中國學術界一位傑出的組織者和管理者，社會學家陶孟和甚至稱他為「學術界的政治家」。[4] 他為中國培養出一代地質學人才，為中國地質學奠定了根基，樹立了規範，甚至指明了方向，卻不得不為了機構與學科的發展而做出個人的犧牲。政務消耗了大量精力，也直接影響着他的學術研究。他出版的學術專著很少，在專業

1　丁文江：《我所知道的翁詠霓——一個朋友病榻前的感想》，《獨立》1934年4月22日第97號。

2　這兩句話都是溫源寧對丁文江的評價。

3　胡適在《丁文江的傳記》中引述了葛利普對丁文江的評價，參見歐陽哲生編《胡適文集》（7），第434頁。

4　胡適：《丁文江的傳記》，載歐陽哲生編《胡適文集》（7），第434頁。

領域沒能做出更大的突破。此外，他一向不肯擅自動筆，務必要做周詳的考察和研究之後，才願意訴諸文字。或許他深信，自己仍在壯年，來日方長，有的是時間能把諸多考察成果與心得逐一寫出來。可惜，命運覆手將他捨棄。

出山要比在山清

丁文江去世後不久，翁文灝和幾個朋友就收到了胡適的來信，信中謄抄了丁文江的遺詩《麻姑橋晚眺》：

> 紅黃樹草爭秋豔，碧綠琉璃照晚晴。為語麻姑橋下水，出山要比在山清。

胡適在信中寫道：「我對於你們幾個朋友（包括寄梅先生與季高兄等），絕對相信你們『出山要比在山清』。但私意總覺得此時更需要的是一班『面折廷爭』的諍友諍臣，故私意總期望諸兄要努力做 educate the chief（教育領袖）的事業，鍥而不捨，終有效果。」[1]

此時，翁文灝已經辭去地質調查所所長的職務，應蔣介石之邀出任行政院秘書長。好幾位研究政治學、社會學、教育學的朋友，也先後進入南京政府，學者從政蔚然成風。

翁文灝主持地質調查所十七年，令地質調查所享譽世界。葛利普對他突然選擇從政的做法很不贊同，見到人就抱怨，說很多人都可以充當行政院秘書長，但是，丁文江去世後，除了翁文灝之外，沒有人能更有效地領導地質調查所了。[2]

---

1 胡適：《致翁文灝、蔣廷黻、吳景超》（1936 年 1 月 26 日），載耿雲志、歐陽哲生編《胡適書信集》（下冊），北京大學出版社，1996 年，第 683—684 頁。

2 李濟：《安陽》，第 43 頁，註釋 1。

對於翁文灝的選擇，老友胡適同樣心情複雜。一方面，他認為翁文灝是可以做總統的人。1932 年，他曾應《東方雜誌》之邀書寫新年夢想，其中一個夢想作出了這樣的虛構：「話說中華民國五十七年（西元一九六八）的『雙十節』，是這位八十歲大總統翁文灝先生就職二十年的紀念大典。」然而，他又擔心老友從此淪為政客的附庸，因此，短短五天之間，他接連寫信提醒翁文灝和身處南京政府的學者朋友，務必要保持獨立精神，不要做「伴食」的官員，[1] 一次又一次提起「諍友」和「諍臣」。

其實，翁文灝自己同樣深感矛盾。他早就在日記中自陳過心曲：「余居北平垂二十年，殫心學術，不問政事。自度生平，向以學術工作為職志。」然而，日軍步步緊逼，國家危殆，他已經別無選擇。在給傅斯年的一封信裡，他甚至哀歎，地質研究幾乎無法為國家做出任何貢獻。[2] 何況，他還想報答蔣介石的救命之恩和知遇之情。時局跌宕，他不能袖手旁觀，便只好在日記裡悄悄提醒自己，「誓拚生命拯邦國，莫隨流波墜俗塵」。

「犧牲我所一切所有」

1937 年春天，周口店的新一輪發掘如期進行，大家滿懷期待，希望能找到更多的「北京人」頭骨和遺存，然而，幾個月後，盧溝橋的炮火擊碎了所有的期望。7 月 9 日，周口店發掘宣告中止。二十天後，

1　胡適 1936 年 1 月 21 日的日記寫道：「寫長信給翁詠霓、蔣廷黻、吳景超、顧季高四人，談國家的危機，分外交與財政兩方面……我希望他們四人莫作『伴食』之官員。」（胡適著，曹伯言整理：《胡適日記全編》（6），安徽教育出版社，2001 年，第 592 頁）此信中的內容，與《胡適書信集》所收的 1 月 26 日的書信內容不同，應為兩封信。

2　王汎森：《傅斯年：中國近代歷史與政治中的個體生命》，生活・讀書・新知三聯書店，2012 年，第 185 頁。

北平淪陷。

這一代地質學家、古生物學家和考古學家，迎來了更加叵測的命運。

謝家榮和楊鍾健都拒絕了日偽邀請，不得不逃離北平。抗戰爆發兩個月後，謝家榮的論文《中國之石油儲量》刊登在《地質彙報》第30號上，他劃分出陝北、四川赤盆地、準噶爾和塔里木四個產油區，第一次估算了中國的石油儲量。然而國難降臨，作為北京大學地質學系系主任，他不得不化裝成日本人的模樣，逃離北平南下，此後奔走於湖南、廣西、雲南等地勘測礦產，為中國抗戰積蓄力量。

楊鍾健在長沙短暫停留，發表了《非常時期之地質界》，呼籲學界不要忘記本分：「一個非常時期，正是一個不多的機會，也許有許多新的材料發現與研究，會遭逢時會，特別發達起來。所以我們只有埋頭幹，不必短期灰心，相信地質界人人若能如此，其他各界人人若能如此，於抗戰的局勢，和國家的未來，都是有益無損的。」[1] 他這樣勉勵同仁，也一直這樣要求自己。

作為清華大學地質學系系主任，四十四歲的袁復禮與聞一多等十一名教授一起，帶領二百六十七名學生，徒步三千多里，從長沙一路走到昆明。作為步行團中最年長的教授，他沿途仍不忘教學生考察地質，不時用錘子敲打岩石，採集標本，頻頻取出本子記錄數據，每天畫地質圖。兩個多月艱苦而傳奇的旅程，成為西南聯大傳奇的開端之一。

北方的戰局越來越殘酷，留守周口店的趙萬華、鄭統宇等三名技

---

1 楊鍾健：《非常時期之地質界》，《地質論評》1937年第6期。

工被日軍殺害，地質調查所北平分所與新生代研究室也都變得岌岌可危。葛利普聞訊，立刻出面斡旋，新生代研究室和地質調查所北平分所也得到協和醫學院的保護，以擁有美國投資的名義，暫時成為淪陷區的「飛地」。日偽曾試圖染指，但未能如願。

賈蘭坡到協和醫學院進修解剖學，衣兜裡總是揣着兩根人類的腕骨，不時摸一下，馬上判斷自己觸碰的是哪塊骨頭。這幾乎成為一種條件反射。漸漸地，他信手就能分辨出人骨的部位，甚至連左右手都能輕鬆識別出來。

裴文中在巴黎大學獲得博士學位，並成為法國地質學會會員。步日耶盛讚他僅憑一己之力就寫出了需要多人合作才可能完成的論文，認為他「所做的工作是一個真正的科學家應該去做的」。他沒有留在歐洲，反而冒着戰火，走海路，轉火車，輾轉回到北平，承擔起新生代研究室的各項事務。他還到燕京大學教史前考古學。起初，教室裡擠滿了慕名而來的學生和教師，他們都對「北京人」的發現者滿懷好奇，不過，沒過多久，台下就只剩下兩名學生，其中之一是來旁聽的賈蘭坡。

章鴻釗則在困苦中開始了漫長的蟄伏。他留在北平，屢次拒絕與日偽合作。花甲之年，他所能做的，就是繼續考證中國從兩漢以來各種古籍對礦產的記錄，「以行省為經，以歷朝為緯」，搜尋資料，考證研究，並輔以圖註。他在烽煙中完成《古礦錄》，並附了一首《水調歌頭》，他深信，抗戰終將勝利，華夏仍會復興，「不信江山改，依舊好江山」。

翁文灝出任經濟部長，兼任資源委員會主任委員，主管戰時工業生產與經濟建設。終其一生，他再也無法像年輕時那樣心無旁騖地漫遊中國，進行地質勘探與研究。在寫給地質調查所同仁的兩封公開信中，他呼籲大家抓緊勘探國家急需的礦藏，但也不要放棄正在進行的研究：「科學人士當以研究為生命……凡此奮鬥不倦之精神，即是民族自存之德行」，[1]「我們很願犧牲我所一切所有，爭回我們的人格，保全我們的國體」。[2]

1936 年末，年過六旬的安特生再度來到中國，按照約定，他歸還了當年帶到瑞典做研究的文物。他參觀了地質調查所在南京的新址，並與翁文灝等人重逢，但他已經無法再與丁文江握手言談。此後，他前往西康考察，又輾轉於香港和越南。他在南方徘徊良久，卻找不到機會再度前往周口店。戰火日熾，老人只好黯然離開。

抗戰顛沛流離的日子裡，更多地質調查所的學人由南京，經長沙，流亡到重慶，因得實業家盧作孚鼎力相助，並以中國西部科學院為依託，得以繼續調查研究西南地區的礦藏、土壤和古生物。他們遂在攀枝花、東川、會理、昆明等地陸續勘探鐵礦、銅礦、銅鎳礦和鋁土礦。

包括地質調查所的學者在內，兩三百名中國地質學家如蒲公英般散落在四川、貴州、雲南、西康、廣西、甘肅、寧夏、新疆、青海、陝西、湖南、江西、福建、廣東、湖北等地。西藏之外，只要是尚未被日軍佔領的省份，幾乎都留存着他們勘探礦藏的足跡。黃懿、丁澤洲在雲南易門調查銅礦和鐵礦，徐克勤、丁毅在江西南部調查鎢礦，謝家榮等人在廣西田陽、田東調查銻礦，程裕淇、王曰倫、卞美年等人則在雲南昆陽發現了中國第一個大磷礦……[3]

1938 年，卞美年和王存義前往雲南祿豐地區調查地質，卻意外地

1 翁文灝：《告地質調查所同人》，《地質論評》1937 年第 6 期。

2 翁文灝：《再致地質調查所同人書》，《地質論評》1938 年第 1 期。

3 參見段曉微《他們也是戰士：從〈地質論評〉看抗戰烽火中我國地質學科的發展及對抗戰的貢獻》，《地質論評》2010 年第 4 期。

發掘出近四噸古脊椎生物化石。次年，楊鍾健率隊進行了一次規模更大的發掘。埋藏在地下的恐龍動物群種類繁多，盧溝龍、中國龍、兀龍、雲南龍、卞氏獸等紛紛顯露真容，其中一具保存非常完整的原蜥腳類恐龍化石，引起了楊鍾健濃厚的興趣。經過研究分析，他在 1941 年完成了《許氏祿豐龍》，這是中國人研究恐龍的第一部專著。他把這隻恐龍命名為「許氏祿豐龍」，以紀念自己的德國導師許耐（Friedrich von Huene）。許氏祿豐龍的骨架還被組裝起來，供研究和展覽。它是中國人獨立發掘、裝架、研究的第一隻恐龍，被稱為「中國第一龍」。為了紀念丁文江去世五周年，這個恐龍骨架後來被運到陪都重慶，在北碚展出，觀者如潮，有人甚至帶着香火，前去祭拜。

中國人自稱龍的傳人。此龍自非彼龍，然而，國土淪喪之際，龍的現身，還是帶給流寓西南的學人以慰藉和激勵。山河破碎，生死難卜，他們仍未放棄田野考察和學術研究。

在這些大發現背後，實則有重重危機，甚至動輒生死殊途。1938 年，吳希曾到湘西勘探辰溪煤田時遭遇車禍去世。[1] 1944 年，傅徽第在贛南被日軍殺害。[2] 同年，許德佑、陳康、馬以思在貴州調查地質時被土匪槍殺。他們的人生永遠停留在二三十歲的年紀。安特生早年曾對中國的年輕一代寄予厚望，他覺得，歐洲的年輕人執迷於爵士樂和各種考試，很少思考國家的前途，與之相比，中國的年輕人「精神更加豐富，因為他們生活在風暴和尋找家園的時代，當秕糠為風吹散，根淺

1 抗戰時期因車禍罹難的還有寶天鐵路工程局專員林文英，1942 年，他在地質調查的路上途經徽縣遭遇車禍去世。1930 年代他曾參與地質調查所組織的四川地質考察團。

2 傅徽第於 1940 年由地質調查所轉入江西省地質調查所。

的樹木為風吹倒，只有堅強的鳥兒才敢於磨煉自己的翅膀」。[1] 然而，身處亂世，許多「堅強的鳥兒」最終還是被時代的風暴摧折了翅膀。

失落的木箱

裝進白色木箱之前，頭骨化石都被包得嚴嚴實實，從內到外，分別用擦鏡頭的細棉紙、白棉紙、醫用吸水棉花、醫用紗布、粉連紙、厚的白紙與醫用布，細緻而周密地層層包裹好。木箱裡還特地墊了幾層黃色瓦楞紙，又用吸水棉花和木絲填滿。

兩個木箱看起來沒甚麼特別，只標註了「Case 1」和「Case 2」。然而，箱子裡藏着的，卻是地質調查所一代人的心血。除了五個「北京人」的頭骨，還有「山頂洞人」的頭骨和各種骨片化石，以及「北京人」的牙齒、股骨、上臂骨、上頜骨、鎖骨、腕骨、鼻骨、齶骨、脊椎骨，等等。

1941 年 11 月下旬，在北京協和醫學院，新生代研究室模型技師胡承志用手推車推着這兩個箱子，去了 C 樓，把它們交給醫學院總務長，後者又把它們鎖進 F 樓下 4 號保險庫。

胡承志知道，它們將被送往美國自然歷史博物館。

進入地質調查所之初，胡承志從雜工做起，後來專攻石膏模型製作，作品幾能亂真。幾個月前，魏敦瑞離開中國時，給他出具了一份工作證明：「此信的持有者胡承志先生自 1933 年 11 月就業於新生代研究室，從實習技師到技師。後幾年，胡先生是我個人的技術助理。他製作了周口店北京人的所有模型，從中不僅可以看出他優秀的技術，

1　安特生：《龍與洋鬼子》（*The Dragon and the Foreign Devils*）。轉引自李雪濤《作為中國通的瑞典考古學家：安特生與〈龍與洋鬼子〉》，載閻純德主編《漢學研究．總第二十一集：2016 年秋冬卷》，學苑出版社，2016 年，第 341 頁。

也反映了他聰明的理解力和對所處理問題的重視。」臨別前，魏敦瑞還特地叮囑胡承志，隨時做好把化石裝箱的準備，以便送往美國。

「北京人」的頭骨能夠出境，經歷了漫長的外交斡旋。

抗戰局勢日漸焦灼，美國和日本的關係也愈發微妙，「北京人」頭骨保存在協和醫學院，已經不夠安全。地質調查所打算把化石送到美國自然歷史博物館暫時保管，戰後再歸還中國，但是美方不同意。根據當初的約定，所有出土標本都不能離開中國。

為此，翁文灝出面與美國駐華大使反覆交涉，美方才最終同意接收。[1]

胡承志不知道的是，這兩箱化石很快就被送往美國公使館，又以一名美國軍醫私人行李的名義，裝上火車，由美國海軍陸戰隊護送，秘密運往秦皇島，安置在美軍軍營裡，準備轉乘「哈里遜總統號」前往美國。

整個行程極其隱秘，知情者寥寥無幾。然而，這次縝密的部署，卻因戰局突變而功虧一簣。12 月 8 日，日本偷襲珍珠港，太平洋戰爭爆發。「哈里遜總統號」未能抵達，就被日軍俘獲。日軍迅速對美軍宣戰，美軍在秦皇島的兵營也被佔領，這兩個箱子從此下落不明。後來，新生代研究室的幾名相關人員都遭到日軍審訊，裴文中更是被關押了三十六天，出獄時頭髮都白了。[2] 當然，沒有人知道究竟發生了甚麼。

多年後，不斷有日本和美國的老兵信誓旦旦地宣稱，他們曾親眼見過這些頭骨化石。一個日本老兵臨終前宣佈它被埋在日壇的一棵松樹下，一名美國海軍陸戰隊的老兵則回憶，與日軍作戰時，他們曾用

1 楊鍾健回憶的版本是，當時胡適擔任駐美大使，翁文灝希望由美國大使館把「北京人」頭蓋骨化石帶到美國，交由胡適保管，戰後再運回中國。

2 晏學：《我記憶中的裴文中先生》，載高星、裴申主編《不朽的人格與業績：紀念裴文中先生誕辰 100 周年》，科學出版社，2004 年，第 65—70 頁。

裝着頭骨化石的箱子墊過機關槍。在其他版本的回憶與推測中，這些頭骨化石則長眠於海底，在某一艘日本或美國的沉船上。

時隔幾十萬年，祖先的頭骨從地層深處現身，短短幾年又悄然消失，只剩下一批當年按照等比例仿製的石膏模型，留存下它們的輪廓。[1] 它們帶給後人無盡的狂喜，又留下無窮的悵惘。但無論如何，它們曾激勵着學人走出書齋，尋找大地的隱秘，於是，重返人間的這一趟短暫行旅，也算是功德圓滿了。

1 目前有很多中外學者認為，中國人的祖先或許並不是「北京人」。

第五章
最後的眷顧

消失的五個「北京人」頭骨，再也沒有重現人間。

幾十年過去了，六十二歲的裴文中仍然輾轉在周口店，主持考古發掘。此時，日月已換新天。由於常年與蔣介石合作，並曾出任行政院院長，翁文灝被定為「第12號戰犯」，回歸大陸後幾經波折，終於做了政協委員。他想繼續從事地質調查或者到大學任教，卻始終未能如願。餘生的二十年裡，除了楊鍾健之外，從前的下屬幾乎沒有一個人登門拜訪他。[1] 去世多年的安特生則被指控為「殖民主義和帝國主義的幫兇」，葛利普的名字也引起過軒然大波。《科學大眾》雜誌曾撰文讚揚他像白求恩大夫一樣「擁護真理，反對侵略」，這一評價遭到媒體批判，認為他根本不配與白求恩相提並論，因為他沒有參與偉大的人民革命事業。[2] 為此，《科學大眾》不得不公開檢討。至於舊日地質調查所的其他學者，則大多都曾被錯誤地定義為「科學侵略者」或者「買辦式

1 翁心鈞：《翁文灝地質生涯摭拾》。

2 吳風：《科學家們應注意對歷史人物的評價》，《光明日報》1951年11月14日。

的技術知識分子」。丁文江也未能倖免，甚至首當其衝。[1]謝家榮被打成右派，卻仍在勤奮地寫作《中國礦床學》，而這注定是一部難以完成的書稿。後來，他和妻子相繼自殺。

周口店依然岑寂，年過花甲的裴文中仍在等待。1966 年 5 月 4 日和 5 月 5 日，一塊枕骨和一塊額骨相繼出土。裴文中驚訝地發現，這兩塊人骨碎片，與 1930 年代出土的兩塊顱骨的模型，居然能拼合在一起。顯然，它們曾屬於同一個主人。或許冥冥之中，遠去的祖先於心不忍，又給了裴文中最後的眷顧。

1 李四光寫道：「欺負我最厲害的人，就是這個人。然而他死了以後，我還要瞞着我的良心恭維他：説甚麼他一生苦心為了中國地質事業工作，來表示我的寬宏大度，我這種虛偽的態度，豈不是自欺欺人？」參見李四光《地質工作者在科學戰線上做了一些甚麼？》，《地質論評》1951 年第 C1 期。李四光唯一尊崇的是 1951 年去世的章鴻釗，他在中國地質學會為章鴻釗舉行的追悼會上這樣定義章鴻釗 —— 中國地質事業創始人不是別人，而是章先生。

清華國學研究院

告別烏托邦

第一章
際會

刨墳掘墓，尋繹始源

一位戴眼鏡、穿長袍的老人坐在茶話會前排，看起來有些萎靡不振。這一天是 1925 年 9 月 28 日，雖距離清帝退位已經過去十三年，他的瓜皮帽後面卻依然倔強地拖着一根辮子。

清華國學研究院的新生姚明達忍不住問身邊的同學：「這大概就是李濟先生了嗎？」[1]

李濟是研究院的特約講師，主講考古學。這是一門太過陌生的學科，學生們滿心好奇，又滿懷偏見。他們認為，考古就是挖古董或者收藏古董，[2] 研究考古的人也都垂垂老矣。

然李濟當時只有二十九歲，畢業於哈佛大學，是中國第一位人類學博士。他四歲開始學習「四書」及《周禮》，十歲進入新式學堂，

1　轉引自李光謨《從清華園到史語所：李濟治學生涯瑣記（修訂本）》，商務印書館，2016 年，第 127 頁。

2　當年就讀於清華國學研究院的戴家祥的回憶。

二十二歲前往美國留學，先學心理學，再學社會學，最後研究人類學。二十多歲時，他在一份自撰簡歷中宣佈，他的理想是「去新疆、青海、西藏、印度、波斯去刨墳掘墓、斷碑尋古跡，找些人家不要的古董來尋繹中國人的始源出來」。「刨墳掘墓」這樣驚世駭俗的字眼，「尋繹中國人的始源」這樣野心勃勃的志向，勾勒出中國學術界的一頭「黑羊」形象，而這也未嘗不是這一代新人的精神寫照。軍閥混戰，列強環伺，他們更加執着於自己的民族身份，因此要「尋繹始源」，為祖國正名；不過，在老一輩學者看來，從海外歸來的這一代人更像一群破壞者，他們總是毫不掩飾種種離經叛道的念頭，執迷於一些聽來匪夷所思的研究方法。

在國外時，李濟之名已經為學界所知。1922 年，英國哲學家羅素（Bertrand Russell）在其極負盛名的著作《中國問題》（*The Problem of China*）中，大段引用過李濟的《中國的若干人類學問題》。羅素説，李濟的論文讓他「得到了某些頗有啟發的見解」，這個年輕人也因此意外地名聲大噪。[1] 回國後，李濟任教於南開大學，擔任文科主任，並與美國史密森研究院下屬的弗利爾藝術館合作，準備聯合進行考古發掘。

清華國學研究院聘請了四位導師，不過，留給李濟的職務並非導師，而是特約講師。對此，《清華週刊》特地解釋了原因。據説研究院原本打算聘請李濟做導師，但是擔心會影響他和弗利爾藝術館的考古合作，因此，只好暫時請他做講師。[2] 另外，根據研究院的規則，導師必須「常川駐院，任講授及指導之事」，而李濟為了考古發掘，不得不

1 根據 1977 年費慰梅訪問李濟時的記錄手稿，李濟的原話是「一下子出了名」。轉引自李光謨《從清華園到史語所：李濟治學生涯瑣記（修訂本）》，第 50—53 頁。

2 李光謨：《從清華園到史語所：李濟治學生涯瑣記（修訂本）》，第 107 頁。

四處奔波，很難長期駐校，接受特約講師的聘書也就順理成章。除了職位不同，他的薪資和四位導師的一樣，都是大洋四百元，[1] 都擁有助教和獨立的研究室。

國學研究院的一些學生卻對考古學頗不以為然。姜亮夫最不喜歡上的課就是李濟主講的考古學，戴家祥也覺得自己受益不多，助教章昭煌更加不配合，甚至拒絕為李濟抄寫筆記。第二屆學生裡只有吳金鼎選了考古學，但他找不到合適的地方進行考古發掘，無法寫論文，最終沒能拿到畢業證書。

不過，跟隨李濟接受的學術訓練，讓吳金鼎受益匪淺。幾年後，他將在山東城子崖發現龍山文化，成為中國考古界的扛鼎一代。姜亮夫則越來越後悔自己當初沒有認真聽李濟的課，到海外留學後，他才意識到從前多麼輕狂短視，以致不得不花費大量精力專門研習考古學。對於這段經歷，姜亮夫直到年過九旬依然耿耿於懷。[2]

李濟的老友徐志摩雖是詩人，卻比許多人更理解他。當年兩人一起乘船前往美國留學，入讀克拉克大學後一度同住。徐志摩對李濟的評價可謂一語中的：「剛毅木訥，強力努行，凡學者所需之品德，兄皆有之。」[3] 他們的朋友徐則陵轉過專業，徐志摩認為徐則陵「守節不終，中道而異，吾甚惜之」。李濟則兩次轉專業，徐志摩卻覺得這是水到渠成的事情，「學由心理而社會，由社會而人種，變雖速而徑不捞」。一個「徑」字點出了李濟學術思想的發展脈絡，李濟也因此形成了廣博的

1 國學研究院幾位導師的薪資都是四百元。李濟在弗利爾藝術館的薪資是三百元，為了和其他導師持平，清華只付給他一百元。

2 姜亮夫：《憶清華國學研究院》，載王元化主編《學術集林》（卷一），上海遠東出版社，1996 年。

3 李光謨：《從清華園到史語所：李濟治學生涯瑣記（修訂本）》，第 34 頁。

學術視野，在未來的考古實踐與研究中也更願意探索多元的方法。

後來，李濟被譽為「中國考古學之父」。作為一門新興學科在中國的奠基人，他的知識結構與學術取向，決定了這門學科的格局與未來，正如張光直多年後總結的那樣：

> 在研究中國上古史的時候，李濟先生便以一個「人類學者」的地位，也就是以一個着重比較兼顧各科的地位，而不是一個狹隘的考古學的地位出現了。[1]

只不過，在當時的清華國學研究院裡，還沒有太多人意識到李濟的卓絕之處，就像他們對考古學也滿懷偏見一樣。

最新銳的保守派

茶話會上那個留着辮子的老人並不是李濟，而是王國維。

雖然他面色蒼黃，乍看之下就像是六七十歲的老者，[2] 但他不算老，這一年只有四十八歲。他也實在不能算是老派學者，不僅精通英文、德文、日文，翻譯過康德、拜倫和叔本華的作品，而且早年還曾用叔本華的學說研究《紅樓夢》，這稱得上近代中國以西方思想闡釋中國經典的開山之舉。此後，他的研究領域更是橫跨文學、美學、歷史、哲學、金石學、甲骨文和考古學。

不過，這位思路新銳的學人，卻一直以清朝遺臣自居。幾年前，他曾應詔出任「南書房行走」，相當於帝師，遜帝溥儀還給了他一些恩遇，「加恩賞給五品銜」，「著在紫禁城騎馬」。這讓他感激涕零。他的

1 轉引自李光謨《從清華園到史語所：李濟治學生涯瑣記（修訂本）》，第 68 頁。

2 徐中舒：《追憶王靜安先生》，《文學週報》1929 年第四輯。

政治立場讓許多人誤以為，他的學術研究同樣保守乃至腐朽，而這實在是對他莫大的誤解。

作為中國最傳奇的學人之一，王國維原本並不想接受清華國學研究院的聘書。北京大學幾次想聘請他，都被他拒絕。直到北大成立國學門，他才勉強答應擔任通訊導師。但他仍然心存忌諱，婉拒了北大給他寄的薪資，直到北大改以「郵資」之名每月支付二百元，他才欣然接受。即便如此，這場交集也不過兩年多。1924 年，遜位多年的溥儀販賣清宮文物，引起軒然大波，北大考古學會也公開譴責「亡清遺孽擅將歷代相傳之古器物據為己有」，這讓王國維非常不滿，與北大決裂，憤然辭職。

因此，當清華校長曹雲祥發出邀請，王國維更不願接受這份聘書，甚至擔心會捲入新的風波。畢竟，清華學校是所謂的洋學堂，因美國退還部分「庚子賠款」而建，一直充當着留學美國的跳板。

所幸，胡適一直在背後努力推動這件事。

胡適是新文學的倡導者，新文化運動的闖將，留美七年，歸國之前就已大名鼎鼎。他加入《新青年》，任教於北大，迅速成為學界和社交界的寵兒。這個新派學人，看起來與保皇派的王國維格格不入，其實他比大部分人更能理解並尊重比他年長十五歲的王國維。

早在 1922 年 8 月 28 日，胡適就在日記裡把王國維視為「最有希望」的學界人物：「現今的中國學術界真凋敝零落極了。舊式學者只剩王國維、羅振玉、葉德輝、章炳麟四人；其次則半新半舊的過渡學者，也只有梁啟超和我們幾個人。內中章炳麟是在學術上已半僵化了，羅與葉沒有條理系統，只有王國維最有希望。」一年後，他又在《五十年來中國之文學》的日譯本序言中對王國維大加讚賞：「近人對於元人的曲子和戲曲，明、清人的雜劇、傳奇，也都有相當的鑒賞與提倡。最大的成績自然是王國維的《宋元戲曲史》和《曲錄》等書。」那時，他看重的還是王國維的文學研究與考據。等到兩人第一次見面，王國維迅速刷新了胡適的認知 —— 王國維剛剛探討完清朝思想家戴震的哲學後繼無人，突然又提到《薛家將》裡薛丁山和樊梨花的弒父行為，說在古希臘悲劇中也有類似的故事。身為新派學者，胡適自歎從未想過這個問題。王國維並非只關注故紙堆裡的學問，他侃侃而談美國電影公司的製作成本，又擔心西方人太強調慾望，「必至破壞毀滅」。[1]

這個拖着辮子的中年人，顯然絕非人們所以為的老學究。在一個多小時的交談中，呈現在胡適面前的，是一個思路活躍而又敏銳的學人。因此，當胡適得知清華學校要創立國學研究院，就毫不猶豫地向校長曹雲祥推薦了王國維。

曹雲祥於 1924 年正式出任清華學校校長。[2] 他是一位管理專家，中國最早的商業管理碩士之一，[3] 畢業於哈佛大學，一度活躍於外交界。他希望把清華學校改建成大學，並創立研究院，擺脫留美預備學校的尷尬身份，因此邀請胡適擔任大學籌備顧問，[4] 還請他主持國學研究院。在曹雲祥看來，中國正進入漢朝佛教東傳以來第二次西學東漸的歷程，他希望國人能把中西文化融會貫通，用新習得的「研究之法」來研究「中國問題」。[5] 這是他對國學研究院朦朧的期望。胡適則提議，國學研究院應該融合中國的傳統書院和外國大學研究生院的研究方法，但他

1 1923 年 12 月 16 日的胡適日記。

2 從 1922 年到 1924 年，曹雲祥擔任清華學校代校長。

3 許康、勞漢生、李迎春：《20 世紀 30 年代「中國的泰羅」—— 曹雲祥生平與事業》，《自然辯證法通訊》1999 年第 6 期，第 69 頁。

4 顧問共五人，除了胡適之外，還有范源廉、張伯苓、張景文，以及丁文江。

5 曹雲祥：《西方文化與中國前途之關係》，《清華週刊》1924 年第 326 期。

自認沒有資格主持。「非一流學者，不配作國學研究院導師」，在他心目中，只有梁啟超、王國維和章太炎才能勝任。[1]

為了敦促王國維出山，胡適不但陪着曹雲祥登門拜訪，甚至説服了溥儀以及溥儀的英國老師莊士敦，一起勸説王國維接受聘書。[2] 1925年2月13日，當他得知，王國維已經打算加入清華，只是擔心從此以後不能自由地覲見溥儀，胡適立刻又寫信苦口婆心地規勸：「先生宜為學術計，不宜拘泥小節，甚盼先生早日決定，以慰一班學子的期望。」[3]

「全中國最博學之人」

1925年2月13日那一天，促使王國維下定決心的，還有一個人。

當時王國維坐在廳堂中，發現階下立着的青年並沒有走上前，而是遠遠地垂首止步，畢恭畢敬向着屋中鞠了三個躬。王國維緊蹙的眉頭漸漸舒展開。他原本料想，清華國學研究院的籌備主任吳宓，一定是西裝革履，擺足一副美國紳士的派頭，上前與自己握手致意，不料，等來的卻是如此隆重的禮儀。[4]

吳宓的三次鞠躬，讓王國維大為感動，但他還必須請示溥儀。雖然溥儀遠在天津，其「實」已亡，「名」亦不存，但王國維也不肯荒廢這套禮數，他謹守着本分，需要「面奉諭旨命就清華學校研究院之聘」。「面奉諭旨命」，竟有些九百年前「白衣卿相」柳永「奉旨填詞」的意味，

1 藍文徵：《清華大學國學研究院始末》，《清華校友通訊》1970年新32期。

2 莊士敦回憶的版本是，曹雲祥給他寫信，請他幫忙，讓溥儀勸説王國維接受聘書。參見莊士敦《紫禁城的黃昏》，高伯雨譯註，上海人民出版社，2019年，第258頁。

3 1925年2月13日的胡適日記。

4 吳宓是這樣記錄的：「宓持清華曹雲祥校長聘書，恭謁王國維靜安先生，在廳堂向上行三鞠躬禮。王先生事後語人，彼以為來者必係西裝革履、握手對坐之少年，至是乃知不同，乃決就聘。」吳宓：《吳宓自編年譜》，三聯書店，1995年，第260頁。

而這道諭旨，卻是王國維這一代遺民的精神枷鎖，莊嚴、沉重、淒涼。

對吳宓來說，1925 年 2 月 13 日也是非比尋常的一天。除了用禮數與誠意打動了王國維，他還終於說服了校長曹雲祥，邀請陳寅恪到清華國學研究院執教，而且他還為三十五歲的陳寅恪爭取到和王國維一樣的職位，是導師，而不是講師。

在胡適最初推薦的名單中，並沒有陳寅恪的名字。不過，由於章太炎拒絕加入清華國學研究院，吳宓便順勢舉薦了老友陳寅恪。陳寅恪出身名門，祖父陳寶箴曾任湖南巡撫，是「戊戌變法」時的新政重臣，父親陳三立則與譚嗣同等人並稱「維新四公子」。陳寅恪在日本、德國、瑞士、法國和美國留學十餘年，卻無意浮名，只是一味讀書，沒有攻讀學位，也沒有著述。因此，清華教務長張彭春堅持認為，陳寅恪沒有資格做教授，研究院不能為了他而降低標準。吳宓卻極力申辯，一般人留學海外不過四五年，而陳寅恪留學長達十八年，學識淵博，與國外的教授相比也毫不遜色。

吳宓最了解陳寅恪，在美國讀書時，他和陳寅恪、湯用彤並稱「哈佛三傑」，當年他就毫不吝嗇地這樣稱讚老友：「合中西新舊各種學問而統論之，吾必以寅恪為全中國最博學之人。」1921 年，吳宓回國任教，陳寅恪則前往德國柏林大學國學研究院，研究梵文和東方古文字學。在吳宓看來，精通中西文化的陳寅恪正是清華國學研究院導師的不二人選。1923 年，陳寅恪在《學衡》上發表《與妹書》，這封寄給妹妹陳新午的信雖只有寥寥七百餘字，卻足以顯示他對學術的熱忱以及深厚的功底。當時他迫切地希望借錢購買商務印書館重印的日本刻《大藏經》以及各種蒙古文、滿文、回文書。他先是信筆比較了藏文與中文、梵文與希臘文、拉丁文及英文、俄文、法文的關係，堅信如果用現代語言學的方法對比分析漢文和藏文，一定能超越「乾嘉考據學派」。隨即他又輕描淡寫地表示，這並非他關注的重點，他真正感興趣的是唐史、西夏史、西藏與藏文，以及大乘和小乘佛教。他還點評了從晉唐直到清末名家俞樾為止各家對《金剛經》的註解，認為其間各種「誤解不知其數」。吳宓認為，僅是這封信就足以展現陳寅恪的水準。

當然，屬意陳寅恪的不止吳宓一人。王國維就曾寫信給法國漢學家伯希和，向他引薦過陳寅恪。伯希和在敦煌等地搜羅的古籍，都收藏在巴黎圖書館，王國維還特地請伯希和幫忙，介紹陳寅恪去查閱這批資料。國學研究院另一位導師梁啟超與陳氏家族更是故交，一向了解陳寅恪的家學淵源。[1] 各方合力，曹雲祥和張彭春終於答應了吳宓之請。1925 年 2 月中旬的這個星期五，吳宓既欣慰又得意，自信已經為清華國學研究院定下半壁江山。

不過，事情的進展並不像預期中那樣順利。次日，張彭春突然又反悔了，認為陳寅恪的薪資太高，難以談妥。吳宓被迫耍了一個小花招。第二天，吳宓和張彭春一起宴請徐志摩等人，吳宓中途藉故離開，徑直去見曹雲祥，宣稱如果不聘請陳寅恪，自己就辭職。當發現曹雲祥被說動了，他就馬上草擬了聘書的電文，請曹雲祥簽字，立刻發往柏林。張彭春知道這件事後，憤怒地想要阻止，已經來不及了。這件事似乎終於塵埃落定，吳宓料想，陳寅恪一定不會拒絕清華的聘書。

1　參見汪榮祖《陳寅恪評傳》，百花洲文藝出版社，1997 年，第 54 頁。此外，藍文徵在《清華大學國學研究院始末》中提及：「是年冬，梁先生以陳寅恪先生於歐洲諸國語文及梵文、巴利文、蒙、藏、滿文等修養極深，提請校方聘為導師。」藍文徵的學生陳哲三則在《陳寅恪先生軼事及其著作》中記錄了藍文徵記憶裡的一則逸事：「十五年春，梁（任公）先生推薦陳寅恪先生，曹（雲祥）說：『他是哪一國博士？』梁答：『他不是學士，也不是博士。』曹又問：『他有沒有著作？』梁答：『也沒有著作。』曹說：『既不是博士，又沒有著作，這就難了！』梁先生氣了，說：『我梁某也沒有博士學位，著作算是等身了，但總共還不如陳先生寥寥數百字有價值，好吧！你不請，就讓他在國外吧！』接着梁先生提出了柏林大學、巴黎大學幾位名教授對陳先生的推譽。曹一聽，既然外國人都推崇，就請。民國十五年秋天陳先生到校。」不過，這段回憶的可信度很低；而且，招募陳寅恪顯然是吳宓提請在前。

「第四窟」

津門的春天，比北京還要肅殺些，風從海上攜着霧氣凜凜而來，利如刀刃，時常凍徹筋骨。「飲冰室」裡的麻將聲依然如故。過去的十餘年裡，梁啟超習慣了在周而復始、堆牌砌牆的聲浪中構思文稿，規劃講演。

他的文字排山倒海，似乎在溫熱的紙上僨張疾走，稍不留神便會從手中掙脱。登門取文稿的人每每不得不緊緊攥住它們，像攥着剛淬過火的上古神劍。

只有回到麻將、閱讀和寫作的世界裡，梁啟超才能真正縱橫自如，不問成敗。他十七歲拜康有為為師，二十歲出頭就以一支筆名動京師。「戊戌變法」失敗後，他東渡日本，創辦《清議報》和《新民叢報》，繼續以言論主導時代。[1] 流亡東瀛，眼見國內亂局叢生，無從措手，但他宣稱「中國前途非我歸而執政，莫能振救」，深信自己終有一天可以力挽狂瀾。不料，回國後的十幾年間，他非但沒能扭轉中國的前途，反倒險些賠上了自己半生清譽。儘管他先任司法總長，再任財政總長，卻無力挽救疲敝的國家 —— 她像燈影裡的繁花，在他面前迅速枯萎、凋謝，最終，連他自己也變成被攻擊的對象。他胸中雖有千軍萬馬，手中卻不過一支筆；他試圖喚醒民眾，民眾卻與他為敵；他嘗試與政客妥協，和軍閥合作，卻一次次被利用、被愚弄、被拋棄。他無法撼動混亂的政局，反而被拖進泥淖。

決定退出「從前迷夢的政治活動」後，他創辦「共學社」和「講學

1 多年後，胡適寫道：「三個雜誌可代表三個時代，可以説是創造了三個時代。一是《時務報》，一是《新民叢報》，一是《新青年》。」參見耿雲志、歐陽哲生編《胡適書信集》（上冊），北京大學出版社，1998 年，第 322—323 頁。前兩次開風氣者，都是梁啟超。

社」，譯書，出版，建立圖書館，邀請海外學者到中國講學，開啟民智。英國思想家羅素、德國哲學家杜里舒（Hans Driesch）和印度詩人泰戈爾先後應邀來到中國，美國教育家杜威更因「講學社」力邀，決定在中國多留一年。[1] 他們聯手掀起的思想颶風，終於讓梁啟超感到自己並非孤軍奮戰。

但他依然存着組黨之心。學校，也被他視為建黨的重鎮。他先和蔣方震、張東蓀一起接手了上海公學，要把它打造成「文化運動、社會事業、政治運動之重要基本」；當南開大學校長張伯苓拋來橄欖枝，他再次毫不猶豫地答應，並提議由張君勱做文科主任，自己和蔣方震、張東蓀、林志鈞、梁漱溟一起任教：「吾六人者任此，必可以使此科光焰萬丈。」他要把南開改造成將來建黨的「關中、河內」。此後，頗受他青睞的東南大學也發出邀請，而廈門大學、武昌高師則紛紛請他推薦教師。退出政壇後，他反而更加忙碌。他在各地奔波，「被各學校學生包圍，幾乎日日免不了演講」。他天真地試圖控制全國文科，將下一代人牢牢抓在手中，與他們一道完成建黨大業。然而，他又分明感到人才匱乏，單憑一己之力終究於事無補。冷靜下來後，他最終鎖定了三座學校——上海的中國公學、天津的南開大學、南京的東南大學——他以狡兔自喻，將它們看作建黨事業的「三窟」。

然而，1925 年 2 月 22 日，春暖乍寒之時，當吳宓揣着清華國學研究院的聘書候在「飲冰室」門外，梁啟超再次感到難以拒絕。他與清華淵源頗久，從 1922 年就開始在清華兼課，就連清華的校訓「自強不

1 在《講學社的眼界與胸懷——從一件新發現的梁啟超手稿談起》一文中，劉東認為：「實則在此之前的杜威訪華，只是由於為時足夠長久（15 個月），才在後來被歸併到講學社名下的。甚至，我們由此也可以想像，就連『講學社』這樣一個對口的機構，都是由於當時像杜威和羅素這樣的西方大哲紛紛來華講學，才相應地激發出來的。」

息，厚德載物」也源於他的一次演講。何況，創辦國學研究院也是他的夙願，他曾告誡清華的學生們：「除研究西學外，當研究國學，蓋國學為立國之本，建功立業，尤非國學不為功。」他擁抱西學，但更希望年輕一代以國學「建功立業」。

於是，梁啟超決定加入清華國學研究院。他興奮地意識到，「三窟之外再得一窟」，清華於他，正是「第四窟」。當然，也只是「第四窟」。

「第四窟」的設想，大約只是他的一廂情願。幾年前在清華開講「最近三百年學術史」與「群書概要」時，他在年輕人心目中的形象就已經發生變化。當初在台下聽講的梁實秋後來回憶：「那時候的青年學子，對梁任公先生懷着無限的景仰，倒不是因為他是戊戌政變的主角，也不是因為他是雲南起義的策劃者，實是因為他的學術文章對於青年確有啟迪領導的作用。」經歷了一場又一場武力風波與政治鬧劇，學生運動一再被利用，而流血犧牲也終究無助於危局，一部分年輕人在幻滅感中沉靜下來，試圖專心讀書。他們也在無形中影響着梁啟超，讓他在教學的過程中似乎淡忘了建黨大業。他的政論文越來越少，系統的學術著作卻越來越多，《清代學術概論》《中國歷史研究法》和《中國近三百年學術史》相繼問世，比起那些快意恩仇的政論文章，這些更讓他心安。自然，他也無可避免地終將遭遇一群激進的學生，他們公開質疑他的政治觀念，抨擊他早年在政壇的經歷與選擇。

無論台下的學生對他持甚麼態度，他的演講仍然擁有驚人的感染力。聽了他講的《中國韻文裡頭所表現的情感》，梁實秋第一次對中國文學產生了興趣，[1] 並引之為一生的志業。聽到梁啟超率真的演講方式，

1 梁實秋後來回憶說：「我個人對中國文學的興趣就是被這一篇演講所鼓動起來的。」

人們大約就能理解他何以在政壇上難以自處——他每每「手之舞之足之蹈之，有時掩面，有時頓足，有時狂笑，有時太息。聽他講到他最喜歡的《桃花扇》，講到『高皇帝，在九天，不管……』那一段，他悲從中來，竟痛哭流涕而不能自已。他掏出手帕拭淚，聽講的人不知有幾多也淚下沾巾了！又聽他講杜氏講到『劍外忽傳收薊北，初聞涕淚滿衣裳……』，先生又真是於涕泗交流之中張口大笑了」。[1] 有時，他會突然忘記正吟誦着的古人詩詞，但他並不設法掩飾或者轉移話題，而是「愣在台上良久，然後用手指敲頭三兩擊，猛然記起，便笑容可掬地朗誦下去……」[2] 他像老師康有為一樣激情澎湃，不過，他顯然做不到乃師的恣縱與狡黠，更缺乏政客們諳熟的種種手段。他仍是一介天真的書生，大學顯然比政壇更適合他。

「文藝復興式的智者」

國學研究院的一次茶話會上，趙元任收走了十幾個學生的杯子。短暫地敲打試音之後，他開始演奏。僅僅用這些杯子，他竟然敲出一首樂曲。[3]

趙元任是國學研究院四位導師中最年輕的一位，也是個多才多藝的妙人。吳宓對陳寅恪青睞有加，胡適則對趙元任無比敬佩，兩人都用「最」或「第一」稱讚過各自的老友。吳宓評價陳寅恪是「合中西新

1　梁實秋：《記梁任公先生的一次演講》，載《梁實秋散文》（一），中國廣播電視出版社，1989年，第316頁。

2　梁實秋：《講演》，載《梁實秋散文》（三），中國廣播電視出版社，1989年，第40頁。

3　姜亮夫：《憶清華國學研究院》，載王元化主編《學術集林》（卷一），第232頁。

舊各種學問而統論之……全中國最博學之人」，[1] 胡適留學美國時則感歎：「每與人評論留美人物，輒推常州趙君元任為第一……治哲學、物理、算學皆精，以其餘力旁及語言學、音樂，皆有所成就。」[2]

趙元任比陳寅恪還要年輕兩歲，不過，聘請趙元任到清華國學研究院做導師，人們並沒有甚麼異議。

他在 1910 年以第二名考取第二批「庚款」留學生，前往美國，廣泛涉獵物理學、數學、哲學、語言學和音樂，八年後在哈佛大學獲得哲學博士學位。這個學位曾經引發過誤解。與未來的太太楊步偉第一次見面時，趙元任就遭到無情的嘲笑：「一個人好好的為甚麼學哲學？」楊步偉是中國最早的婦產科醫生之一，在她看來，「科學是實事求是和證明真理的，我遇見過的幾位所謂哲學家，討論起來都是說空空洞洞的理論，或者一個實無可說了就說那是哲學的原理，這樣打『求真』的旗子來藏拙。」[3] 當然，和許多人一樣，楊步偉逐漸發現自己誤解了趙元任，他其實是一個兼及數學、音樂、哲學、心理學、物理學、語言學的「文藝復興式的智者」。

1920 年，趙元任曾回清華教過一年書，並加入「國語統一籌備會」。重返美國後，三十歲出頭的他就升任哈佛大學教授，出版了《國語留聲片課本》和《國語羅馬字的研究》等一系列重要作品。

當年英國哲學家羅素訪華，轟動一時，給羅素充當翻譯的就是趙元任。那時他就展現出驚人的語言才華 —— 每次到了不同的地方，他

---

1 不過，等到 1937 年 2 月 22 日，胡適也將在日記中盛讚陳寅恪：「寅恪治史學，當然是今日最淵博、最有識見、最能用材料的人。」

2 1916 年 1 月 26 日的胡適日記。

3 趙元任：《趙元任生活自傳》，中國華僑出版公司，1989 年，第 159 頁。

常會講一些剛學了幾天的當地方言。他模仿得實在惟妙惟肖，以致很多觀眾會「受騙」，誤以為他是本地人，甚至熱情地問他，是甚麼時候回故鄉的。[1]

不過，這個愛好其實由來已久。他從小就喜歡學說各地方言。他的祖父早年在北方做官，全家隨之輾轉於北京、天津、保定、磁州、祈州、冀州等地。於是，年幼的趙元任就跟着保姆學會了保定話，跟着兩個表弟學會了常熟話，又跟着從常州請來的私塾先生學會了常州話。快十二歲時，他在蘇州的大姨家住了一年，於是也就學會了蘇州話。此後，長居福州的伯母回到常州照顧他，他又學了些福州話。十五歲到南京就讀江南高等學堂預科，他又學會了南京話。十幾歲時，他還學了英文，自學了拉丁文，到康奈爾大學學了德文和法文，到哈佛大學又學了梵文。更有趣的是，他的太太楊步偉雖然是醫生，卻也通曉多種方言，於是夫妻倆約定，每天在家裡說不同的方言，在國語、湖北話、上海話之間不斷切換。[2]

胡適為趙元任的《國語留聲片課本》作序時，稱讚他「有兩隻特別精細的音樂耳朵能夠辨別那極微細的、普通人多不注意的種種發音上的區別；他又有一副最會模仿的發聲器官，能夠模仿那極困難的、普通人多學不會的種種聲音」。不過，如果單純依靠才華，至多只能成為一個傑出的口技家，而趙元任是「依着他天才的引誘，用他的餘力去研究發音的學理」，因此，胡適把他視為「一個科學的語言學者」。

---

1 趙元任陪着羅素坐船去長沙演講時就是如此。邀請者是長沙人，趙元任就在船上跟他學了些湖南話。趙元任的湖南話說得實在生動逼真，以至於有一天演講完了，一個學生誤以為他是湖南人，問他是甚麼時候回來的。參見《我的語言自傳》，載趙元任著，吳宗濟、趙新那編《趙元任語言學論文集》，第 653 頁。

2 參見趙元任《我的語言自傳》。

多才多藝的趙元任，種種因緣際會，漸漸將自己的學術興趣聚焦於語言學領域，確定了一生的研究方向。在清華國學研究院，他終於找到機會走出書齋，深入民間，去尋找方言嬗變的隱秘。

第二章
新思潮

整理國故

清華學校如此大動干戈，延聘名師，源於胡適幾年前的「挑釁」。1919年12月，面對已經變調的「五四運動」，胡適百感交集，在《新青年》上發表《新思潮的意義》。入題不久，他徑直引述了尼采的名言——「重新估定一切價值」，並據此提出，「新思潮的根本意義只是一種新態度。這種新態度可叫作『評判的態度』」。他希望重新評判中國傳統學術思想，「整理國故」——「若要知道甚麼是國粹，甚麼是國渣，先須要用評判的態度，科學的精神，去做一番整理國故的工夫。」他甚至擬出了計劃——先對國故進行條理系統的整理，尋根溯源，再採用科學的方法，精確考證，最終發現真相，重估價值。[1]

曾經異常激進的「新文化運動」主將，陡然調轉了方向，這讓許多人感到疑惑不解。其實，他的轉變並非突發奇想。經歷了長達半個多

1 胡適：《新思潮的意義》，載歐陽哲生編《胡適文集》(2)，北京大學出版社，1998年，第551—558頁。

世紀的「西學東漸」，身陷其間的知識分子不得不重新考量並反覆權衡中西文化各自的價值。無論對待傳統還是對待西學，國人都採取過極端的方式，要麼嗤之以鼻，視為畏途，要麼盲目崇拜，唯命是從，最終卻都陷入思想的混亂。胡適不僅希望國人能冷靜地做研究、下判斷，他還構想了更大的願景：「新思潮的唯一目的」是「再造文明」。

一言既出，他便憑空多了些敵人，也陰差陽錯地找到許多同道。

事實上，「整理國故」並非胡適首創，「國故」二字是章太炎發明的。不過，「整理國故」確實因胡適的倡導才終於發揚光大。[1] 在北京大學，章太炎的弟子們一度與胡適達成表面上的默契，[2] 北大籌建國學研究所，又正式成立國學門，網羅了蔡元培、顧孟餘、李大釗、沈兼士、馬裕藻、朱希祖、胡適、錢玄同、周作人等學者。「整理國故」的風潮就此從北大發端，迅速席捲全國。不久，東南大學也成立國學研究會，並準備創立國學院，不過，他們並不認同胡適提出的「整理國故」，而是認為「貿然輕言以科學理董國故……則斷章取義，譁眾取寵而已」。[3] 與此同時，以胡適的弟子顧頡剛為代表的年輕學者，懷疑傳世的古籍版本和人們因襲的陳説，認為「古史是層累地造成的」——這迅猛地顛覆着人們的認知，影響越來越大，「古史辨派」異軍突起，也為「整理國故」提供了空間與合理性。

各派對「國故」的態度雖不同，研究方法也各異，但他們的倡導，

1　顧頡剛在《古史辨》第一冊自序中寫道：「整理國故的呼聲倡始於太炎先生，而上軌道的進行則發軔於適之先生的具體的計劃。」

2　歐陽哲生認為，「最初熱衷並推動『整理國故』運動的是胡適與北大的章門弟子。隨着『整理國故』運動的進行，胡適與章門之間的裂縫也逐漸公開化，揚王（國維）抑章（太炎）傾向在胡適這一邊漸漸抬頭」。參見歐陽哲生《傅斯年學術思想與史語所初期研究工作》，《文史哲》2005 年第 3 期。

3　《國立東南大學國學院整理國學計劃書》，《國學叢刊》1923 年第 4 期。

無疑都促使國人嘗試重新理解傳統的價值，殊途而同歸。

出版業的發展也為國學研究提供了陣地，商務印書館、中華書局等出版機構紛紛推出以「整理國故」為宗旨的叢書和雜誌，一時竟洛陽紙貴。[1] 各方力量也推波助瀾，「整理國故」逐漸成為社會風潮，正如作家陳源驚歎的那樣，「國立大學拿『整理國故』做入學試題；副刊雜誌看國故文字為最時髦的題目。結果是線裝書的價錢，十年以來，漲了二三倍」。這種情形實在過於狂熱，就連胡適都感到惶恐不安。

「整理國故」的浪潮背後，其實也充斥着洶湧的民族主義激情。世人談論漢學，言必稱巴黎或東京，中國學人頗覺尷尬，試圖奮起急追。在 1923 年北大國學門的懇親會上，陳垣就提出：「我們應當把漢學中心奪回中國，奪回北京。」後來，他依然不厭其煩地在不同場合複述着這個理想。[2] 這顯然不是他一個人的宣言，更是一代人的夙願與野心。

因此，清華籌建國學研究院，算不上獨樹一幟或引領風潮。清華高擎國學大旗，慨然入局，反倒因這場運動而受益。在外人看來，遊蕩在清華校園裡的大約都是些穿西裝、戴領結、口中動輒冒出英文詞的「假洋鬼子」，不可能甘願在線裝古籍的霉氣中專心做一條蠹蟲。然而，隨着國學研究院的建立，從前的刻板印象被打破了。藉助這股風潮，清華得以加速從留美預備學校轉為國立大學，順勢完成了一場歷史性的蛻變。

---

1 根據王重民的《國學論文索引》，到 1928 年 7 月，共有八十二種報刊雜誌與國學研究有關，國學方面的論文更是有三千多篇。

2 鄭天挺：《五十自述》，載中國人民政治協商會議天津市委員會文史資料研究委員會編《天津文史資料選輯》（第 28 輯），天津人民出版社，1984 年，第 8 頁。事實上，直到 1931 年，陳垣還對胡適哀歎：「漢學正統此時在北京呢？還是在巴黎？」兩人無可奈何，只有「相對歎氣，盼望十年後也許可以在北京了！」

「中國之魂」

「現在中國所謂新教育，大都抄襲歐美各國，欲謀自動，必須本中國文化精神，悉心研究。所以本校同時組織國學研究院，研究高深之經史哲學。其研究之法，可以利用科學方法，並參加中國考據之法。希望國學研究院中尋出中國之魂……」[1] 1925 年 7 月，在國學研究院開學典禮上，清華校長曹雲祥對國學研究院提出了期望，卻也似乎預言了它充滿悲劇意味的未來。自此以往，研究院的師生不僅要尋找「中國之魂」，更要守護它、捍衛它，可以為它而死，又要甘願為它苟活。國學研究院小心翼翼地避開了清華學校從創建伊始就秉承的美式教育，也沒有模仿北大的德國模式，而是決定融會英國大學的組織結構和中國傳統書院的氣韻，構成新的骨骼與肌理。

吳宓在《清華開辦研究院之旨趣及經過》中強調，對西方文化，要進行深入研究，才能取長補短；對中國文化，無論政治、經濟還是文學、哲學，同樣要融會貫通，才能更好地解決當下社會面臨的諸多現實問題。清華學校設立國學研究院，就是為了促成這些研究，學生們不必耗費重金出國留學，而在這裡學到的內容也更貼近國情實際。

根據章程，無論是國內外大學的畢業生、教師、學術機關服務人員還是自學者，只要擁有學識，或者在經史、小學等方面有根基，都有資格報考。研究院課程分為普通演講和專題研究，每名學生都要選讀至少四門普通演講，專題研究則是導師根據各自的學術興趣具體指導。經過導師認可，學生才能畢業。在畢業證書上，清華校長和全體

1　曹雲祥：《開學詞》，《清華週刊》1925 年第 350 期。

導師一起簽名蓋章。這被視為民國教育史上的一件創舉。[1]

梁啟超、王國維、趙元任、陳寅恪——所謂的「四大導師」——以及李濟，結成一個鬆散的學術共同體。他們中有晚清遺民，有共和鬥士，有新派學者，也有傳統士人，政治立場和學術興趣不盡相同，甚至不時相互抵牾，是國學研究院提供了一片相對自由寬容的空間，讓他們可以心無旁騖，專注學術。國學研究院院長的歸屬問題，讓曹雲祥破費思量。他有意請王國維出任院長，但王國維不願介入政務，極力推辭。曹雲祥也考慮過出力最多的吳宓，但吳宓只肯做主任，自稱行政秘書。於是，清華國學研究院存世的幾年間，院長席位竟然始終空缺。

梁啟超比王國維年長，國學研究院導師排名時，他卻主動將首席讓給王國維，並公開告訴學生們：「教授方面，以王靜安先生為最難得。其專精之學，在今日幾為絕學，而其所謙稱未嘗研究者，亦且高我十倍。……加以腦筋靈敏，精神忠實，方法精明，而自己又極謙虛，此誠國內有數之學者。故我個人亦深以得與先生共處為幸。」

世事陰差陽錯。其實梁啟超早年險些成為王國維的老師。儘管梁啟超只比王國維大四歲，但他成名太早。「戊戌變法」前，他主筆《時務報》，幾乎憑一己之力讓這份報紙「一時風靡海內，數月之間，銷行至萬餘份，為中國有報以來所未有，舉國趨之，如飲狂泉」，[2] 而他開創的「時務文體」酣暢淋漓，傾倒眾生，[3] 以致時人稱：「自通都大邑，下至

1 藍文徵在《清華國學研究院始末》中寫道：「這在中國教育界可以說是一件創舉。」

2 梁啟超：《本館第一百冊祝辭並論報館之責任及本館之經歷》，載《梁啟超全集》，北京出版社，1999 年，第 476 頁。

3 李提摩太：《中國的維新運動》，載中國史學會主編《戊戌變法》（三），上海人民出版社，1957 年，第 560 頁。

僻壤窮陬，無不知有新會梁氏者。」[1] 1898 年，王國維從海寧到上海，加入《時務報》協助處理雜務，渴望拜會梁啟超，卻失之交臂。當時梁啟超與《時務報》經理汪康年矛盾激化，已經前往長沙，不過，梁啟超的同門歐榘甲還在《時務報》編輯部，王國維就對歐榘甲執弟子禮，如飢似渴地吸收新知。在寄給父親的信中，王國維興奮地寫道：「靜師歐公，示以傳孔教、重民權、改制度。其行則曰『仁』，曰『誠』。其書重《六經》《公羊》《董子》《春秋繁露》《宋元學案》。」「傳孔教、重民權、改制度」，正是康有為門下弟子奉行的話語模式。很難說，倘若假以時日，王國維的思想是否會被重塑。不過，歐榘甲很快也離開了，王國維就此與康門擦肩而過。沒想到，多年以後，他卻以另一種方式與梁啟超相遇。

「獨步羨君成絕學」

吳宓沒有料到，最難請的，反倒是老友陳寅恪。

陳寅恪不想回國。他正在德國柏林大學研究院，沉潛於唐史、吐蕃和佛教的世界。他需要的大批研究資料都收藏在海外，一旦回國，他很難這麼方便地獲取一手資料。

他對做教授這件事也頗多顧慮，更希望專心研究。一年前，他就曾拒絕回哈佛任教。當時趙元任準備回國，希望他回哈佛接替教職，他卻回覆：「我不想再到哈佛，我對美國留戀的只是波士頓中國飯館醉香樓的龍蝦。」[2]

1 胡思敬：《戊戌履霜錄》卷四，載中國史學會主編《戊戌變法》(四)，上海人民出版社，1957年，第 47 頁。

2 趙元任、楊步偉：《憶寅恪》，《清華校友通訊》1970 年新三十二期。

1925年4月27日，吳宓收到了陳寅恪的回信，不像寫給趙元任的那封信那樣幽默，陳寅恪直白地表示，要買很多書，而且家務繁忙，不能回國。吳宓忍不住在日記中憤憤地感歎：「介陳來，費盡氣力，而猶遲惑。難哉！」一天前，李濟剛剛答應擔任清華國學研究院特約講師，沒想到，陳寅恪卻拒絕了吳宓千辛萬苦為他討來的導師聘書。

所幸，吳宓沒有放棄，繼續寫信勸駕。他還說服了曹雲祥，給陳寅恪預支兩千元薪資，外加兩千元購書公款。隨即，吳宓開始一次次前往清華學校會計處。從8月末到10月初，他至少去了會計處五次，和負責人商談，催款，領支票，又掛號寄往柏林。

在國學研究院，吳宓一直悄無聲息做着這些幕後工作。王國維到校之初列出的一組研究甲骨文和敦煌古物應用的書目，就是由吳宓敦請學校出資採購的。他還一次次陪着王國維進城，參觀圖書展覽會，到琉璃廠檢閱古籍，以便研究院可以擷選收入圖書館。趙元任的語言學研究室需要特殊的木器和儀器裝置，也是吳宓負責協商採購。[1] 吳宓不在幾大導師之列，然而，如果沒有他穿針引線，清華國學研究院創建之初很難順利運轉。

一年後，等到陳寅恪終於趕到清華報到時，吳宓已經辭去國學研究院主任之職。幾個月前的校務會議上，吳宓與教務長張彭春等人的分歧越來越大。他和梁啟超希望擴大研究院規模，張彭春則認為研究院應該縮小範圍，只做高深的專門研究，不講授普通國學，[2] 這一提議得到了趙元任和李濟的支持。吳宓認為，張彭春是故意想辦法迫使他出局。在校務會上，王國維沉默不語，梁啟超竭力幫吳宓辯護，卻寡不

1 吳學昭：《吳宓與陳寅恪（增補本）》，生活．讀書．新知三聯書店，2014年，第53—54頁。

2 李光謨：《從清華園到史語所：李濟治學生涯瑣記（修訂本）》，第109頁。

敵眾。[1] 此後，吳宓向校務委員會提交了《國學研究院發展計劃書》，隨即辭職，專注於西洋文學系教學。沒過多久，張彭春也被激進的學生代表驅逐。

吳宓和陳寅恪一別五年，再次聚首百感交集。在《賦贈陳寅恪》中，他寫道：「經年瀛海盼音塵，握手猶思異國春。獨步羨君成絕學，低頭愧我逐庸人……」向陳寅恪致敬的同時，他更在反思自己的學術生涯。從事研究和教學之餘，他還在辦雜誌，作為代理系主任推動教學改革，這些事務都消耗了大量精力。究竟該獨善其身還是兼濟天下，仍是永恆的命題，仍是難以迴避的抉擇。

陳寅恪很快成為學界明星，證明吳宓當初所言非虛。他的涉獵面極廣，「無一字無出處」，教學也自有原則，不願人云亦云。

每次上課，他都會抱着兩種顏色的包裹進教室，努力把它們堆上講台，打開包裹，取出參考書，翻開需要的材料，抄錄到黑板上，然後開始講解。寫滿了，擦掉繼續寫。後來，學生們發現，他用來包書的布其實是有講究的——黃布用來包佛經文學，黑布用來包其他各種參考書。[2] 聽他講課，充滿挑戰，他所用的文字，除了英、法、德、俄、日、希臘、拉丁文之外，還有梵文、巴利文、滿文、蒙文、藏文、突厥文、西夏文、波斯文、馬札兒文等等，他的記憶力和功底似乎都深不可測。[3] 坐在講台下的不只是學生，許多業已成名的教授，如朱自清、馮友蘭等人，也一直旁聽他的課。

1 根據吳宓 1926 年 1 月 7 日的日記。

2 許世瑛：《敬悼陳寅恪老師》，《傳記文學》（台北）1970 年第 16 卷第 3 期。

3 藍文徵的回憶，參見陳哲三《陳寅恪先生軼事及其著作》，《傳記文學》（台北）1970 年第 16 卷第 3 期。

有一天，清華哲學系主任金岳霖登門拜訪，恰好有學生在向陳寅恪請教問題。陳寅恪建議學生去圖書館借某本書，翻到某一頁去找頁底的註釋，那條註釋裡列舉了研究需要的所有材料。他要求學生把註釋抄下來，再根據線索去找其他素材。[1] 金岳霖已是博聞強識之人，但這一幕還是讓他無比震驚。

有時，日常生活也能成為學習的機會。有次，學生到家中拜訪，陳寅恪請他們喝葡萄酒，有人便向他請教葡萄酒的來歷，他立刻滔滔不絕地開始介紹葡萄酒的原產地、原名、最早出現的地方、傳播過程乃至名稱的變更。[2] 他對知識的涉獵驚人地龐雜而深入，並且一直樂在其中。

這個天才般的年輕人，對前輩學人梁啟超和王國維都尊崇有加。有一天，他半開玩笑地給學生編出一副對聯，他說，你們都是「南海聖人再傳弟子，大清皇帝同學少年」。[3] 嬉笑之間，他似乎忘了，有許多年輕人並不想皈依「南海聖人」或者與末代皇帝產生任何瓜葛。

學術烏托邦

對有志於學術的年輕人而言，清華國學研究院無疑是天堂。他們能在這裡讀到各種古代善本經典、佛藏典籍，以及滿、蒙、藏文書，來自歐洲、美國、日本的書刊雜誌也應有盡有。[4] 負責為他們挑選圖書的，是王國維和陳寅恪，王國維負責審定中文書籍，陳寅恪審定外文

1 卞僧慧纂，卞學洛整理：《陳寅恪先生年譜長編（初稿）》，中華書局，2010 年，第 109 頁。

2 藍文徵的回憶，參見陳哲三《陳寅恪先生軼事及其著作》。

3 同上。

4 汪榮祖：《陳寅恪評傳》，第 56 頁。

書和佛藏。研究院的學生借書不限量，只需要把書名寫出來，過兩個小時就會有圖書館的工作人員把書找到送來。如果缺少一些特定的研究用書，研究院也會盡力設法購買。[1] 每個月的教務會議上，教授們討論的問題大多與購書有關。即便資金不夠，他們仍會設法爭取，或者商討與其他學術機構合購圖書，平攤費用。

徐中舒是國學研究院招收的第一屆學生。他常常待在王國維的研究室裡，既是為了請教學問，也是為了看書。他在上海住過幾年，然而，王國維收藏的許多經學、小學和考古學圖書，在上海都買不到。一師一生，時常默然對坐。王國維自顧抽煙，一根接一根，煙霧縈繞在口鼻間，經久不散。如果徐中舒不發問，王國維也不輕易發言；如果徐中舒問的問題王國維無法給出萬全的解釋，他會坦率地表示，自己也不知道答案。[2]

導師們的研究方向不同，各具特色又有互補空間，構成一張張弛有度的學術網絡。他們視野開闊，學貫中西。王國維講《説文》，會用甲骨文和金文、三體石經和隸書進行比較解讀；梁啟超則從校勘、考證、訓詁和學術系統等多方面教學生分辨古書真偽，對於歐美和日本的學術觀點也常常信手拈來；趙元任是用印度、歐羅巴語系的發音來分析漢語的聲韻學；陳寅恪更是此中高手，他會用十幾種語言比較分析《金剛經》，而學生們通常要讀很多篇文章才能真正領會他對某一問題的研究。[3]

1 姜亮夫：《憶清華國學研究院》。

2 徐中舒：《追憶王靜安先生》。關於王國維抽煙，容庚在《王國維先生考古學上之貢獻》中也有類似的回憶。

3 姜亮夫：《憶清華國學研究院》。

他們也以各自的方式關愛學生。姜亮夫最初就讀於北師大研究科，後想轉入清華國學研究院，但已錯過考試時間，不過由於清華尚未放榜，他就抱着試試看的心情給梁啟超寫信，申請補考。得知姜亮夫曾在成都讀書，梁啟超特別給他擬定了題目——《試論蜀學》。梁啟超對四川學者的作品和風格都很熟悉，讀過姜亮夫的文章，判斷出他是個用功的學生，文字功底也不錯。王國維出的題目則和「小學」有關，看了姜亮夫的答卷，他大呼驚奇，因為他從中讀出了章太炎的味道，以為姜亮夫是章太炎的學生。其實，姜亮夫只是認真讀過《章氏叢書》，而且基本都讀得懂。這讓王國維大喜過望，立刻決定錄取這個年輕人。後來，姜亮夫晚上拜訪王國維，王國維堅持送姜亮夫過了石橋，自己才折返回家——姜亮夫有高度近視，王國維擔心他過橋時發生意外。

當然，對於這些年少輕狂的學生，導師們也不忘在適當的時候當頭棒喝。王國維常勸他們先多讀書，少寫文章，即使寫了，也不必發表；陳寅恪則告誡姜亮夫，與其花費精力寫文章批評別人，不如集中精力做自己的研究。後來年紀越長，他們越能體會老師的苦心。[1]

王力入學後，主要師從趙元任學習語言學。趙元任夫婦常留他吃飯，梁啟超則常在家中和他集句。王國維嚴謹的治學精神讓他深受震撼，像徐中舒一樣，王力也一直記得王國維謙遜而坦誠的五個字——「這個我不懂」，有時一節課竟會說好幾次，不過，對於自己沉潛的領域，王國維則斬釘截鐵地宣稱：「我研究的成果是無可爭議的。」這種謙遜與自信，都讓王力印象深刻。王力把論文交給梁啟超和趙元任，兩位導師的評價方式完全不同。梁啟超稱讚他的文章「驚喜妙語，為斯

1 姜亮夫：《憶清華國學研究院》。

學闢一新途經」，甚至在閱讀過程中還興奮地批註「開拓千古，推倒一時」；趙元任卻用鉛筆認真地專挑個中缺陷，直白地指出他「未熟通某文，斷不可定其無某文法。言有易，言無難」。最後這六個字，被王力奉為一生的座右銘。

姜亮夫和王力的際遇，正是國學研究院師生關係的側影——因為對學術的熱忱，兩代人彼此砥礪前行。然遺憾的是，這樣一個學術的烏托邦，雖無比美好、動人，卻也注定是曇花一現。

第三章
紙上與地下

尋找堯、舜、禹

1926 年 2 月 5 日，距離除夕還有一個星期，李濟卻離開了北京，啟程前往山西。據《史記》記載，堯、舜、禹的都城 —— 平陽、蒲坂、安邑 —— 都在晉南。他覺得，或許能在神話與史實之間，敲下鋤頭。這也是他和弗利爾藝術館合作的起點。

雖是人類學博士，他其實已經有了一些考古經驗。幾年前在南開大學任教時，他參與過一次考古發掘。當時，李家樓春秋鄭公大墓出土，丁文江聞訊，立刻鼓勵李濟去新鄭發掘，不僅熱心地提供了經費，還派地質調查所的譚錫疇同去，後者是丁文江為中國地質界培養的「十八羅漢」之一。可惜，李濟和譚錫疇抵達新鄭時，大批文物已經被挖走了，青銅器和玉器也不知所蹤。二十多天的發掘，他們只收集到一些人骨和碎銅片。李濟試圖從地層學的角度進行考察，也未能如願。儘管沒有太多收穫，他的體質人類學研究還是讓美國史密森研究院弗利爾藝術館的畢士博（Carl Whiting Bishop）印象深刻，後者提出與李濟合作，在中國進行考古發掘。

這個突如其來的邀約讓李濟左右為難。他當然不想錯過這次機會，但他又擔心，與外國機構合作，出土文物的歸屬可能會成為問題。所幸，丁文江又及時地勸説他不要放棄，畢竟，能親自採集第一手資料至關重要。丁文江還建議他不妨「直道而行」。這讓李濟茅塞頓開，於是與弗利爾藝術館達成了兩項共識：在中國進行考古，必須與中國的考古團體合作；在中國發掘出的文物，必須留在中國。對方明確回應：「我們絕不會讓一個愛國的人，做他所不願做的事。」

1926 年春天，與李濟同路的，是地質調查所的袁復禮。袁復禮正打算到山西考察地質，於是兩人結伴而行。

兩個多月間，李濟和袁復禮考察了窯房、寺廟、山洞、陵墓，做了一些人體測量。袁復禮不相信此行能發現新石器時代的文化遺址，為此，他還和李濟打了個賭。一路上幾乎都沒有多少驚喜，直到抵達西陰村，袁復禮知道，李濟贏了。[1]

西陰村坐落在通往傳説中夏朝君臣陵墓的路上，在這裡，李濟和袁復禮沒有找到堯、舜、禹的蹤跡或者夏朝的遺存，卻發現了許多史前陶片。為了掩人耳目，李濟隨手撿了八十六片陶片，就匆匆離去。其中有十四片彩陶，上面有由三角形、直線和大圓點組成的獨特圖案。他深知，這座村莊下面一定藏着不為人知的秘密。他不動聲色，卻已經為未來的考古發掘選定了地點。

選擇西陰村進行考古發掘，是一個理性的決定。這片遺址沒有名氣，而且，作為史前遺址，也不會出土金屬製品，不至於讓當地人懷疑

1 戴家祥的回憶。

考古隊是在盜寶。更重要的是，自從安特生發現仰韶遺址以來，學術界逐漸認可了史前文明的價值。[1]

在軍閥混戰的1920年代，能找到一處相對安寧的地方進行考古發掘，已是莫大的幸事。

「中國人的所謂考古學」

從西陰村回到清華，李濟在一堂課上突然有些情緒失控。他把一份報告扔在桌上，對學生們抱怨：「這是中國人的所謂考古學。」[2]

這篇報告題為《中國考古學之過去及將來》，作者和譯者都是李濟在國學研究院的同事。不久前，瑞典王儲古斯塔夫六世·阿道夫訪問中國，梁啟超出面致歡迎辭，特地寫了這篇演講稿，請陳寅恪翻譯成英文。

當時的中國已經有了考古學會，會長就是梁啟超。當然，梁啟超深知，這並非自己專精的領域，而中國真正需要的是科學考古。他已經注意到地質學和人類學的獨特價值，希望將這些新方法引入考古發掘，但他也提議，應當借鑒並改良中國傳統金石學的方法，一定會對當代考古有所裨益。此外，他還建議高等教育機關設立考古學科，採用現代考古方法推進教育，以便中國可以有意識地加強考古發掘。不過，他還是用了大量篇幅講述傳統金石學，諸如石刻、碑銘、造像、鐘鼎文、陶瓷等等，就連剛剛重現人間的北宋《營造法式》，他也興奮地介紹了一番。他甚至建議到曲阜去挖掘孔子的陵墓，相信一定會有

1 李濟：《安陽》，第68頁。

2 戴家祥：《致李光謨的一封信》，載李光謨、李寧編《李濟學術隨筆》，上海人民出版社，2008年，第275頁。

重大發現。

梁啟超的視野和觀點，其實已經超越同代人。然而，在李濟看來，這些根本都算不上考古學。

另一件事也隱隱刺激着李濟。他在晉東南調研時，學界發生了一件空前轟動的大事。如前所述，安特生幾年前在周口店發掘出大批化石，其中有兩塊經過瑞典專家的分析，可能是原始人類的牙齒，「北京人」就此橫空出世。正是在梁啟超致辭的那次歡迎會上，安特生發佈了這個爆炸性的新聞。當西方考古學家不斷地從大地深處發掘古物，重述人類歷史，中國的金石學家們卻仍然困守書齋，執迷於故紙堆。這種強烈的反差，讓李濟五味雜陳。[1]

陶片與蠶繭

1927 年 1 月 10 日晚上，國學研究院濟濟一堂，教務長梅貽琦，幾位導師，以及助教和學生，悉數到場。

李濟從西陰村帶回來六七十箱古物。

西陰村遺址發掘是中國人獨立主持的第一次現代考古發掘。李濟採用「探方法」進行發掘，還首創了「三點記載法」和「層疊法」來記錄出土的陶片，前者用「縱、橫、深」標註陶片所在的位置，後者則用大小寫英文字母分別標註人工層位和自然層位的深度。

清華國學研究院與弗利爾藝術館合作，前者組織發掘，後者提供資金支持，雙方分別出版中英文發掘報告。文物暫時保存在清華大學，

1 在這次歡迎會上發表演講的共有三人，除了梁啟超和安特生，還有德日進，德日進的演講是基於對舊石器時代遺址的考察，題為《如何尋找中國最早的人》(*How to Search the Oldest Man in China*)。安特生、德日進的演講與梁啟超的演講，確實體現出鮮明的反差。

日後再交給中國國立博物館永久收藏。

不過，李濟當時在山西卻碰到了軟釘子。臨行前，梁啟超特地致信閻錫山，請他支持。[1] 清華校長曹雲祥以及兩任內閣前總理熊希齡、顏惠慶也分別給閻錫山寫了信。縱然如此，「山西王」既不回應公文，更不會見。最終，李濟用誠意打動了山西省內務署的負責人，後者才終於代表閻錫山批准了這次發掘。

把這幾十箱文物運回北京，同樣頗費周折。五六十匹騾馬拖着九輛車，一路上引發了諸多猜測。人們對押車的兩個年輕人尤為懷疑，認為他們「又像鏢師，又像商人」。儘管徵得了閻錫山的同意，車隊還是在山西榆次車站被攔截下來。一箱接一箱地接受查驗，居然都是些碎陶片，檢查的人疑惑不解，但終於還是放行了。搬運工人把這些箱子裝上火車時，也都非常困惑，所幸，一位車站職員出面解圍，用了「化驗」和「提煉」這兩個詞來揣測這些碎陶片的價值。他説，把這些陶片運到北京以後，經過化驗才能提煉出值錢的東西。這句話讓李濟一直記憶猶新，因為車站職員無意間道出了考古研究的某種特質——「提煉」。[2]

不過，1 月 10 日那天晚上，最讓國學研究院師生興奮的，不是成箱的陶片，而是半個蠶繭。它看起來已經有些腐蝕了，但不同尋常的是，它顯然被切割過。學生們開始爭論，在新石器時代，人類究竟用甚麼工具切割蠶繭。王國維語出驚人，他認為，當時未必沒有金屬工具，但他又提起加拿大學者明義士（James Mellon Menzies）的觀點——以前人類會用老鼠的牙齒來切割牛骨和龜骨。

1　李濟：《安陽》，第 67 頁。

2　李濟：《〈殷墟陶器研究報告〉序》。

李濟卻取出一塊石片，終結了這場熱烈的討論。他告訴大家，用來切割蠶繭的，是這種石頭。[1]

考古隊是在土層深處發現這個蠶繭的，周圍土色均勻，沒有被翻動過的痕跡。因此，李濟斷定，這個蠶繭原本就在那裡，絕不是後來掉進去的。

此外，李濟和袁復禮還興奮地宣佈，通過這次發掘，他們要為中華文明翻案。

他們講的是幾年前的舊事。前面講過，1921 年，袁復禮曾經和安特生一起發掘仰韶文化遺址，安特生認為，彩陶是從中亞傳入中國的，提出了「中國文化西來説」。然而，李濟和袁復禮在西陰村挖掘出一些非常精美的彩陶，遠遠超過中亞和近東其他地區出土的彩陶。因此，他們不認同安特生的判斷，希望能「翻案」。

然而李濟知道，想要真正回答這個問題，必須進行更多考古發掘，用出土文物來回應。他希望把中國境內的史前遺址「完全考察一次」，通過不同層面的專題研究來探求真相。

他也一直對那個獨一無二的神秘蠶繭念念不忘，儘管這並非他專精的領域。後來的日子裡，他常常獨自在顯微鏡下觀察它的每一處細節。蠶繭的一半已經腐壞，但是依然泛着光芒。他決定邀請生物學家劉崇樂對蠶繭做一次鑒定。一年以後，李濟訪問美國，又帶着這個蠶繭漂洋過海，請教華盛頓史密森尼研究院的專家。鑒定結果驗證了他的構想 —— 它確實不是野蠶，應該是家蠶的祖先。

1 李光謨：《從清華園到史語所：李濟治學生涯瑣記（修訂本）》，第 131—132 頁。

「二重證據法」

1927 年 1 月 10 日那個不同尋常的夜晚，兩位前輩學人的反應頗耐人尋味。

臨近午夜，梁啟超依然興奮地難以入睡，提筆給遠在哈佛大學攻讀考古學的二兒子梁思永寫了一封近兩千字的長信，詳細描述了幾個小時前的見聞。他說，李濟和袁復禮在演講中提到，「他們二人搞考古都只是半路出家，真正專門研究考古學的人還在美國 —— 梁先生的公子」。「我聽了替你高興又替你惶恐，你將來如何才能當得起中國第一位考古專門學者這個名譽？總是非常努力才好。」

李濟和袁復禮這番恭維不算過譽，梁思永確實是第一個在海外專業學習考古學的中國學者。按照梁啟超的構想，梁思永應當先在美國留學兩年，再到歐洲留學一兩年，還需要學習一些中國傳統金石學的知識，這樣才能博採眾長，更好地融會貫通。但是此刻，梁啟超太激動了，迫切地希望梁思永回來，跟隨李濟、袁復禮做一些考古工作，一定會有所收穫。

幾個月後，梁思永將聽從父親的召喚，回到中國。李濟毫無保留地把西陰村出土的陶片交給了他。梁思永對這一萬多片陶片進行整理、分類和研究，完成了碩士論文《山西西陰村史前遺址新石器時代的陶器》。他特別注意到不同種類的陶片在地層中所處的位置，試圖梳理其間的規律，但他也明白，這些朦朧的認識，仍然需要通過實地考古發掘才能得以驗證與深化。

與梁啟超不同，王國維對李濟的考古發掘提出了更明確的建議。當天晚上他就表示，與其選擇傳說中堯、舜、禹的故都進行考古發掘，倒不如「選擇一個有歷史根據的地點挖下去，比較靠得住」。幾年後，李濟將全力發掘殷墟，彷彿也在冥冥之中印證了王國維的設想。[1]

西陰村出土的文物一直吸引着王國維。後來，他反覆摩挲那些古老而精緻的陶片，對一塊帶流口的陶片尤其感興趣，與李濟討論它可能的用途，並拿它和形式相近的銅器做比較。這種廣博的視野與開放的態度，讓李濟感慨萬千：「一個在純中國傳統中產生出來的頭等學人，與近代科學研究的思想並沒有精神上的隔離。」[2]

王國維治學，由文學、史學進入考古學。1925 年，《清華週刊》介紹王國維時，就提到「晚近學術界三大掘發」——安陽殷墟甲骨、敦煌遺書和漢晉竹簡，而王國維對這三大考古發掘「考釋最精」。伴隨着新的考古發現，他也一直在反思傳統的治學經驗，試圖尋找新的方向。

1922 年，梁啟超曾在《中國歷史研究法》中提醒學者，除了文字記錄的史料之外，獲取史料的途徑還有三條——「現存之實跡」「傳述之口碑」和「遺下之古物」。三年後，王國維更明確地提出了「二重證據法」：「吾輩生於今日，幸於紙上之材料外，更得地下之新材料。由此種材料，我輩固得據以補正紙上之材料，亦得證明古書之某部分全為實錄，即百家不雅訓之言亦不無表示一面之事實。此二重證據法惟在今日始得為之。」

在傳統學人中，王國維無疑是一位先行者。雖然一些年輕學人並不完全認同他的觀點，[3] 但他們或多或少都從他的思路中獲得了啟發。

---

1 此處參考了清華國學研究院學生戴家祥的回憶。戴家祥還認為：「王先生這次發言，實際上為以後小屯遺址的科學發掘，定下了方向。」參見卞僧慧纂，卞學洛整理《陳寅恪先生年譜長編（初稿）》，第 99 頁。

2 李濟：《南洋董作賓先生與近代考古學》，《傳記文學》1964 年第 3 期。轉引自徐玲《留學生與中國考古學》，南開大學出版社，2009 年，第 254—255 頁。

3 譬如李濟就認為：「凡是經過人工的、埋在地下的資料，不管它是否有文字，都可以作研究人類歷史的資料。」

等到傅斯年、李濟等人試圖論證考古發掘的意義時，他們發現，王國維其實已經提前幫他們掃除了一些障礙，甚至畫下了路標。1934年，陳寅恪對「二重證據法」做了新的闡釋與總結，「一曰取地下之實物與紙上之遺文互相釋證」，「二曰取異族之故書與吾國之舊籍互相補正」，「三曰取外來之觀念，以固有之材料互相參證」。他正是從三個維度重新界定研究的參照系——出土文物、海外典籍、外來觀念。

梁啟超、王國維和陳寅恪都沒有親身參與過考古發掘，但是，作為中國舉足輕重的兩代學界領袖，他們對「地下之新材料」的認同與提倡、對考古發掘的推崇與暢想，無疑為中國第一代考古學家的田野考察減輕了輿論壓力，鋪平了路。清華國學研究院存世時間雖不長，卻因這些交集與相互砥礪，氤氳出新的文化圖景。

可惜，命運的枷鎖如影隨影。儘管這一代學人或多或少從史書中洞悉了時代變遷的根源，自身卻終究將被世變所誤。

第四章
雲散

「五十之年，只欠一死」

1927 年 6 月 2 日，還有兩天就是端午，空氣中已經瀰漫開粽葉和糯米的清香，甜膩黏稠，與初夏溫潤的天氣相得益彰。晚飯後，吳宓與陳寅恪閒坐，心情卻平靜不下來。蟬噪漸起，愈發令人不安。那些隱匿在樹叢中頻繁鼓動身體的生靈，從高處冷眼窺視着人間。

當時，北伐軍正一路麾師北上。然幽居在北京西北角的學人感受到的，不是希望，而是危機。軍閥屠殺，社會動盪，名儒葉德輝在湖南被槍決，章太炎的家產則被浙江政府抄沒，[1] 各種聳人聽聞的消息廣為傳播，一時人人自危。

吳宓早已在日記中規劃了自己的未來：「近頃人心頗皇皇，宓決擬於政局改變、黨軍得京師、清華解散之後，宓不再為教員，亦不從事他業。而但隱居京城，以作文售稿為活，中英文並行。」兩個月前，清

1 顧頡剛：《悼王靜安先生》，《文學週報》1929 年第四輯。

明節放假時，他約陳寅恪一起，把留學時從海外帶回來的圖書分類裝箱，雇了人力車運進城中存放。他們擔心，一旦亂軍入城，清華極有可能被迫解散，這些歷盡艱辛帶回來的珍貴圖書，勢必也會散佚。果然，4 月中旬，戰火燃到北京，奉軍和國民革命軍在海甸以北交戰，炮聲與飛機轟炸聲此起彼伏。沒過多久，又突然傳來李大釗被絞死的消息，陳寅恪聞訊，深夜趕到吳宓住處，唏噓，憤懣，感歎國人的殘酷，對政治更加深惡痛絕。

6 月 2 日這一天，其實過得還算平靜。一天前，國學研究院開始放暑假，學生們已經陸續離校。[1] 助教趙萬里卻突然闖進來，他在尋找王國維。王國維清晨出門，據説去了頤和園，至今仍未回家。吳宓心中凜然，憋了許久的話還是忍不住説出口，他猜測，王國維去頤和園，或許是要效仿屈原投江。

這個不祥的預感，很快就被隨後趕到的事務員侯厚培證實了。侯厚培説，早上王國維到辦公室裡與他交談了一陣，隨即若無其事地向他借了五元錢，便徑直往頤和園而去。[2] 頤和園業已傳來消息，士兵們從昆明湖中打撈出一具屍體，因為無人認領，一直放在魚藻軒裡。

這個噩耗讓陳寅恪和吳宓悲慟不已。一年多以來，他們一直與王國維往來密切。陳寅恪與王國維的學術興趣尤其相契，對許多問題都能深入討論，相互激發。與王國維的交流，更促成了陳寅恪史學思想的轉向——「從東方學的立場回到史學的立場」。[3] 陳寅恪與吳宓立刻

1 藍文徵：《清華大學國學研究院始末》。

2 參見吳宓發表在《順天時報》上的文章。轉引自吳學昭《吳宓與陳寅恪（增補本）》，第 79 頁。

3 多年後，余英時對此作出了詳盡的考證，並借用《禮記 · 學記》中的話來描述王國維和陳寅恪之間的精神關聯：「獨學而無侶，則孤陋而寡聞。」

動身，和清華校長、教務長以及國學研究院的師生們一起，連夜趕往頤和園。

駐軍連長早已下令，不准開門。雙方交涉了一個小時，守門人才勉強允許校長、教務長和守衛長進去查看，吳宓與陳寅恪只好率領學生返回學校，進校門時已是子夜時分，王國維自盡的消息早已傳遍全校，有人唏噓垂淚，也有人在咒罵這個晚清遺臣死有餘辜。王國維雖已死，然生前之譽與身後之名，仍在他人口舌間流轉，難以平息。

吳宓突然想起，十幾天前，王國維曾來找他和陳寅恪商量，一旦北京淪陷該何去何從。當時，吳宓建議他暑假去日本，陳寅恪則勸他搬回城裡居住。王國維卻堅定地告訴兩個後生：「我不能走。」還有一些人勸他剪掉辮子，以避風頭。他卻回答，這條辮子只能等別人來剪，我怎能自己剪掉？原來那時王國維就已下定了赴死之心，所以才會在這些天裡不動聲色地預先做好一切安排——悄然交接好學校的各項事務，把學生們的課卷也都評閱妥當，隨後才放心地在遺囑中寫下這樣的話：

> 五十之年，只欠一死。經此世變，義無再辱。

一位史學大家從甲骨、竹簡與詩詞戲曲中洞悉了無數遠古的隱秘、人世的離合，然而，輪到自己時，卻終究難以參透。

「文化神州喪一身」

第二天，吳宓才在魚藻軒見到王國維。「王先生遺體臥磚地上，覆以破污之蘆蓆。揭蓆瞻視，衣裳面色如生，至為悽慘」。到了下午，四野陰霾堆積，雷聲滾滾而來。這位「中國近三百年來學術的結束人，最近八十年來學術的開創者」，已經在魚藻軒躺了一天一夜，遺體正在脹大，法醫卻遲遲未至。直到晚上，師生們才終於給他換好前清的冠服入殮，一行人護送靈柩，學生們執素紙燈相隨，一路蜿蜒，到清華園外的剛果寺安放。

停靈設祭之後，陳寅恪與吳宓率先向前，不是鞠躬，而是匍匐跪拜，許多學生也紛紛效仿。如同邀請王國維出山那天一樣，吳宓依然用了最隆重、最傳統的禮儀，來告別這位倔強的先生。

在王國維靈前頓首時，吳宓回想起兩年間的往事，更想到自己的命運。「宓又思宓年已及王先生之三分之二，而學不及先生十分之一。先生忠事清室，宓之身世境遇不同。然宓固願以維持中國文化道德禮教之精神為己任者。今敢誓於王先生之靈，他年苟不能實行所志，而湔忍以歿，或為中國文化道德禮教之敵所逼迫。義無苟全者，則必當效王先生之行事，從容就死，惟先生實冥鑒之。」

來時滿懷躊躇，去路淒風冷雨。千百年來，書生的意氣與天真，世事的詭譎與殘酷，都消融在王國維的一來一去之間和吳宓的一迎一送之際。

王國維被退位的溥儀賜了謚號「忠慤」，這個落第秀才的名字也終於被收入《清史稿》，位於列傳第二百八十三。寥寥三百餘字，一半記錄他的才學，另一半則頌揚他的愚忠。晚清最後的國學大師，正史只吝嗇地留下數筆，如同用幾束禿殘的狼毫在絕壁上書寫摩崖巨字——儘管明眼人都知道，以王侯將相為序的歷史敍事背後，誰會比誰更加不朽。

吳宓的輓聯寫得極為痛切。「離宮猶是前朝，主辱臣憂，汨羅異代沉屈子；浩劫正逢此日，人亡國瘁，海宇同聲哭鄭君。」他並不是前朝遺臣，但對文化末世的悲愴卻感同身受。陳寅恪的追憶更加頻繁，除了輓聯和挽詩，他還不厭其煩地在學術論文和私人回憶裡屢屢提起王國維及其學術觀點。他在詩中寫道：「敢將私誼哭斯人，文化神州喪一身。」他以「私誼」緬懷故人，而在他眼中，王國維之死更意味着文化的沉淪。1929年，他還為王國維撰寫碑文，進一步闡釋道：

> 惟此獨立之精神，自由之思想，歷千萬祀，與天壤而同久，共三光而永光。

這些緬懷的字句，是寫給王國維的，也更像是寫給自己的。

誣告

王國維自盡時，梁啟超的身體也每況愈下。一年前，他的尿血症加劇，協和醫院的醫生決定切除他一側病變的腎。不料，右腎被切除後，依然尿血不止。虛弱的梁啟超卻在病榻上撰文，描述協和醫院醫生的診斷過程，並安慰讀者，「因為醫生的技術精良，我的體質本來強壯，割治後十天，精神已經如常，現在越發健實了」。他希望國人不要懷疑或遷怒於西醫，不要因他的生死而抗拒現代科學。

虛弱的梁啟超給女兒寫了一封信，回顧了這個動盪神傷的初夏：「我一個月來舊病發得頗厲害，約莫四十餘天沒有停止，原因在學校暑期前批閱學生成績太勞，王靜安事變又未免大受刺激。」

他盛讚王國維「不獨為中國所有而為全世界之所有之學人」，並抱病為王國維料理後事，與教育部斡旋，爭取恤金。他斷言，王國維是被「惡社會所殺」，而他自己，又何嘗不是被這「惡社會」夜以繼日地侵蝕着。

幾個月後，他突然收到曹雲祥寄來的一封油印的信。研究生王省莫名地狀告他無故曠職，因此，曹雲祥要求他引咎辭職。

國學研究院的學生聞訊大驚，質問王省，終於得知了真相。原來，是教育系教授朱君毅教唆他這樣做的，而幕後真正的主使，卻是曹雲祥。曹雲祥聽説梁啟超被外交部聘為庚款董事會董事，頓生敵意。按照規定，清華校長是從庚款董事會董事中選出的，曹雲祥認為，梁啟超很可能會奪走他的校長之職。

真相大白，群情譁然。朋友眼中的陳寅恪，一向「不管閒事」，[1] 更不願捲入行政事務，這次卻憤然挺身而出。在教授會上，他要求曹雲祥和朱君毅辭職，並準備舉薦教務長梅貽琦代理校長職務。他寫信給梁啟超，請他出面向外交部舉薦梅貽琦；他還擔心當局會趁機插手清華的事務，建議吳宓盡快去天津勸駕，請梁啟超務必當機立斷。吳宓忍不住驚呼，生性淡泊的陳寅恪突然變成了「發縱指示之中心人物」。[2]

陳寅恪當然無心政事，他只是希望能擁有一張安靜的書桌，心無旁鶩地做學問。其實，梁啟超又何嘗不是如此。在給兒女的信中，他寫道，「我總是抱着『有一天做一天』的主義，（不是『得過且過』，卻是『得做且做』）。」他仍然期望繼續專心地研究，講學，培養下一代人，只是沒想到，這菲薄的心願都成奢望。

吳語方言調查

1927 年這個多事之秋，變故頻仍，趙元任卻暫時遠離了是非之地。和李濟一樣，入駐清華國學研究院以後，趙元任也終於找到機會，開始外出進行田野考察。他帶着助手楊時逢，沿着京滬杭鐵路南下，調查方言。楊時逢是楊步偉的侄子，畢業於金陵大學。

---

1 1926 年 11 月 9 日，傅斯年在給羅家倫的信中寫道：「陳處因他老本是不管閒事的，最不宜奉擾。」參見王汎森、潘光哲、吳政上主編《傅斯年遺札》（第一卷），第 73 頁。

2 吳學昭：《吳宓與陳寅恪（增補本）》，第 103—104 頁。

他們每站下車，再轉乘小火輪船去更偏僻的城鎮。在江蘇，他們選擇了宜興、溧陽、常州、無錫、蘇州、常熟、上海等十九個點，在浙江選擇了杭州、紹興、諸暨、寧波、溫州等十四個點，進行方言調查。時間有限，有時一天要跑四個地方，有時甚至不得不帶病奔波。白天調查、錄音，晚上寫日記、整理調查報告。如果找不到旅館，就只能到農家借宿。有一天夜裡，他們要從無錫去蘇州，可是太過睏倦，就在一節車廂的長椅上睡着了。半夜驚醒，才發現，前面幾節車廂居然都被拖走了，只有他們的車廂仍然留在原地。

每到一個新的地方，他們往往會去當地的學校，找學生做發音人。趙元任堅持用國際音標記錄語音。他沒有專業的錄音設備，就隨身帶着一個滑動音調管來記錄聲調。不過，最困難的事情，是如何讓受訪者「用本地自然的語音讀字跟説話」。因為當地人看到北京來的學者，就會情不自禁地説國語，於是，採集的方言就變得不純正。[1] 因此，趙元任想方設法讓受訪者「肯放心説自己的話」，而他的方法就是盡量模仿當地方言與受訪者交談，直到對方卸下心防，願意自如地表達。他會請一個人反覆讀一段內容，如果每次發音都不變，並且聽起來很自然，才會採納，否則就另外找一個人讀同一段內容，再進行比較。為了確保受訪者的方言純正，他還會追溯他們的人生經歷，判斷他們的方言是否受到過其他地域方言的影響。

歷時兩個多月，他們訪問了二百多人，記錄了六十三位受訪者的發音。基於這些調查，趙元任完成了《現代吳語的研究》。這是中國第一部通過實地調查、基於現代語言學規範完成的漢語方言研究專著。

1　趙元任：《我的語言自傳》，載趙元任著，吳宗濟、趙新那編《趙元任語言學論文集》，第655頁。

只不過，在動盪的 1920 年代末，趙元任的這些尋訪很容易就被時代劇變匆匆掩蓋。與李濟的考古發現相比，趙元任的語言調查顯得有些默默無聞。公眾對方言不感興趣，甚至很難理解其價值所在。然而，對學術界而言，趙元任走出的這一步卻意義重大，語言學研究終於不再是傳統訓詁，而是走向田野，深入民間。這次吳語方言調查也成為他日後在史語所組織中國方言調查的開端。

此時，學界正孜孜於謀求統一國語。兩年前，錢玄同曾把國語運動視為「中華民族起死回生的一味聖藥，因為有了國語，全國人民才能互通情愫，教育才能普及，人們的情感思想才能夠表達」。[1] 此情此境之下，趙元任的方言調查似乎有些格格不入。事實上，趙元任自己也是「國語統一籌備會」的一員，對國語羅馬字拼音方案尤其感興趣。推廣國語運動是為了建構國家與民族認同，而調查方言則是為了保全文化的多樣性，兩者其實並不相悖。

不過，他深知方言調查之不易。要在全國做系統的方言調查，需要具備三個條件：永久的組織和經費，接受過專業訓練的工作者，以及和平的國內環境。在內憂外患的中國，每一項聽起來都難以實現。他哀歎道：「可是要慢慢地等，等到哪一天才可以有大隊的語言學人馬，大規模地來測量全中國的方言地理吶？」他只能存着僥倖的心理，不斷地這樣追問，又一次次抱病出發。

1 錢玄同：《〈國語週刊〉發刊詞》，載《錢玄同文集》（第三卷），中國人民大學出版社，1999 年，第 156 頁。

朱熹的宿命

「我極捨不得清華研究院。」1928 年夏，梁啟超在給女兒的信中這樣感歎。評閱完學生的論文後，他辭去了清華國學研究院的教職，回到天津養病。縱然萬般不捨，他也知道，自己別無選擇。清華早已不是舊日的清華。他的長子梁思成在美國學習建築學，即將回國，他原本希望梁思成也能到清華任教，現在卻建議他還是去東北大學更合適，因為清華「為黨人所必爭，不久必將全體改組，你安能插足其間？」[1] 對於清華，他有多麼不捨，就有多麼失望。

在人生最後的時光裡，梁啟超對南宋詞人辛棄疾產生了濃厚的興趣。或許是辛棄疾「壯歲旌旗擁萬夫」的英雄歷程引發了他對流亡歲月的感懷，抑或稼軒詞的豪邁僨張帶給他無盡的精神共鳴。他試圖為辛棄疾正名，破除那些因「雄傑之詞」而產生的刻板印象，讓人們真正理解「稼軒先生之人格與事業」。[2] 病中的梁啟超，每天讀稼軒詞苦中作樂，一旦找到新的版本就欣喜若狂。他先是接連寫出《跋四卷本稼軒詞》和《跋稼軒集外詞》，之後又興致勃勃地為辛棄疾編撰年譜。這項工作更加艱難。辛棄疾傳世的詞作有六百多首，有紀年的卻只有十九首，能夠證實年代的也不過二十多首，想編撰年譜，需要反覆地比較和考證不同時代、不同版本的《稼軒集》。梁啟超卻樂在其中。他的病情日漸嚴重，幾度往返於住處和協和醫院之間，仍不知疲倦地搜集資料。因為意外地找到《信州府志》，他喜出望外，沒等到痊癒，就帶着藥出院回到天津。[3] 他繼續在病榻上寫作，因無法仰坐，他就固執地「執筆側

1 丁文江、趙豐田編：《梁啟超年譜長編》，上海人民出版社，1983 年，第 1179 頁。

2 參見梁啟超與梁啟勳合作的《稼軒詞疏證》。

3 丁文江、趙豐田編：《梁啟超年譜長編》，第 1199 頁。

身而坐」，又這樣堅持了幾天，終於體力不支，被迫擱筆。

辛棄疾的年譜，寫到南宋慶元六年（1200 年）三月辛棄疾的好友、理學大家朱熹去世。由於朱熹晚年被視為「偽學逆黨」，朝廷下令禁止會葬，六十一歲的辛棄疾卻毫不顧忌，寫下祭文，哭悼故友：「所不朽者，垂萬世名。孰為公死，凜凜如生。」

辛棄疾年譜至此戛然而止，而年譜內外的故事，也彷彿一語成讖。

1928 年 11 月 27 日，梁啟超再次被送進協和醫院，經化驗，他的痰中有一種罕見的病毒，此前只在美國威斯康星發現過。

他自知去日無多，為了幫助後人找到消滅這種病毒的方法，他要求家人「以其屍身剖驗，務求病原之所在，以供醫學界之參考」。[1]

掙扎了數十個晝夜之後，畢生致力於「以今日之我攻昨日之我」的梁啟超，在 1929 年 1 月 19 日鬆開了緊握的拳頭。這位平生著述上千萬字的文豪，「至臨終時，無一預遺囑」。他因建黨理想而誤入教育，晚年卻以教育相始終；他最終沒能組建政黨，捲土重來，卻在無意中造就了無數個自由的信徒。他心目中的「第四窟」，看起來有違初衷，其實恰是他最妥當的歸宿。

梁啟超的一生，寫作，辦報，從政，投身教育。在西方學者眼中，他之於 20 世紀初中國的意義，相當於政治家伊萊休·魯特（Elihu Root）、文豪海明威、教育家約翰·杜威和記者沃爾特·李普曼四個人加在一起對美國社會產生的影響。[2] 然而，在他的祖國，他的落幕方式卻令人唏噓。

1929 年 2 月 17 日，北京和上海為梁啟超舉行追悼大會，來弔唁的

1 丁文江、趙豐田編：《梁啟超年譜長編》，第 1200 頁。

2 這是費正清對梁啟超的評價。

大多是他的親朋故友。耐人尋味的是，由於梁啟超早年曾與國民黨對抗，雖時隔多年，立法院院長胡漢民等人仍念念不忘，極力反對國民政府派代表弔唁，最終，只有南京指導部一名官員私下前往上海致哀，儘管他與梁啟超素昧平生。[1]

朱熹的命運，彷彿在梁啟超身上重演了一遍。

葬禮前後，冷嘲熱諷依然甚囂塵上，所幸梁啟超已無須再去理會這些刻薄的攻擊。一個國家和他的人民，倘若不尊重生者的權利，自然也可以漠視死者的尊嚴。梁啟超的生前與身後事，不過是一個畸形時代的縮影。

將軍一去，大樹飄零。然而，在梁啟超的晚年，青年偶像湧現的速度，並不亞於政權更迭的頻率。有無數年輕人懷揣着「彼可取而代之」的野心，試圖繼承他的聲名，或者推翻他的功業。一代又一代，正是這樣的傳承、顛覆，時代由此蜿蜒向前。

梁啟超得到國民政府明令褒揚，還要再等十三年。到那時，中國將深陷抗日戰爭的泥淖，蔣介石已用兩三年時間閱讀了梁啟超的遺著，有了諸多共鳴，才明白自己從前低估、誤解了一位先賢。[2]

那姍姍來遲的緬懷，正如朱熹身後延滯的迴響。

「狼狽為善」

王國維和梁啟超相繼退場，清華國學研究院其實已經名存實亡。趙元任和李濟常年在外考察，只剩下陳寅恪一人肩負起整個研究院的

---

1 丁文江、趙豐田編：《梁啟超年譜長編》，第 1208 頁。

2 黃克武：《蔣介石與梁啟超》，載呂芳上主編《蔣中正日記與民國史研究》，世界大同出版社，2011 年，第 121—138 頁。

工作，既要指導研究生，又要處理各種繁雜事務。他希望清華能聘請章太炎、羅振玉和陳垣做國學研究院的導師，但他們都拒絕了邀請，只有馬衡答應擔任特別講師。

原本就老氣橫秋的陳寅恪，在詩詞的世界裡變得更加孤獨蒼老。他被譽為「公子之公子，教授之教授」，然而，那些與年齡極不相稱的悲觀與絕望，經歷朋輩的死別與政局的跌宕，愈發難以遏止，如同在淒風冷雨中漂泊的老杜，面對離亂紛爭，難以釋懷，又無可奈何。

1927 年 7 月 6 日，陳寅恪曾給老友傅斯年寄過一首詩，用了三國時代陳登和劉備的典故做比，把傅斯年比作梟雄劉備，「今生事業餘田舍，天下英雄獨使君」[1]。「五四」前夕，傅斯年曾是北京大學學生會主席、《新潮》雜誌主編，其學術水平同樣出類拔萃。他是山東人，國學根基雄厚，甚至被同學譽為「孔子以後的第一人」。[2] 陳寅恪與傅斯年在德國留學時，都是讀書種子，不願捲入留學生們混亂的生活，被視為「寧國府大門前的一對石獅子」。[3] 不過，兩人的學術研究與為人處世之道，其實皆不同。陳寅恪常常深居簡出，傅斯年雖同樣專注於學術，但又是天生的領袖，從歐洲留學回國後，他在中山大學主持文學院，[4] 即將成為未來的學界領袖。

這句詩彷彿是對一個即將到來的新的學術時代的預言。不久，傅斯年開始籌建中央研究院歷史語言研究所，並「趁火打劫」，把陳寅恪、

---

1 此詩由吳宓抄錄在日記中，沒有收入《陳寅恪先生詩存》。參見吳學昭《吳宓與陳寅恪（增補本）》，第 88 頁。

2 伍俶：《憶孟真》，載王富仁、石興澤編《諤諤之士 —— 名人筆下的傅斯年 · 傅斯年筆下的名人》，東方出版中心，1999 年，第 83 頁。

3 趙元任、楊步偉：《憶寅恪》。

4 1927 年，傅斯年在中山大學主持文學院創立語言歷史研究所，次年，他為中央研究院創辦歷史語言研究所。

趙元任和李濟全數請進史語所，分別主持歷史組、語言組和考古組。隨後，在寫給老友、新任清華校長羅家倫的信中，傅斯年用了一個別出心裁的比喻——「狼狽為善」。[1] 他寫道：「這不是我們要與清華鬥富，也不是要與清華決賽，雖不量力，亦不至此！亦不是要扯清華的台，有諸公在，義士如我，何至如此！乃是思欲狼狽為善（狼狽分工合作本善，各得其所）。」[2] 然而，這次「各得其所」，足以宣告清華國學研究院的終結。

世事難料。1926 年年末傅斯年準備回國時，陳寅恪和趙元任還曾努力奔走，想把他招攬到清華國學研究院，但是，傅斯年想休整一年再做決定。他曾給羅家倫寫信解釋：「因彼處我畏王靜庵君，梁非我所畏，陳我所敬亦非所畏。」[3] 但他終究沒有到清華，而是南下廣州，投奔中山大學，後來又自立門戶，反倒把陳寅恪、趙元任一併招募到史語所。清華國學研究院的精神衣缽及其未竟的使命，也都將由史語所傳承下去。

1929 年羅家倫就任清華校長後，正式將清華學校更名為國立清華大學。他在這一年的畢業典禮上宣佈：「這次畢業共有三班，大學部有 84 人畢業，這是第一次；留美預備部有 37 人畢業，恰巧又是最末一次；而國學研究院的同學，這也是最後的一班。」

清華國學研究院只存在了短短四年便成絕唱，有七十四名學生入

---

1 事實上，這並不是傅斯年第一次發明「狼狽為善」這個詞。1926 年 11 月 9 日，傅斯年致信羅家倫，説想去廈門與顧頡剛合作，兩人一起可以「狼狽為善」。參見王汎森、潘光哲、吳政上主編《傅斯年遺札》（第一卷），第 71 頁。

2 1928 年 10 月 6 日，傅斯年致信馮友蘭、羅家倫、楊振聲。參見王汎森、潘光哲、吳政上主編《傅斯年遺札》（第一卷），第 111 頁。

3 1926 年 11 月 9 日，傅斯年致信羅家倫。參見王汎森、潘光哲、吳政上主編《傅斯年遺札》（第一卷），第 72—73 頁。

學，最終有六十八人畢業，大多成為未來學界的中堅力量乃至泰斗級人物。但因個人際遇，更被時代所誤，他們很難再抵達老師們的高度。

各奔前程之前，研究院的師生們集體捐款為王國維修建了一座紀念碑。紀念碑由梁啟超的長子梁思成設計。陳寅恪撰寫了碑文：

> 士之讀書治學，蓋將以脫心志於俗諦之桎梏，真理因得以發揚。思想而不自由，毋寧死耳……先生之著述或有時而不章，先生之學說或有時而可商，惟此獨立之精神，自由之思想，歷千萬祀，與天壤而同久，共三光而永光。

「獨立之精神，自由之思想」，這些菲薄而沉重的理想，留給了陳寅恪、趙元任、李濟、吳宓以及下一代的年輕人。這些理想勢必要面對暴風、雷電，勢必會經歷冰封、陰霾。之後的人勢必要面對更殘酷、更絕望的時代，但他們還是得走下去。

這是他們的宿命，也正是他們的榮耀與尊嚴所在。

第五章
欲祭疑君在

面對瞬息萬變的時局，清華國學研究院的故人們做出了不同的選擇。趙元任最終回到美國，成為享譽世界的「漢語語言學之父」；李濟後來前往台灣，成為被遺忘的「中國考古學之父」，以及後輩李敖口中「最後一個迷人的學閥」；陳寅恪和吳宓則選擇留在大陸，他們像當年的王國維一樣宣稱，「我不能走」。

然而，無論陳寅恪還是吳宓，畢竟都不是王國維，王國維可以殉清殉文化，陳寅恪與吳宓早已殉無可殉。[1] 如同頑石夾縫裡的衰草，他們將在陽光偶爾才會灑到的角落裡，落寞而固執地生長。他們試圖抗拒時代侵襲，卻每每事與願違。在思想的領地裡他們越是能從容地馳騁縱橫，在現實世界裡就越發顯得笨拙，有時只能以本能應對疾風驟雨，越是小心翼翼就越是錯誤百出。

1981 年，八十九歲的趙元任回北京訪問。幾天後，他執意擺脫了

1 1988 年，馮友蘭把王國維和陳寅恪視為「當代文化上之（伯）夷（叔）齊」，是為一說。

陪同人員和親屬，獨自回到清華，在曾經寓居過的舊南院徘徊良久。

此時，陳寅恪已經去世十二年。去世前，這位舊日的「公子之公子，教授之教授」，曾向大學提出申請，因為心臟病嚴重，需要吃流質食物，乞求「革命委員會」允許他每天喝一些牛奶來維持生命。[1]

吳宓在「文革」中左腿骨折，也與老友徹底失去聯繫。然而，1971年，他還是冒着巨大的風險，寫信到中山大學，詢問陳寅恪夫婦的情況。只是他並不知道，摯友已經在兩年前去世。[2] 他只有一次次偷偷誦讀王國維的《頤和園詞》和陳寅恪的《王觀堂先生輓詞》，涕淚橫流。[3] 人生最後一年，他回到故鄉涇陽，寄居在表妹家。當他聽説鄉下的中學找不到英文老師，還急切地想要給孩子們上課。臨終前，他反覆念叨着「給我水喝，給我飯吃，我是吳宓教授」。那時，李濟也已經不在人間，而他的名字在當時仍是禁忌——1959年，《考古》雜誌曾用整本的篇幅批判他的考古成就，他舊日的許多朋友和學生不惜用最惡毒的字句攻擊他。

在舊居前踟躕的趙元任，不知是否還會想起五十四年前那個夏天，王國維攥着五塊錢蹣跚而去的瘦削背影。[4]

那是趙元任最後一次回清華。幾個月後，他在美國去世。那個群星閃耀的年代，去勢決絕，終不回頭。

1　陸鍵東：《陳寅恪的最後20年》，生活·讀書·新知三聯書店，2013年，第461頁。

2　陳寅恪和吳宓都在大陸，尚且音訊隔絕，而他們早年的老友俞大維遠在台灣，更是無法確認陳寅恪的生死，只能用唐朝詩人張籍的詩句「欲祭疑君在，天涯哭此時」來懷念故人。參見俞大維《懷念陳寅恪先生》，《「中央研究院」歷史語言研究所集刊》1969年第1期。「欲祭疑君在」這句詩幾乎成為那一代人晚景的寫照。

3　吳學昭：《吳宓與陳寅恪（增補本）》，第477—484頁。

4　根據李光謨的描述，1927年王國維自殺後，國學研究院同學會決定給他募捐立碑。梁啟超捐了五百元，陳寅恪捐了二百元，馬衡捐了一百元，清華校長嚴鶴齡、李濟、林宰平以及幾名助教各捐了二十元，一些學生也捐了二十元。但是趙元任和他的內侄（助教楊君）沒有捐。李光謨認為，趙元任「是另有看法的」。參見李光謨《從清華園到史語所：李濟治學生涯瑣記（修訂本）》，第113頁。清華國學研究院學生陳守實曾在日記中記錄了此事——「教授中唯趙元任不肯出」。此外，這次立碑，吳宓也沒有捐款。

中央研究院歷史語言研究所

重新發現中國

第一章
麥田裡的故都

龍的遺骸

在過去商朝的皇宮上面，人們夜以繼日地耕種勞作，生老病死。那座古老而恢宏的城垣，就掩埋在他們腳下十幾米深的泥土裡，和祖先們業已腐朽的軀體一道，滋養着他們的小麥和棉花。只有雷電震爍的雨夜，才會叩響地下那座沉默的城垣，彷彿一具沉睡了千年的鐘鼎，再度發出喑啞的錚鳴。

董作賓從一片蒼黃的天空下眺望那座看不見的城市時，殷商時代已經沉入地底三千年。1928 年 8 月 13 日，雖已立秋，暑氣並無散去之意，安陽小屯村的嚮導把董作賓帶到一片田壟邊，就不願再前行半步，彷彿面前正橫陳着一道懸崖絕壁。嚮導手指的方向，是一片貌不驚人的土地。然而，過去的三十年間，人們就是在這裡不斷地翻找出大片的「龍骨」，彷彿這片黃土下面藏匿了一片曾經的汪洋，滄海變桑田之際，許多巨龍也隨之殉葬。「龍骨」上刻着人們無法看懂的符號，像馱着些神秘而沉重的天啟。沒有人能猜出這些符號是凶是吉，不過，過去的三十年恰逢末世，晚清紛擾，民國割據，因此，無論出現怎樣匪夷所思的異象，也都不足為奇。

這些「龍骨」上的符號，其實在多年前就已經被一位名叫王懿榮的金石學家破解。它們是一種遠古的文字，他將它們稱為「甲骨文」。此後，經過劉鶚、孫詒讓、羅振玉、王國維等學人整理、研究，甲骨文逐漸為學界所知，乃至成為一時的顯學。不過，安陽人對這些文字顯然毫無興趣，他們關注的是甲骨本身。從前，每天都會有古董商和藥材商聚集在這裡，收走從泥土裡「長」出來的甲骨，人們相信，它們可以用來治療痢疾。

這些甲骨抵得過最高產的莊稼。有時只需一鋤頭刨下去，就會大有收穫。有的人甚至終其一生都以販賣甲骨為生。清末兩江總督端方為一塊甲骨開出的價格，曾一度高達二兩五錢銀子。這片甲骨「莊稼」的根系，毫無疑問，就紮在泥土深處的那座商朝的故城裡。

只是現在，除了黃土，甚麼都沒有了，它已徹底淪為一片廢墟，就像它的名字——殷墟。在北平，大多數金石學家都已經認同了學界泰斗羅振玉的判斷。據説羅振玉曾「涉洹親訪」，並且斷定，經過此前瘋狂的發掘，安陽「寶藏幾空」，繼續搜尋注定徒勞無功。在安陽城中，士紳和古玩店的老闆也紛紛勸遠道而來的董作賓放棄幻想，而藍葆光，一個完全不認識甲骨文卻以偽造甲骨文而著稱的專家，也告訴董作賓，他的小屯村之行注定一無所獲。

董作賓在小屯村的遭遇，似乎證明了他們所言非虛。村民們都已經對繼續挖掘甲骨失去信心，他們重新回歸田野，打理自家的農田。他們甚至拿不出幾塊像樣的甲骨，家裡只藏着些零星的碎片，偶爾依靠它們來懷念一下過去的好光景。沒有商販會對這些碎片感興趣。不過，董作賓還是摸出三個銀元，買下一百多塊這樣的「廢物」。

顯然，他不認為這些甲骨碎片是廢物。走下田壟勘測後，他發現，這裡的情況和羅振玉描述的不同。有幾個坑顯然才剛剛被填埋好，而他在坑邊甚至撿到一片沒有字的甲骨。他認定，就在腳下的棉田深處，應該仍然埋藏着有字的甲骨。

「老天爺！」董作賓操着河南話冒出一句口頭禪。這句口頭禪伴隨了他整整一生，沒有人知道它的來歷，或者，它是否與這片浩瀚的歷史遺跡有關。

「遲之一日，即有一日之損失，是則由國家學術機關，以科學方法發掘之，實為刻不容緩之圖。」董作賓的信很快從安陽寄往廣州歷史語言研究所，收信人是傅斯年。

「科學的東方學之正統」

歷史語言研究所的名字，是傅斯年起的。

傅斯年的身份，頗有些複雜。他曾是「五四」闖將，北京大學學生會主席，創辦並主編《新潮》雜誌，與《新青年》遙相呼應，但是，當「五四運動」逐漸失控，他冷靜地選擇了退出。此後，他長年留學歐洲，廣泛涉獵，甚至旁聽過愛因斯坦開的一些課，對「相對論」也很有興趣。[1] 也是在歐洲，他開始關注風靡一時的東方學，「歷史語言研究」正是脱胎於東方學的定義。此刻的傅斯年，已經辭去中山大學文學院院長、中文系和歷史系系主任等一連串職務，投奔剛剛建立的中央研究院，籌建史語所。

1　有傳聞説傅斯年是愛因斯坦的學生，但王汎森採訪俞大維時，後者否認了這一點。不過，傅斯年確實旁聽過愛因斯坦的一些討論課，參見王汎森《傅斯年：中國近代歷史與政治中的個體生命》，生活 · 讀書 · 新知三聯書店，2012 年，第 65 頁，註釋。

在中央研究院院長蔡元培的規劃中，本沒有史語所的位置。他急於設置一批與國計民生密切相關的科研機構，諸如理化實業、社會科學、地質和觀象台。面對老校長，傅斯年卻慷慨陳詞：近代歐洲，歷史學（history）和語言學（philology）[1]都是新興科學。從前中國也有歷史學和語言學，而且在傳統學問中成就斐然；但是，它們都不具備科學的基礎，而當下的中國，無疑正需要用科學的精神和方法，重新發現傳統的價值。一番陳述説服了蔡元培，史語所最終出現在中央研究院的名錄上。不過，人文學科究竟能走多遠，能否像自然科學那樣對社會做出貢獻，蔡元培或許並沒有十足的信心，但他堅信有必要嘗試推行：「果能以事理之真佈之世人，開拓知識之領域，增加對於人文進化之理解，其影響縱屬遲緩而間接，其功效有時乃極巨大。」[2]

1928年7月，史語所正式成立，10月搬進廣州柏園，次年遷往北平靜心齋。傅斯年勾勒的學術版圖，也從最初的八個組（史料、漢語、文籍考訂、民間文藝、漢字、考古、人類學及民物學、敦煌材料研究）歸併成歷史學、語言學和考古學三個組。他行事雷厲風行，徑直將目光投向盛極一時的清華國學研究院，將陳寅恪、趙元任和李濟盡數網羅到史語所。前兩位都是他多年的好友，李濟於他卻是個陌生的名字。他原本打算從王國維的弟子中選擇一二，來主持史前考古發掘。不過，經過中央研究院地質研究所所長推薦，傅斯年決定在廣州見見訪美歸來的李濟。結果，兩人一見如故。[3]

1 傅斯年譯為「語文學」。

2 「中央研究院」八十年院史編纂委員會主編：《追求卓越：「中央研究院」80年》，台北「中央研究院」，2008年，第16—17頁。

3 李光謨：《從清華園到史語所：李濟治學生涯瑣記（修訂本）》，第155頁—158頁。

考古組組長其實還有一個人選，就是傳統金石學研究出身的馬衡，當時正擔任北京大學國學門考古研究室主任和故宮博物院古物館副館長。不過，斟酌再三，傅斯年還是捨棄了馬衡，選擇了接受過西方學術訓練、更具現代視野的李濟。

其實，傅斯年在《歷史語言研究所工作之旨趣》中已道出了個中緣由。地質調查所是他師法的目標，他希望把歷史學、語言學建設得像生物學、地質學那樣，而這決定了他為史語所篩選人才的標準。他需要的是擁有科學的方法和思維方式、能夠運用新工具、尋找新材料的學者。因此，儘管歷史學家吳廷燮著作等身，擔任着清史館總纂，並得到兩名政界要人羅文幹和汪精衛的推薦，傅斯年還是拒絕讓他加入史語所；[1] 而本土出身的考古學者，無論馬衡，還是容庚、商承祚，後來雖然被史語所聘用，卻都被納入歷史組，而非考古組。[2]

傅斯年的計劃極富野心和想像力。他希望擺脱傳統學者所遵循的「紙上的考古」，而進行「田野考古工作」。[3] 他的目標是沿着洛陽逐步西進，直到中亞各地。為此，他打算未來在洛陽或西安、敦煌或吐魯番、疏勒，設立幾十個工作站。他還想提供平台，在廣東周邊各省採集、整理、研究語言學和人類學，甚至探索南洋學。他以中華文明作為立足點，但是目光所及遠遠超過了中國的地理版圖。1920 年代初，北大國學門的陳垣等人試圖把北京建成漢學研究的中心，反超巴黎和東京，

1 王汎森：《傅斯年：中國近代歷史與政治中的個體生命》，第 94 頁。

2 參見徐玲《留學生與中國考古學》，南開大學出版社，2009 年，第 106 頁。作者在註釋中指出：「直到 1929 年後馬衡才被聘為歷史組研究員，本土考古學者容庚、商承祚等多被聘為歷史組成員。」

3 李濟：《傅所長創辦史語所與支持安陽考古工作的貢獻》，載張光直主編《李濟文集》（5），第 234 頁。

而傅斯年也熱切地期望能把「科學的東方學之正統」從巴黎和柏林奪回中國。

眼下的殷墟發掘，正是這個龐大計劃的第一步。

殷墟一直有甲骨、銅器和石器等文物出土，所屬年代也可以初步確定。傅斯年相信，發掘殷墟，不僅能開啟許多歷史的隱秘，甚至能為未來其他遺址的發掘做出表率和提供經驗參照，成為中國現代考古的基準刻度。

當然，聚焦殷墟並非史語所首創。早在 1919 年，北京大學就曾考慮發掘殷墟和洛陽的太學，但最終未能成行。1926 年，廈門大學國學院在一份夭折的發掘計劃書中，也首選了殷墟，因為這裡出土過大量甲骨，「容易入手」。[1] 可惜，這兩個計劃都不了了之。

傅斯年卻堅定地要把發掘推進下去。為此，他與中央研究院反覆磋商，終於討來一千銀圓。對於初創不久的中央研究院而言，這是一筆不菲的數目。

傅斯年之所以如此鍾情於殷墟，其實與清華國學研究院也有關聯。1927 年，他讀王國維的《觀堂集林》時，《殷商制度論》中的「中國政治與文化之變革，莫劇於殷周之際」這句話顯然引發了他的共鳴。他在書上留下了這樣的批註 :「此蓋民族代興之故。」[2]

---

1 參見陳洪波《中國科學考古學的興起：1928—1949 年歷史語言研究所考古史》，第 118—119 頁。

2 參見王汎森《王國維與傅斯年 ——〈以殷周制度論〉與〈夷夏東西説〉為主的討論》，載孫敦恒、錢競編《紀念王國維先生誕辰 120 周年學術論文集》，廣東教育出版社，1999 年，第 29—30 頁。

塵封的光華

收到傅斯年辛苦討來的一千銀圓，史語所編輯員董作賓卻左右為難。

董作賓年輕時經過商，教過書，辦過報紙，直到二十八歲進入北京大學國學門讀研究生，才真正走上學術之路。加入史語所之前，他在中山大學做副教授。他對甲骨研究有着敏鋭的直覺。由於年少時學過篆刻，他逐漸練出一門絕技，可以根據刀法判斷甲骨的真偽。[1] 不過，他不願主持殷墟發掘，寧願做一些輔助性的工作，因為他是河南人，想要避嫌。[2] 然而，傅斯年看重的，除了董作賓的學識之外，還包括他的河南身份 —— 這將確保他更順暢地與當地人溝通周旋。董作賓不辱使命，提前拜訪了河南省建設廳廳長和教育廳廳長，獲得了他們的支持。河南省派出的代表、教育廳秘書郭寶鈞，更是董作賓舊日的同學。

萬事俱備，1928 年 10 月 13 日，殷墟第一次發掘在董作賓主持下正式開始。

儘管接受的是傳統金石學的訓練，董作賓依然努力借鑒了一些科學考古的方法，派人繪製了平面圖和剖面圖，拍攝了照片，並對出土文物進行登記編號。不過，他的專業背景和學術興趣，決定了他最看重的仍是甲骨。最令他失望的是，考古隊在十三天裡接連發掘了三十六個坑，卻只在其中六七處發現了有字的甲骨，數量遠低於預期。他有些猶豫，眼看着傅斯年辛苦討來的一千銀圓不斷消耗，他越來越不安，甚至建議停止發掘計劃，以免勞民傷財。

1　參見董玉京：《我的父親與甲骨文書法（代序）》，載《甲骨文書法藝術》，大象出版社，1999 年。

2　史語所檔案：元 23—1，董作賓函傅孟真。1928 年 8 月 30 日。

不過，傅斯年卻堅信，發現多少甲骨上的文字是次要的，更重要的是探究地下的真實情況和蘊含其中的知識。[1] 在傅斯年看來，「如以中國歷來玩骨董者之眼光論之，（殷墟）已不復可以收拾。然以近代考古學之觀點論之，實尚為富於知識之地」。與古董玩家不同，與傳統金石學者也不同，他希望越過那些迷離的詩情與古意，「以自然科學看待歷史語言之學」，從科學的角度重新評估中國。他並非考古學專業出身，他所依靠的，是敏銳的直覺、廣博的見識和深刻的洞察力，以及對學術的使命感。[2]

殷墟第一次發掘共進行了十八天，出土了七百八十四片有字甲骨，以及各種其他文物。史語所獲得了大量第一手資料，對這片遺址有了更多新的認識。這已經足以激勵傅斯年把發掘持續推進下去。第一次發掘從 1928 年 10 月 13 日開始，於是，每年的 10 月 13 日被史語所內部定為「考古節」。

至此，史語所也開始準備接過清華國學研究院的精神衣缽，從「整理國故」到「歷史語言研究」，被時間塵封的遠古光華終將在這一代人不斷的擦拭中，逐漸露出鋒芒。

---

1 史語所檔案：元 23—2，傅斯年致董作賓，1928 年 11 月 3 日。

2 持此意見的不止傅斯年和李濟，遠在日本的郭沫若也在一封寫給朋友的信中提出：殷墟「地底所湮沒者當不僅限於卜辭，其他古器物必當有可得，即古代建築之遺址，亦必有可尋求」。參見曾憲通編註《郭沫若書簡 —— 致容庚》，廣東人民出版社，1981 年，第 29 頁。轉引自徐玲《留學生與中國考古學》，第 129 頁。

「上窮碧落下黃泉，動手動腳找東西」

「中華民族」這個概念，自從梁啟超在 20 世紀初首創[1]之後，它就開始被學者和政客不斷借用、演繹。然而，「中華民族」究竟是甚麼，卻愈發模糊不清。

短短百年之間，孔子的後裔們先是被鴉片迷幻了雙眼，後又被槍炮震聾了耳膜。偌大的帝國，過去閒庭信步，卻一夕之間慌不擇路，及至「辛亥」變天，「五四」肇始，摧毀了一個舊的世界。人們變本加厲地渴望復興，迷戀富強，最終卻令文化傾覆，神州陸沉。與此同時，西方世界則對中華民族存着各種或神化或輕蔑的猜測，對中華文化起源的迥異解釋竟有九種以上。[2]

1920 年代，一些知識分子逐漸意識到，中國欲求真正的復興，必須追本溯源，理清文明嬗變的軌跡，才能以古鑒今，重塑文明的新格局。在現代語境之下，家國意識的蘇醒催生了對民族身份的探尋，學界首當其衝。北大國學門肇始在前，清華國學研究院光耀於後，史語所繼承並發揚的正是此精神之一脈。

於是，史語所的創始，又像是一種負氣的結果，如同傅斯年所講：「在中國境內語言學和歷史學的材料是最多的，歐洲人求之尚難得，我們卻坐看它毀壞亡失。我們着實不滿這個狀態，着實不服氣就是物質的原料以外，即便學問的原料，也被歐洲人搬了去乃至偷了去。我們

---

1 1899 年，梁啟超在《東籍月旦》中第一次使用「民族」一詞。1901 年，他在《中國史敍論》中第一次使用「中國民族」。次年，他在《論中國學術思想變遷之大勢》中第一次使用「中華民族」。

2 1929 年，在《東方雜誌》第 26 卷第 2 號，北京大學史學教授何炳松發表了《中華民族起源之新神話》。他羅列了從 17 世紀到 19 世紀末國外關於中國文化起源的九種說法，並提出：「假使吾國考古學上發掘之事業不舉，則吾國民族起源之問題即將永無解決之期。」

很想藉幾個不陳的工具，處治些新獲見的材料，所以才有這歷史語言研究所之設置。」

這是前所未有的一代人。他們從傳統中國的母體中分娩出來，卻逢上一個思想開放的時代；他們既有國學的根基，又獲得了現代視野和專業的學術訓練，信賴科學，崇尚行動。王國維在世時，曾滿懷欣喜地描述這個大發現的時代之於學術研究的價值：「吾輩生於今日，幸於紙上之材料外，更得地下之新材料。」「紙上」的世界與「地下」的世界交相輝映，豐富了他們的認知，也激發着他們的好奇心。這種好奇心，最終被傅斯年演繹為「上窮碧落下黃泉，動手動腳找東西」。他批評「近代的歷史學只是史料學」，因此，他倡導「求新材料」，而要「求新材料」，就不能困守書齋，皓首窮經，而是要在行動中尋找真相，理解世界，「要實地搜羅材料，到民眾中尋方言，到古文化的遺址去發掘，到各種的人間社會去采風問俗，建設許多的新學問」。

對李濟、董作賓們而言，中華民族就在甲骨、陶器和青銅器的紋理間晝夜不息地穿行疾走，而探索殷墟正是要尋找文明的淵源，喚醒民族的記憶；對陳寅恪們而言，中華民族則在內閣大庫那些用滿、蒙、藏、漢文字書寫的檔案裡，在佛經密密麻麻的符號間，在「吾國學術之傷心史」敦煌的卷宗中忽隱忽現；對趙元任們而言，中華民族是各省的人用迥異的方言講述的同一個故事——如《伊索寓言》裡的「北風跟太陽」——他們根據這些講述，背着沉重的錄音器、錄音帶和手搖充電器，走了半個中國，來區分各地方言的異同，尋找語言的分界線。

這些工作往往枯燥乏味，需要付出時間、健康甚至生命，但有心人總能從中汲取思維的樂趣。他們從各自的專業出發，嘗試着觸及中華文化的內核，就像從不同的起點登山，歷經蜿蜒曲折，踏出無數新路，最終在巔峰相遇。

重建公共信仰

他們所尋求的中國，並非孤芳自賞的文明。傅斯年強調，西方考古學的價值在於「以世界眼光去觀察，以人類文化作標準，故能得整個大文化意義」，這也正是李濟的理想——「以全部人類文化史為背景建設中國的歷史學」。作為中國第一代世界主義者，他們試圖跨越文化的邊界，將中國歷史作為世界歷史的一部分來加以審察，用科學的眼光透視傳統的真相。

然而，史語所誕生的時機，又注定了他們終究會被民族主義情緒裹挾。「北伐」後，蔣介石完成了表面上的全國統一。經歷過漫長的動盪與分裂，重建民族話語正變得愈發迫切，而史語所的探索，也未嘗不是站在學術角度回應這股潮流。

這也就意味着，史語所從創始以來，就不僅要承擔學術研究的功能，更要背負民族復興的使命。中央研究院第二任總幹事丁文江就曾開誠佈公地反思：「中國的不容易統一，最大的原因是我們沒有公共的信仰。這種信仰的基礎，是要建築在我們對於自己的認識上。歷史和考古是研究我們民族的過去；語言人種及其他的社會科學是研究我們民族的現在。把我們民族的過去與現在都研究明白了，我們方能夠認識自己。……用科學方法研究我們的歷史，才可造成新信仰的基礎。」重建「公共的信仰」，不能僅僅依靠一紙單薄的政治號令，而是必須在歷史和思想領域深入探索，追根溯源。

在一個特殊的年代，學術研究也不得不與洶湧的國家理想、激昂的民族主義激情勾兑在一起，釀成一杯甘苦難辨的酒。孱弱的書生只能把「國家」二字背負在身上，儘管他們厭棄來自政治的干預，但是，許多學術研究還是有意無意地被貼上國家使命的標籤。謀求學術獨立的前提，是國家的富強，甚至後者更迫切、更崇高。於是，學術越要尋求獨立，就越是需要暫時淪為民族主義的俘虜。「獨立之精神，自由之思想」，在亂世的中國變成一個悖論，也成為這一代學人精神痛苦的根源。

實際上，這也不僅是知識分子的困境，更是全民共同面對的問題。在一個救亡需求壓倒啟蒙理想的時代，所有個人的價值、合理的訴求 —— 書中的黃金屋、書中的顏如玉 —— 都要被迫讓位於國家的召喚，演化為亢奮的政治熱情，倘若再缺乏現代法制的約束，那麼，毫無節制的愛國熱情很可能最終淪為專制的藉口。令人遺憾的是，身處歷史拐點的中國，確實踏上了這條不歸路。

「德先生」與「賽先生」

在每一個時代，總有一些士人野心勃勃地試圖跨出逼仄的書齋，去影響廣闊的世界。柏拉圖的「哲人王」想像與孔孟的「聖人」形象，激勵着東西方知識分子的使命感，也誘唆着他們的虛榮心。千年以降，他們做辯士縱橫六國，成謀士匡扶霸主，他們在宴會上交際周旋，在君王面前高談闊論，試圖干預當政的決策，完成對庶民的救贖；然而，等待他們的卻往往是悲劇的命運。他們不是淪為權力鬥爭的替罪羊，就是成為消極的遁世者，無論身居廟堂還是放浪江湖，都找不到心靈的歸宿。他們一生熱切地談論政治卻永遠是政治的門外漢，他們的名字原本可以屬於未來卻寧願苟且於當下。他們天真地想鑽出知識的困縛，卻從未料到，破繭之後的命運不是衝決羅網，而是飛蛾撲火。但他們別無選擇，就這樣一代一代地被那些海市蜃樓般的理想迷惑着，墜入命運的漩渦。

當這條注定曲折而悲愴的道路延展到蔡元培、楊銓、丁文江、胡適、傅斯年們面前時，他們起初也同樣地滿懷熱忱，同樣自以為胸有成竹。

被他們寄予厚望的中央研究院，也是如此。它本是一顆桀驁不馴的種子，卻陰差陽錯落進亂石夾縫裡，因此飽經磨難，也因此愈發堅韌傲岸。

早在中華民國成立翌年，馬相伯、章太炎、梁啟超等人就曾建議政府效仿法國的「阿伽代米」(Acadmie)，創辦「函夏考文苑」，然而，權力更迭，軍閥混戰，連政治制度都無法完成實際上的統一，又何談國家學術規範的統一。十年後，孫中山應邀北上，希望重啟「南北和議」，也曾要求建立中央學術院，不料，1925 年 3 月他就在北京病逝，創辦國家級學術機構的計劃就這樣再次胎死腹中。

別具諷刺意味的是，黃埔軍校從決議提出到創設，只用了區區一年；而一個國家級的學術機構，被反覆提倡長達十餘年，才終於在 1927 年奠基。

當然，無論尚武還是崇文，目的都是尋求富強，但在武夫橫行的時代，天平顯然傾向於前者。中央研究院的書生們，終其一生，不得不屢次面對武夫的干涉與政客的非難。

中央研究院的建立，本身也未嘗不是一筆交易。身為國民黨元老，蔡元培決定支持蔣介石後，才終於為中央研究院爭取到了財政撥款。然而，一旦蔡元培開始批判國民黨，撥款就會隨之大打折扣，甚至驟減到原定的五分之一。這時，就要依靠傅斯年等人出面，向另一位國民黨元老吳稚暉求援——吳稚暉與蔣介石交好，一直充當着政治和學術之間的潤滑劑。[1]

---

1 中央研究院與政治的微妙關係，參見王汎森《傅斯年：中國近代歷史與政治中的個體生命》，第 77—78 頁。王汎森先生還指出了這樣一個悖論：「蔡元培、吳稚暉、李石曾和張靜江(1877—1950)希望按照法國模式建立一個不受政治干擾的教育體系，但具有諷刺意味的是，他們只有通過政治手段才能實現這一理想。」

書生們並不畏懼來自權力的壓力，他們仍狂熱地信仰着「德先生」與「賽先生」。只不過，兩位先生在中國的命運卻截然不同。「德先生」屢次被時局所誤，一再遭到擱淺甚至篡改；「賽先生」則在國家與民間的雙重力量扶持下，蹣跚起步，甚至漸漸變成粉飾太平的工具。

1928 年，中央研究院正式成立，外文名選用拉丁文「Academia Sinica」，其宗旨在於「實行科學研究，並指導、聯絡、獎勵全國研究事業，以謀科學之進步，人類之光明」。中央研究院自然是「賽先生」的後裔，不過，它也流着「德先生」的血。作為直接隸屬於國民政府的「中華民國最高學術研究機關」，中央研究院的機構設置頗有些民主制的意味，正如傅斯年所說，「中研院設總幹事一職，本是『內閣制』」，與「內閣制」相對應的，是學術組織結構的「三權分立」：「該院設置評議會、總辦事處、研究所三種機構，組織單純，運用靈便，尚合執簡馭繁之旨。」

如果說組織結構的設置方式還只是巧合，那麼，學人們的訴求則更有烏托邦的意味。院長蔡元培就直言不諱，中央研究院要「以學者為行政之指導，以學術化代官僚化」。第二任總幹事丁文江則說：「國家甚麼東西都可以統制，唯有科學研究不可以統制，因為科學不知道有『權威』，不能受『權威』的支配。」第二任院長朱家驊更是明確提出：「各國對國家學院，都超然組合，不涉行政範圍，用意是在尊重『學術自由』的原則，使其可以充分發展。」

對科學的崇拜，促成了這一代知識分子的覺醒。他們信仰超越政治的「學術自由」，然而，無論在甚麼樣的時代，無論要獲得何種領域、何種層面上的自由，都需先付出數倍代價，甚至可能依然血本無歸——畢竟，自由不是籌碼，自由從來都是賭注。

但書生們還是決定押下了這些賭注。對「獨立之精神，自由之思想」的憧憬，像暗夜中的螢火那樣誘惑着他們，並最終將他們引上懸崖。

第二章
殊途同歸

中學與西潮

那座埋葬在麥田裡的城市，正等待着重新開啟城門的一天。李濟與董作賓在開封聚首。讀完董作賓的發掘報告，李濟更加相信，小屯遺址應該是殷商最後一座都城，而出土有字甲骨的地方一定是都城的中心之一。[1]

對於董作賓的發掘方法，李濟其實頗有微詞。他認為，董作賓繪製的地圖太過簡略，而且完全不注意對地層的記錄。更讓他難以接受的是，董作賓執迷於甲骨，卻不重視其他出土文物，諸如商周的銅石器、漢簡、唐代的瓷器，乃至衝擊期的牛角、三門紀的蚌殼，都被有意無意地忽略了。傳統金石學出身的董作賓，對甲骨文情有獨鍾，而李濟關注的則是「科學價值」，希望能破解不同時期出土文物所蘊含的

1 李濟：《安陽》，第 70 頁。

豐富知識、隱秘與真相，因此，在他看來，甲骨反而沒有「科學價值」。[1]

儘管理念不盡相同，兩人還是友好地決定聯手，並很快明確了分工——董作賓主攻甲骨文，李濟則負責研究殷墟出土的其他文物。

1929 年春，殷墟第二次發掘由李濟主持。他的方法與董作賓不同，不僅要尋找甲骨，更要搜集所有的其他文物；不僅要發掘文物，更希望考察地層的分佈和特點，找到歷史演變的潛在線索。幾年前在西陰村摸索出的「三點記載法」和「層疊記載法」，有了新的用武之地。這些比較科學的考古方法，與董作賓依賴的諸如「輪廓求法」「集中求法」「打探求法」和「村人經驗」等傳統發掘法全然不同。自此，殷墟發掘逐漸形成了由點到線到面再到整體的方法，並為中國各地遺址考察樹立了典範。[2]

李濟也非常強調測繪的重要性，決定邀請專業的測量員加入發掘隊。[3] 於是，地質調查所派出王慶昌和裴文中來到安陽。兩個年輕人都畢業於北京大學地質系，他們使用專業的測繪儀器，繪圖運筆頗為老練，還在圖中用中英文做出詳細的標註。這次繪製的地圖比第一次發掘時進步了許多，[4] 王慶昌還首創用線條來表示深度[5]，為日後殷墟的測繪提供了參照。這次發掘還有一段特殊的插曲。二十五歲的裴文中一向

1 史語所檔案：元 25—3，李濟致函傅孟真，1928 年 12 月 20 日。

2 正如石璋如後來總結的那樣：「先做點的探找，次做線的觀察，再做面的揭露，最後做體的發掘。」

3 李濟：《安陽》，第 70 頁。

4 兩次殷墟發掘繪製地圖的差異，參見陳洪波《中國科學考古學的興起：1928—1949 年歷史語言研究所考古史》，第 126 、 132 頁。

5 參見石璋如著，李永迪、馮忠美、丁瑞茂編校《殷墟發掘員工傳》，「中央研究院」歷史語言研究所，2017 年，第 177—178 頁。不過，石璋如也指出，儘管王慶昌和裴文中繪製的地圖看起來工程浩大，但其中存在錯誤。

成績不佳，只能給王慶昌做助手，因此在殷墟發掘現場，他也一直無精打采，似乎做甚麼事都沒有熱情。不過，離開安陽幾個月後，他的命運卻發生了顛覆性的逆轉 —— 他將在周口店發掘出第一個「北京人」的頭骨，從此揚名世界。

李濟與董作賓還存在着一個巨大的差異。第一次發掘時，董作賓發現了人類的頭骨，但他覺得考古隊冒犯了死者，於是把它們重新掩埋起來。在李濟眼中，這些頭骨卻有着特殊的意義。他在西方接受的是體質人類學的訓練，深知這些人類遺骸能為殷商時代提供諸多可靠的線索。在哈佛大學讀書時，他的老師虎藤（E.A.Hooton）就要求學生必須深入了解人類骨骼的特性，能夠根據碎骨片做出判斷。1921 年夏天，李濟曾幫助虎藤清理過五百個埃及人頭骨，與它們朝夕相處，每天洗刷、整理。殷墟中的遺骸，正復活了那段久違的記憶。

其實不只是人類遺骸，在李濟看來，許多從前被忽視的內容，「由一堆枯骨、一片破陶、一塊木炭到最完整的鐘鼎彝器，由最落後的區域的陋俗到最崇高社會禮節，由窮鄉僻壤人的土語到最時髦社會的演説詞」，都可以成為史學家的原始資料。當然，他也明白，如果單純依靠史語所的力量，並不足以揭開這些歷史遺物的真相，因此，他一直保持着開放的姿態，樂於和其他學科的專家合作研究。1929 年，中央研究院地質研究所的李毅，就應邀對殷墟出土的白陶、硬陶和灰陶標本進行了化學成分的實驗分析。兩年後，英國皇家科學工業學院的哈羅德教授收到了李濟寄出的四件銅器標本，並進行了檢驗。地質調查所新生代研究室的楊鍾健和德日進則應李濟之邀，對殷墟出土的動物遺骸進行了深入的研究。他們鑒定出二十四種動物，最令人驚訝的是，殷墟甚至有鯨、象、貘的遺骨，由此可見，雖然末代都城地處內陸，殷商王朝其實與南方沿海地區存在着廣泛的貿易往來。[1]

由於在西陰村的考古經歷，李濟對陶器的興趣格外濃厚。然而，當他聚焦於殷墟出土的陶器時，卻發現研究難度之高，遠遠超乎想像。在傳統金石學的框架中，並沒有陶器的一席之地，就連各種形制的陶器應該叫甚麼名字，都難以確定。於是，研究之初他就不得不面對這種困境——先要設法給不同的陶器命名。經過系統的整理，他逐漸發現了藏匿其間的潛在線索——殷墟出土的青銅器繼承了新石器時代陶器的器型，而殷墟的青銅器又轉而成為人們熟悉的周朝器皿的「祖型」。[2] 文明正是這樣代際傳遞，卻又悄然更迭。儘管他主張科學的考古，卻也不得不依賴傳統金石學的方法，或借用象形文字的字形，或與銅器的名稱做比較，來給陶器命名。

李濟的糾結正是這一代人的精神困境。他們越是急於從傳統的母體中掙脱，就越發現自己與傳統關聯之深之切；現代科學的方法，並不能解決全部問題，有時他們必須一次次向着自身古老的傳統反溯，才能夠踏出通途。

董作賓的甲骨文研究則顯示出，一旦傳統金石學的方法獲得科學助力，將產生多麼巨大的能量。由於了解了一些現代考古方法，並且親身參與發掘，他的甲骨研究不再拘泥於刻辭，而是形成了整體的眼光，願意審視出土文物的複雜形態和埋藏狀態，努力還原殷商時期的歷史現場。考古實踐的經驗，讓他的研究別開生路。[3]

---

1 李濟：《安陽》，第 117 頁。

2 同上書，第 4 頁。

3 參見陳洪波《中國科學考古學的興起：1928—1949 年歷史語言研究所考古史》，第 136—139 頁。

中學與西潮，傳統與現代，就這樣微妙地角力、試探、抗衡，最終相互融合，重塑了一代新人。

「逆流之妄舉」

從事考古發掘，勢必要面對重重誘惑。董作賓主持殷墟發掘之初，就有朋友勸他不要給自己找麻煩，不如雇幾個人挖出寶物，自己買下來，從此可以一勞永逸。當然，這個提議被他斷然拒絕。李濟來到殷墟後，兩人商定了考古工作者的一條基本準則——決不收藏文物。此後，他們和他們的同事、學生，畢生身體力行。

然而，安陽的發掘卻引起許多人的懷疑和不滿。在史語所的學者眼中，殷墟是學術研究的寶藏；而在當地軍閥、官僚和古董商看來，地下的一切都是物質財富。他們把史語所視為入侵者，用各種手段橫加干預。在河南省教育廳廳長授意下，河南圖書館館長兼民族博物館館長何日章開始帶人搶挖殷墟，但他們的挖掘毫無章法。「見頭挖頭，見腳挖腳，十有八九，均搗碎了。無記載、無照像、無方向，挖完了不知是怎麼回事。」李濟抱怨，史語所考古組只能用百分之五的精力來工作，剩下百分之九十五的精力，都不得不用來應付當地人。[1] 由於這些粗暴的干擾，殷墟第三次發掘被迫暫停了三週。

書生們一籌莫展之際，傅斯年向吳稚暉求援，爭取來了蔣介石下達給地方的命令。然而，此時河南是馮玉祥的勢力範圍，蔣介石的這道「聖旨」無濟於事。傅斯年只好又設法邀請了一些中央大員和河南籍名人，幫忙出面斡旋。年末，他親自趕赴安陽，四處奔走，宣傳科學考古發掘和研究的重要性，屢次碰壁卻仍堅持不懈。最終，他與河南省

---

1 李濟：《河南考古之最新發見》，載張光直主編《李濟文集》（5），第 10 頁。

達成合作協議：河南省教育廳可以派遣一到三名學者加入中央研究院的發掘團，出土文物需要在河南省教育廳備案，史語所則有權暫時運走這批文物做研究。

風波終於暫時平息。傅斯年得意又半開玩笑地向李濟抱怨：「你瞧，我為你們到安陽，我的鼻子都碰壞了！」李濟則由衷地感歎：「這件事情若不是傅先生辦，別人也辦不下來，而安陽的田野考古工作也就做不下去。」[1] 那時，李濟簡直忘記了，面前這個走幾步路都會氣喘吁吁、不停擦汗的胖子，其實也只是一介書生。

第三次發掘終於繼續推進下去，各種石器、陶器、銅器、綠松石以及三千零一十二片有字甲骨陸續出土。最大的驚喜發生在 1929 年 12 月 12 日，發掘即將結束時，「大龜四版」出土，它們是四塊比較完整的龜腹甲，而且都有卜辭。在殷墟的發掘過程中，這樣的甲骨還是第一次出現。

這次發掘雖然遭到干擾，卻也有了意外的收穫。經過傅斯年、李濟等人的努力，1930 年 6 月，國民政府頒佈《古物保存法》，明確提出文物歸國家所有，任何個人和私家團體都無權發掘。[2] 這是中國第一部正式頒佈的文物法規。

沒想到，剛剛解決了來自地方的干涉，資金危機又接踵而至。第三次發掘結束後，弗利爾藝術館決定不再提供資助，李濟不得不結束了與弗利爾藝術館長達五年的合作。所幸，中華教育文化基金會施以援手，聘請李濟為中國考古學研究教授，那其實是特別為史語所捐獻

1 李濟：《傅所長創辦史語所與支持安陽考古工作的貢獻》，載張光直主編《李濟文集》(5)，第 235 頁。

2 李濟：《安陽》，第 73 頁。

的講座。基金會承諾，將在未來的三年裡每年撥款一萬銀圓，推進考古發掘。[1]

不過，殷墟發掘仍然被北方的亂局困擾着。史語所的工作最初受制於馮玉祥及其部下韓復榘，後來又遭到閻錫山干涉，一直到 1930 年蔣介石贏得「中原大戰」，安陽的第四次發掘才終於迎來曙光。[2]

沉埋在地下幾千年前的世界，就這樣被地上的世界始終牽制着、左右着，考古發掘與學術研究都得在政治的夾縫中艱難推進。這一切，正印證了中央研究院第一任總幹事楊銓的一句悲愴的感歎：「我輩於亂世求研究，本為逆流之妄舉。」

其實，在中國，考古從來就不只是一個學術問題。來自政治的干擾與輿論的壓力，始終如影隨形。幾年後，陝西考古學會在鬥雞台遺址溝東區進行考古發掘，適逢考試院院長戴季陶前往陝西賑災，發現農村頻頻發生盜墓案，戴季陶竟不問青紅皂白，徑直致電蔣介石、行政院長汪精衛、教育部長王世傑以及中央研究院院長蔡元培，把考古發掘和盜墓相提並論，要求立即停止考古發掘。他宣稱：「中國今日弱極矣！學術教育敗壞極矣！應作之事，不知其幾千萬，何必發墓，然後為學？」他甚至在電文中威脅道：「古代於自掘禁墓者，處以凌遲，現今各省亦有死刑處之者。今諸君子何心？」他希望「正民心，平民怨」，又要求學者們「致力於救國救民之學」。以民心和救國為名，言辭聽來無比真切。這一番慷慨激昂的論調，很容易讓人想起他在掌握權力之前所寫的那篇雄文，同樣的冠冕堂皇，同樣的痛心疾首，同樣

1 李濟：《安陽》，第 78 頁。

2 王汎森：《傅斯年：中國近代歷史與政治中的個體生命》，第 98 頁。

的殺氣騰騰：「欲救中華民國之亡，非殺此四人不可。」[1]

接到戴季陶的電報，蔡元培立刻回電反駁，學術界也群起痛斥，然而，行政院還是決定嚴禁發掘古墓。陝西鬥雞台墓葬的考古發掘終被迫延期。所幸，殷墟發掘並未受到直接影響。

這一代學人面對的，正是如此詭譎的時代。殷墟第五次發掘時，蔡元培寫過一幅字，請人送到安陽——「風雨如晦，雞鳴不已」。李濟把它掛在牆上，勉勵同仁。縱然「風雨如晦，雞鳴不已」，他們仍要逆流而上。

「聲光頓起」

對殷商時代的探求仍在曲折地進展，距離安陽千里之外，故都北平，陳寅恪和傅斯年開始密切地關注一片明清時代的寶藏。

內閣是明清時期中央政府的權力中樞，直到清朝中期才被軍機處取代，內閣大庫檔案數量極其龐大，包括詔令、奏章、則例、移會、賀表、三法司案卷、實錄、殿試卷、各種簿冊等等，是研究明清制度史、社會史、經濟史和法制史極為珍貴的第一手資料。然而，宣統元年（1909 年），內閣大庫庫房整修，檔案開始不斷搬遷、易主，散佚嚴重。雖然有一些政客和學者留意過，但他們更熱衷於從中挑選珍稀的宋版書。當時，羅振玉說服張之洞，把它們保存了下來，用八千個麻袋草草地裝下了這批明清時代的珍稀資料。然而，到了 1921 年，它們還是險些被當成廢紙賣掉，做造紙原料，即所謂「還魂紙」。羅振玉買下一部分，支撐了幾年，又轉賣給李盛鐸。1927 年，李盛鐸租來存放檔案的房屋漏雨，也無力繼續保存，急於出售。

---

1 天仇：《殺》，《民權報》1912 年 5 月 20 日。

維護、整理、研究這批檔案，曾是清華國學研究院幾位導師的夙願。王國維在世時，在《最近二三十年中中國新發見之學問》中把明清內閣大庫檔案與甲骨文、敦煌經卷等並列為最重要的學術發現。1928年初，陳寅恪和梁啟超就希望清華國學研究院出資接手，[1] 可惜，當時研究院已至末期，人心動盪，這件事遂不了了之，未竟的願望只能留待史語所完成。就像當初李濟期待的考古發掘，以及從趙元任起剛剛起步的全國方言調查，也都要由史語所繼續推進。

旁人以為是廢紙，在傅斯年和陳寅恪眼中卻是「無盡寶藏」。但這需要一筆巨款，傅斯年不得不請蔡元培設法撥款。他強調，這是三全其美之事：其一，文物不至散佚；其二，可供研究明清歷史；其三，史語所如果能得到這批檔案，「聲光頓起，必可吸引學者來合作，及增加社會上（外國亦然）對之之觀念」。[2] 由於日本人和哈佛燕京學社也都有意角逐，傅斯年不得不盡快決斷，並以「倘若檔案外流，與國恥無異」說服蔡元培等人。

幾經波折，史語所終於在1929年買下這批檔案資料，也為歷史組的研究定下了一個方向。史語所確將自此「聲光頓起」，實現傅斯年的期望。[3]

陳寅恪擔任史語所歷史組主任，但仍留在清華大學教書。傅斯年

1 卞僧慧纂，卞學洛整理：《陳寅恪先生年譜長編（初稿）》，第114—115頁。

2 史語所檔案：元308—4，傅斯年致蔡元培，1928年9月11日。根據此函，這批檔案幾經散軼，還剩下約七千袋。

3 這項工程耗時數十年。史語所收藏明清大庫檔案後即開始整理、研究，遷往台灣後，更將收藏的約三十一萬件明清檔案，編年索引，重新排列，方便後世學者索引使用。《明清檔案》現已全部出版，共計三百二十四冊，從1996年開始進行影像掃描，可通過網絡檢索。在此，我要感謝黃進興先生、林富士先生、陳熙遠先生，2015年在台北時，他們針對內閣大庫檔案給予了我指點和建議。

特別准許老友遙領專任研究員的職務和薪資，還主動幫忙把歷史組的主要管理事務都承擔下來。陳寅恪的課堂上依然人頭攢動，不止清華的學生，還有外校的學生乃至教授。北大的學生時常坐四五十分鐘車，從城裡趕到清華聽課。[1]當時周一良在燕京大學讀研究生，時常到清華旁聽陳寅恪的課，每次都無比興奮，感覺彷彿「又聽了一場楊小樓的拿手戲」。[2]

不了解他的學生，會以為在校園裡撞見了印度「聖雄」甘地，因為他的長相神似甘地，[3]也有人以為他是琉璃廠某個書店的老闆趕來清華送書，不過，勤奮的學生自然能從他的課上獲益良多。在季羨林的記憶裡，陳寅恪上課，「分析細入毫髮，如剝蕉葉，愈剝愈細愈剝愈深，然而一本實事求是的精神，不武斷，不誇大，不歪曲，不斷章取義」。[4]陳寅恪評判學生的方法也與眾不同。每個學期結束，他會要求學生問一兩個問題。聽過這些問題，他馬上就能判斷，學生是否真的下功夫苦讀並認真思考過。[5]他也時常坐車前往大高殿看軍機處檔案，把滿文文書翻譯成漢語，遇到疑難就記錄下來。等到暑假時，有吉林的學生回家探親，他就把這些難題交給學生，請他們回鄉請教懂滿文的漢人。[6]儘管已經精通多門語言，他仍在不知疲倦地苦學，每週六都會到東交民巷找漢學家鋼和泰（Alexander von Staël-Holstein）學習梵文，或者共讀佛經，探討古今中外及乾隆時滿、蒙、藏文的譯本差異，辨別

1 許世瑛：《敬悼陳寅恪老師》。

2 周一良：《怎樣使觀點和材料相結合》。轉引自汪榮祖《陳寅恪評傳》，第 63 頁。

3 勞榦：《憶陳寅恪先生》，《傳記文學》（台北）第 17 卷第 3 期。

4 季羨林：《回憶陳寅恪先生》。

5 羅香林：《回憶陳寅恪師》，《傳記文學》（台北）第 17 卷第 4 期。

6 藍文徵的回憶。參見陳哲三《陳寅恪先生軼事及其著作》。

真偽。[1]

他一向身體孱弱，天氣轉涼就得貼身穿一件貂皮背心，經冬不脱，[2] 出門上課有時要裹兩件皮襖，[3] 但他甘願為了學問不辭辛勞往復奔波，就像早年留學歐美時，為了買書，寧願每天吃最廉價的腰花。[4]

「全中國的方言地理」

趙元任在為另一些事歡喜煩憂。

在清華國學研究院完成吳語調查後，他就期盼着能測量「全中國的方言地理」，而史語所終於讓他得償所願。他開始規劃調查粵語，1928年，他帶着助手楊時逢前往廣東、廣西，但他意外摔傷了右手，無法寫調查報告，只好對着錄音機口述，再由楊時逢整理成文。沿路的新發現激勵着他，一邊養傷一邊工作，樂此不疲。

他仍然無比熱衷於學習方言，這不僅是個人愛好，更拉近了他和當地人之間的距離，令方言調查事半功倍。

儘管是語言天才，臨時習得的方言也並不總是奏效。有一次在潮州，他剛學會幾句潮州話，想試着講幾句，買一張二等車票，不料，售票員卻賣給他兩張三等票。這個結果讓他哭笑不得，只好又用廣州話重新解釋了一番。[5]

這次遭遇更加堅定了他的判斷，只有進行實地的田野考察，才能

1 陳流求的回憶是陳寅恪向鋼和泰學習梵文，毛子水的回憶是陳寅恪每週與鋼和泰做一兩次學術討論，陳寅恪在《柳如是別傳》中記錄的是曾與鋼和泰探討《楞嚴經》的不同譯本。

2 金岳霖：《晚年的回憶》。

3 姜亮夫：《憶清華國學研究院》。

4 趙元任、楊步偉：《憶寅恪》。

5 趙元任：《我的語言自傳》。

真正發現方言的隱秘，消除一些偏見與誤解。

通過孜孜不倦的田野考察，一些固有的認知錯誤也遭到顛覆。人們曾以為，北方各省已經基本沒有入聲了，但是，趙元任發現，在河北的西南部和山西東部的一片小區域，其實依然存在着入聲。[1] 在廣東中山縣的隆都，他們還發現了一種獨特的方言，既有閩南語的特點，又像廣東話，可是其間似乎又摻雜着西南音。經過進一步考察，他們了解到這種方言背後的故事。隆都地處廣東，周邊地域都講廣東話，但是，大多數隆都人其實是來自福建的移民，與此同時，當地又受到西南官話的影響，因此形成了複雜的方言。[2] 顯然，如果不是一個村鎮接着一個村鎮地走訪、錄音、研究，這些獨特的現象根本無法發現。

尋訪得越久，趙元任變得越發謹慎。他深知，很難籠統地評價一個地域的方言究竟是古老的還是新的。閩南語和粵語中保存着許多古老的韻腳，例如，古音的閉口音 [m] 和古音入聲 [p,t,k] 在這兩種方言中保存得最多。然而，吳語中卻保存着更多的濁塞音聲母 [b',d',g']，而且，在江浙一帶，人們在傳承古音的過程中又形成了新的帶音聲母。千百年來，很多方言都會根據聲調不同而發生變化。因此，不能簡單地評判閩南語、粵語和吳語究竟哪種更古老，而對於從古音到今音的複雜變化，也不應粗暴地加以解釋。[3]

不過，田野調查也使他愈發清晰地意識到，雖然各地方言聽起來千差萬別，但是中國「向來用一樣的文字寫這許多語言」，尤其是從前用文言文的時候，無論用詞還是結構，全國各地都相差不多，人們很

1 趙元任：《語言問題》，商務印書館，1980 年，第 75 頁。

2 同上書，第 135 頁。

3 同上書，第 130—132 頁。

難分辨一本書究竟是廣東人寫的，還是福建人寫的，抑或是北方人寫的。因此，趙元任做出這樣的判斷：「在中國，全國方言都是同源的語言的分支，雖然有時候分歧很厲害，我們認為是一個語言的不同的方言。」[1] 儘管國家四分五裂，又遭遇外侮，但中國之為中國，在語言問題上，他們已經給出了確鑿的答案，無人可以置喙。

1929 年，趙元任在北平見到了二十七歲的李方桂，一個像他一樣極具天賦的年輕人。李方桂於 1926 年在美國密歇根大學獲得語言學學士學位，旋即就在 1927 年和 1928 年在芝加哥大學獲得碩士和博士學位，三年之內實現「三級跳」。

回國後，李方桂應邀加入史語所語言組，擔任研究員。[2] 與傅斯年、趙元任等人見面後，他就獨自南下，在廣東收集了八排瑤的語言材料，還臨時起意前往海南島，進行語言調查。在美國時，他已經積累了豐富的田野考察經驗。他曾跟隨導師愛德華·薩丕爾（Edward Sapir）前往加州北部調查研究印第安語，沒過幾個星期就能獨立行動。他幸運地遇到了馬佗里印第安人（The Mattole Indians）部落的兩名幸存者，用了四五個星期記錄下他們的語言和語法。後來，這個部落徹底滅絕了，而他的記錄成為這種語言存世的唯一學術證據。他的導師在一篇論文中讚歎：「李先生為科學研究及時調查了一個語言，而這個語言對於擬測整個 Athabasban 語的原始特徵可能具有特殊的重要性，第一次田野調查就有此成果是難得的。」[3]

1　趙元任：《語言問題》，第 100—101 頁。

2　1920 年李方桂是攜洛克菲勒基金會的資助回國，因此只答應擔任史語所研究員，但不領薪資，次年才開始領取薪資。

3　這段中文譯文轉引自丁邦新《〈李方桂全集〉總序》（李方桂著，丁邦新主編：《李方桂全集》，清華大學出版社，2012 年）。

李方桂在海南島調查了一個月，同樣有重要發現。他認為，當地方言中 [b] 和 [d's] 並不屬於濁音，而是內爆破音（implosive）。回到廣州後，他在廣東大學借了器材，又用洋鐵煙筒自製了簡陋的儀器，通過橡皮管來驗證這兩種發音是否是內爆破音。實驗結果證實了他的判斷。[1]

由於趙元任已經專注於研究漢語方言，李方桂決定聚焦新的領域。他先嘗試了上古漢語音韻學，不久又研究藏語的聲母演變，然而，因政局困擾，很難去西藏調查，最終他決定選擇台語（Tai）。他到泰國學了幾個月傣語（Thai），回到中國後，便前往廣西調查了十到十五種台語，尤其着力研究了其中兩個重要地方的台語方言——龍州和武鳴，並出版了《龍州土語》和《武鳴土語》，奠定了他在學界的地位。此後多年的持續調查與研究，令他成為國際公認的台語權威大家（a world recognized Tai specialist）。[2]

趙元任一行同樣馬不停蹄，1934 年考察了皖南方言，1935 年，趙元任、楊時逢、李方桂結伴考察江西，在五十七個方言點錄下八十多張留聲片。從 1935 年到 1936 年，趙元任、楊時逢、丁聲樹等人又調查了湖南、湖北，在湖南七十五個方言點錄下一百四十四張留聲片，在湖北六十四個方言點錄下一百五十多張留聲片。一路風塵僕僕，史語所語言組的漢語方言和非漢語方言調查與研究並駕齊驅，中國語言分佈圖遂在他們腳下逐漸顯出輪廓。人們後來把趙元任和李方桂分別譽為「漢語語言學之父」和「非漢語語言學之父」，而他們的學術成就都

---

1 李方桂：《李方桂先生口述史》，王啟龍、鄧小詠譯，李林德校訂，清華大學出版社，2003 年，第 42—43 頁。

2 李壬癸：《李方桂先生調查西南少數民族語言的足跡》，《中國語言學集刊》2019 年第 1 期。

與田野考察息息相關。

他們外出考察時攜帶的設備其實頗為簡陋。蠟筒留聲機放了幾百次後，蠟盤就磨損得無法繼續使用了；手搖充電器更是消耗體力，需要在一小時裡不停地搖。然而，能帶着這些儀器做田野調查，更精準地記錄聲音，他們已經心滿意足了。

趙元任一直有一個夙願，希望建造一個先進的語音實驗室。1934年，他終於如願以償。史語所從北平輾轉上海，最終搬到南京，在北極閣造了新房子，二樓的一半都留給了語音實驗室。1932 年到 1933年，趙元任擔任過一年半清華留美學生監督處主任，回國時特地從美國採購了一批語音儀器，親自安裝、調試，給四個語音實驗室都裝了隔音和吸音設備。他想用幾年時間把中國的漢語方言和非漢語方言都調查、整理一遍，由他負責漢語方言，李方桂負責非漢語方言。他們打算把調查獲得的所有語言材料都灌成永久性的鋁片音檔，隨時可以調用研究。他們滿懷憧憬，勾畫着新的學術藍圖。在田野考察與研究的間歇裡，趙元任、李方桂和羅常培還歷時五年合作翻譯了瑞典漢學名宿高本漢的代表作《中國音韻學研究》，希望中國學界能了解這位西方漢學大家怎樣運用歷史比較法研究中國音韻，與此同時，他們也在譯註裡毫不客氣地逐一指出了高本漢的許多謬誤。

高本漢之於他們，是一個複雜的存在。他固然是一座高山，需要瞻仰，卻也可以超越。早在 1932 年，傅斯年就迫不及待地宣稱，高本漢「在中國語學之地位，不久將轉到方桂身上矣」。[1] 李濟後來更是深信，史語所語言組「急追猛進」，讓「坐第一把交椅的歐洲中國語言學家、

1 史語所檔案：III：81，傅斯年致蔡元培，1932 年 12 月 26 日。

瑞典高本漢教授為之咋舌」。[1]

他們以高本漢為榜樣，又以之為假想敵，他們渴望把漢學中心奪回中國，這固然是學術自信與雄心的體現，卻也未嘗不是一種執迷。

1 李濟：《傅孟真先生領導的歷史語言研究所》，載《傅所長紀念特刊》，「中央研究院」歷史語言研究所，1951年。

第三章
鑿破鴻蒙

東北望

冰河凍結之前，梁思永已經抵達黑龍江昂昂溪。

從北平到昂昂溪的九個晝夜，都被來勢洶洶的鼠疫和此起彼伏的硝煙籠罩着，此時距離「九一八事變」尚有一年，東北三省卻已經被災難灼燒得滿目瘡痍。

二十六歲的梁思永剛從哈佛大學畢業，以《山西西陰村史前遺址新石器時代的陶器》獲得碩士學位，應李濟之邀，加入史語所。李濟是從人類學轉向考古學的，梁思永卻是中國第一位考古學碩士，後來更被譽為「中國科學考古第一人」。留學期間，他就有過考古實踐，1927年參加了由基德爾（Alfred Vincent Kidder）教授在美國西南部主持的遺址發掘。當初梁啟超送他出國，希望他能「為中華民族在這一專業學問領域爭一世界性名譽」，回國後，他開始努力將父親的期望變成現實。

1930年秋天，梁思永從丁文江那裡得知，有人在黑龍江昂昂溪附近發現了一處新石器時代遺址，建議史語所派人去調查。傅斯年和李濟都希望由梁思永走一趟。[1]

這次行程異常艱難，超乎想像。他每天都要徒步幾公里，再蹚過冰冷的河水，才能抵達發掘對岸的沙崗開始工作。僅僅發掘了六天，昂昂溪就被突如其來的大雪覆蓋，發掘被迫終止。儘管如此，年輕的梁思永還是發現了一些人類遺骸、骨器、石器和陶器。幾年前他致力於研究西陰村出土的陶片及其地層分佈，這些經驗促使他在發掘中採用了自然地層法，果然有不錯的收穫。基於這些出土文物，他認定，「昂昂溪的新石器文化不過是蒙古熱河的新石器文化的東枝而已」。[2] 返程路上，他又在遼西和冀北輾轉了三十八天，考察沿途的遺址。他在冰雪與嚴寒中行進，還要設法躲避土匪，「一路上人食、馬草、飲水、燃料、宿息的地方沒有一天不發生問題」。更讓他苦惱的，是北方的冬天，白晝越來越短，工作時間被迫壓縮，但這個初出茅廬的年輕人總算不辱使命。[3]

1932 年 10 月，「九一八事變」一年之後，長達七萬字、圖文並茂的考古發掘報告《昂昂溪史前遺址》刊登在《歷史語言研究所集刊》上。大量出土文物證明，東北三省自古以來就是中國的一部分，事實無可辯駁。傅斯年的《東北史綱》第一卷也在同期出版，梁思永的考古發現成為他論戰的利器，「近年來考古學者、人類學者在中國北部及東北

1 根據梁思永在《昂昂溪史前遺址》中的記錄，1930 年 8 月，梁思永在地質調查所遇到丁文江，後者向他提起德日進幾年前曾在熱河發現過新石器時代遺址，希望史語所去調查。不久，丁文江又來信，提及德日進新得到的消息 —— 中東鐵路俄籍雇員在昂昂溪附近發現了一處新石器時代遺址。於是，梁思永改變行程，先到昂昂溪，之後再根據工作情況決定是否去林西。

2 梁思永：《昂昂溪史前遺址》，載國立中央研究院歷史語言研究所集刊編輯委員會編《國立中央研究院歷史語言研究所集刊》（第四本第一分），商務印書館（上海），1932 年，第 44 頁。

3 梁思永：《熱河查不干廟林西雙井赤峰等處所採集之新石器時代石器與陶片》，載國立中央研究院歷史語言研究所編《田野考古報告》（第一冊），商務印書館，1936 年，第 3 頁。

之努力，已證明史前時代中國北部與中國東北在人種上及文化上是一事」，「人種的，歷史的，地理的，皆足説明東北在遠古即是中國之一體」，「東北在歷史上永遠與日本找不出關係也」。李濟把《東北史綱》節選後翻譯成英文，交給了國際聯盟派出的李頓調查團。最終，「李頓報告」(*Lytton Report*) 確認：「東三省為中國之一部，此為中國及列國共認之事實。」

其實，二十多年前，宋教仁也曾做過類似的事情。1907 年，宋教仁竭盡所能引註了近百種中、日、韓資料，寫出《間島問題》，後來成為清廷與日本交涉的重要籌碼。不過，在宋教仁生活的時代，所能依據的只有歷史文獻，而傅斯年則希望引入考古發掘的成果，作為更直接的證據。昂昂溪遺址的出現，給了他這個機會。

「九一八事變」後，傅斯年心急如焚，在一個公開集會上提出「書生何以報國」，後來呼籲出兵東北，共赴國難。[1] 然而，書生的怒吼終究要被槍炮聲淹沒。儘管如此，他們至少在力所能及的領域內，盡到了各自的本分。[2] 此後，他們也只能隨着這個國家一道，飄搖浮沉。

---

1 史語所檔案：元 567—5，傅斯年電蔡元培，電請即出精衛北上共赴國難，1932 年 2 月 1 日。

2 需要特別説明的是，傅斯年所寫的《東北史綱》中存在不少錯誤，因此遭到中央大學的繆鳳林等學者批評。繆鳳林等人的態度是，日本學者對中國東北進行過細緻的考察研究，如果中國學者想要回擊，也必須像日本學者一樣嚴謹。事實上，以傅斯年的學術功底和他所倡導的研究方法，他不可能沒有意識到這些問題。但是，面對日本步步緊逼，這更像是傅斯年的一種有選擇的權宜之計。王汎森認為，「傅斯年不可能不知道中國歷代王朝並沒有完全統治東北，以及東北一直與朝鮮和日本保持着廣泛的聯繫這些事實。但在日本已經吞併了朝鮮並進而覬覦東北之時，他決定對有利於日方宣傳資料的證據不予重視」。參見王汎森《傅斯年：中國近代歷史與政治中的個體生命》，第 168—170 頁。

黑陶文化

1930 年頗不平靜。從立夏到立冬，閻錫山、馮玉祥、李宗仁等人都在率兵與蔣介石混戰。

史語所考古組被迫離開河南安陽，李濟將目光投向了三百公里外的山東。此時，他在清華國學研究院時指導的學生吳金鼎，已經對城子崖遺址進行了六次調查。

城子崖遺址源於吳金鼎一次意外的發現。1928 年，他原本要考察漢朝時的重鎮平陵古城，卻在穿越一條深溝時，發現了兩側崖壁上露出的灰土和陶片。十二天後，他再度回到這裡，仔細觀察懸崖上的紅土堆和灰土層，以及堆積其間的陶片、石塊和貝骨，挖掘出兩枚用骨頭做的錐子，又撿了一些陶片。從此，這片新石器時代的遺址就誘他一次次重返。他對埋藏在這裡的大量黑陶片尤為關注，把它們命名為「油光黑陶片」，[1] 但他還不確定，這些奇特的黑陶背後，究竟藏匿着怎樣的文明。在山東，史語所開始嘗試與地方深入合作。山東是傅斯年的故鄉，山東省教育廳廳長何思源和他不僅是同鄉，還曾在北京大學和柏林大學做過同學，在中山大學做過同事，因此，雙方很快達成一致。[2]

史語所與山東大學分別代表中央研究院和山東省政府，合作成立山東古跡研究會。雙方明確界定了權利和義務 —— 中央研究院負責科學指導，山東省政府負責保護，經費由雙方共同承擔，出土文物則由研究會保存。這種合作一舉兩得，既避免了中央和地方抵牾衝突，又為地方培養了人才。城子崖遺址和此後的兩城鎮遺址，自此得以順利發掘。

1 吳金鼎：《平陵訪古記》，《國立中央研究院歷史語言研究所研究集刊》1930 年第 4 期。

2 參見陳洪波《中國科學考古學的興起：1928—1949 年歷史語言研究所考古史》，第 155 頁。

這是中國的考古學家第一次自主發掘一處未被前人發掘過的遺址。他們非常重視地層關係，對地層、土質、土色、堆積狀態、出土文物等都進行了詳細的記錄和整理。後來，李濟這樣總結城子崖發掘的意義：「田野考古工作也因此得到了一個可循的軌道。」

與安特生當年在仰韶村發現的彩陶文化不同，城子崖遺址出土了大量黑陶，漆黑光亮，薄如蛋殼。這些黑陶證明，在中國東部曾經存在着一種土生土長的新石器時代文化，它被命名為「龍山文化」。在《城子崖》的序言中，李濟興奮地寫道：「要是我們能尋出城子崖的黑陶文化的演繹秩序及所及的準確範圍，中國黎明期的歷史就可解決一大半了。」

一些更微妙的跡象吸引着李濟等人，他們發現，這些黑陶的形制和紋飾都與殷商文化頗為相似，而且，在城子崖也發掘出了卜骨，只不過沒有卜辭。李濟意識到，儘管殷墟的小屯文化和城子崖的龍山文化相隔幾百公里，但它們之間或許存在着潛在的關聯。

1931 年回到河南後，李濟的設想被梁思永證實了。春夏之際，史語所開始第四次殷墟發掘，除了小屯，梁思永和吳金鼎還分別選擇了附近的後岡和四盤磨。在後岡，梁思永真正將地層學引入發掘全過程，他確信自己發現了小屯文化和龍山文化之間的內在關聯，可惜，還沒來得及找到實物來佐證自己的判斷，這次發掘就因戰亂匆忙結束。所幸，到了秋天，第五次發掘如期開始，241 號、243 號、244 號和 283 號這四個探坑的情形，清晰地顯示出仰韶文化、龍山文化和小屯文化的次序。梁思永終於找到了確鑿的證據，證明仰韶文化早於龍山文化，而龍山文化又早於小屯文化。[1] 他確認這三種文化之間存在疊壓關係，

1 梁思永：《小屯、龍山與仰韶》，載《梁思永考古論文集》，科學出版社，1959 年，第 91 頁。

開創了「三疊層」理論。此後，他又在《後岡發掘小記》中用更通俗的語言做了解釋：「如果把地層上下的次序依考古學的基本原則『翻譯』成時間的先後，我們就可以知道，彩陶、龍山和小屯文化的人先後在後岡居住過。」

從此，學界逐漸開始承認，在史前某一段時期，中國的大地上可能有過兩種「平行平等而對峙的」文化。傅斯年更提出「夷夏東西說」，他相信，在三代及以前，中國可能同時存在着兩個系統：夷和商屬於東系，夏和周屬於西系，「這兩個系統，因對峙而生爭鬥，因爭鬥而起混合，因混合而文化進展」。[1] 他的判斷不僅回擊了安特生的「中國文化西來説」，更對中國古史做出了極富開創性的解釋。[2]

薪火相傳

回到安陽後，史語所把山東的合作模式「移植」到了河南。1932年，史語所與河南省政府聯合成立河南古跡研究會，同樣的，傅斯年選擇了河南大學作為合作對象，而不是河南民族博物院。

雙方商定，河南大學學生參與考古發掘，可以用田野實踐抵學分。當初傅斯年到河南斡旋時，白天忙着和官僚打交道，晚上仍不辭辛苦在河南大學大禮堂做學術演講，常常一講就是三個小時，就這樣，一些學生在他的感召與激勵下，對考古學產生了興趣。[3] 這次合作，終於給石璋如、劉燿（後改名為尹達）、許敬這些就讀於河南大學的年輕人

1　傅斯年：《夷夏東西説》，載歐陽哲生主編《傅斯年全集》（第3卷），湖南教育出版社，2003年，第181頁。

2　張光直認為，傅斯年此説，可以被視為「解釋整個中國大陸古史的一把總鑰匙」。但是，也有不少人對此説持懷疑態度。

3　石璋如：《考古工作》，載《傅所長紀念特刊》。

提供了機會。他們從辨認土的顏色、質地學起，在發掘過程中逐漸掌握了「辨認遺跡、處理現象、測量繪圖、器物分類」的方法與訣竅。[1] 李濟教他們對出土文物進行清理、編號、修復，拼合碎片，根據紋樣辨別年代。[2] 梁思永則正告這些躍躍欲試的年輕人：「我並不希望你挖出甚麼好東西，主要是訓練你怎麼去挖。初學考古發掘要嚴格訓練。」[3] 在殷墟考古現場，他們打下堅實的基礎，逐漸能獨當一面。

考古隊持續壯大，發掘地點也在不斷拓展。

侯家莊位於洹河北岸，與小屯隔水相望，從未出土過有字的甲骨。這個記錄在 1934 年被打破，當地村民破天荒地挖到一些甲骨。從工人那裡聽說這個消息時，董作賓正在主持殷墟第九次發掘，他當機立斷，決定移師侯家莊。

這個決定很快獲得了回報。在 H 區第 20 坑的硬土層裡，石璋如發現了「大龜七版」。儘管學習考古只有兩年，這個勤奮的年輕人卻成長迅速，他用錐子小心地挖了很久，擔心會損壞龜版，就把包裹着龜版的土塊一起挖了出來。然而，當地沒有先進的工具，怎樣才能從堅硬的泥土中取出龜版，發掘隊連夜討論，集思廣益，最後決定用最笨拙的辦法 —— 拿熱毛巾反覆敷在土塊上，軟化泥土，一點一點剝離，終於把六個完整的腹甲和半個背甲取了出來。在這些龜版上，發現了一百三十七條卜辭。繼「大龜四版」之後，史語所又發掘出一件至寶。

驚喜連連，意外也在不經意間發生。殷墟第五次發掘時，梁思永

---

1 石璋如：《胡厚宣先生與侯家莊一〇〇四大墓發掘》，載安陽文獻社編印《河南省安陽文獻》（第 17 期），安陽文獻社（台北），2001 年。

2 趙淑靜主編：《中國考古學之父 —— 李濟》，雲南人民出版社，2006 年，第 54—55 頁。

3 夏鼐：《文物與考古》，《四川文物》1984 年第 3 期。

帶病工作，發起高燒，竟引發了烈性肋膜炎，協和醫院的醫生從他的胸部抽出四瓶積水。梁思永被迫長時間臥床休養，缺席殷墟發掘長達兩年。1934 年秋天，他才回到安陽，主持第十次發掘。

第十次發掘喜憂參半。10 月 12 日，坑洞突然坍塌，埋住了石璋如的腿，兩名工人則陷入坑裡，不幸身亡。[1] 但是，這一次，史語所幸運地在西北岡發現了殷商時代王陵區的多座墓葬。隨着大批珍貴的文物在王陵區出土，盜墓者如同鯊魚嗅到血腥，蜂擁而來。縣府官員李冠帶着一幫人，自稱是「中央夜晚發掘團」，明目張膽前來盜墓。11 月 15 日晚上，祁延霈、劉燿、石璋如帶着保安隊前去查看，發現數十名盜墓賊正點着火盜掘。雙方交火，七名盜賊繳械投降。一夜之間，他們竟挖了三十五處盜坑。[2] 但是，在當地政府默許下，這件事最終不了了之。

1935 年春天的第十一次發掘也由梁思永主持，工人多達三百餘人，規模空前。牛鼎、鹿鼎以及各種玉器、車飾、馬飾、成組的多套銅戈盔矛陸續出土。5 月，法國漢學家伯希和平生最後一次來中國，傅斯年立刻邀請他一道前往安陽參觀。殷墟古老的陵墓和精美的文物讓伯希和驚歎不已。

C113-YH127

安陽的陽光暴烈，乾燥，1936 年 6 月 12 日，酷暑逼近，殷墟第十三次發掘進入最後一天。

這次發掘由郭寶鈞領銜，實際工作則由石璋如負責，這個年輕人

1 陳存恭、陳仲玉、任育德訪問，任育德紀錄：《石璋如先生口述歷史》，第 88 頁。

2 史語所檔案：考 8—7，史語所函河南省第三區行政督察專員公署，1934 年 11 月 16 日。

已經能獨當一面。多年後，傅斯年甚至這樣稱讚他：「安陽發掘，其最要部分在石手。」[1]

第十三次發掘，考古隊第一次在殷墟發現了車馬葬坑，坑裡有完整的馬車和四匹馬。大家以為，這可能是這次發掘的最大收穫。然而，6 月 12 日下午 4 點，C113 區 YH127 坑突然出土了海量的龜甲片，在不到半立方米的土地中，僅僅一個半小時就挖出了三千七百六十塊甲骨，而埋在土中的甲骨依然層層疊疊。石璋如決定將發掘延後一天。根據以往的經驗，他相信，第二天一鼓作氣就能把 YH127 坑裡的遺物全部清理完畢。不料，次日，一直挖到晚上，龜甲仍然無窮無盡，彷彿從泥土中不斷地生長出來。石璋如和同事們意識到，這個洞穴非比尋常，他們不能機械地沿用從前的經驗和方法來處理這片前所未見的遺存。

當天晚上，石璋如、高去尋、王湘都留在工地，和工人們一起看守着這個奇特的坑。他們連夜商討出新的對策，決定把包裹着層層甲骨的土塊整個切割下來，裝箱運回南京。這是個大膽的計劃，但是顯然很難實現。

這次突發奇想讓考古隊忙碌了四個晝夜，才終於確定了土塊的範圍，給它套好木框，再把五噸重的巨型土塊一寸寸拖出坑口。[2] 搬運的難度更加超乎想像。起初請的是當地頗有名氣的職業抬棺人，據説安

---

1 1942 年 4 月 22 日，傅斯年致葉企孫。參見王汎森、潘光哲、吳政上主編《傅斯年遺札》（第三卷），社會科學文獻出版社，2015 年，第 948 頁。當然，傅斯年寫這封信另有所求。當時，李濟想調用石璋如、勞榦、高去尋參加西北史地考察團，傅斯年認為太影響史語所的工作，而且梁思永又在病中，如果石璋如等人都去西北，會讓考古組的工作幾近停滯。

2 根據王湘手寫的《殷墟第十三次發掘田野記載表》（坑號：YH127 ，位置：C113），1936 年 6 月 12 日，「中央研究院」歷史語言研究所收藏。不過，根據李濟幾十年後在《安陽》中的描述，經過處理、搬往火車站的灰土柱重量是三噸多。參見李濟《安陽》，第 125 頁。

葬袁世凱時做過槓房靈車總指揮；不料，木箱太重，兩根大槓齊聲折斷，他找的工人們隨即四散而去。後來，考古隊只好自己招募工人。大家想盡辦法剝離掉一部分土塊，減輕木箱的重量，然而，七十名工人還是搬得筋疲力盡。當地找不到先進的搬運工具，只能依靠人力，而這個灰土柱實在太重，工人們每走幾十步就要停下來休息一會兒，走了兩天才終於把它抬到火車站。

從 6 月 12 日發現 YH127 號坑，直到 7 月 12 日甲骨灰土柱運抵南京史語所，驚心動魄的一個月裡，好幾次風雨大作，也遭遇過土匪的覬覦，以致保安隊不得不開槍還擊。火車開到徐州，箱子太重，壓壞了車軸；到南京裝卸時，又撞傷了工人。[1]

這一路雖大費周章，收穫卻是空前的。經過整理，從這個甲骨灰土柱中出土了一萬七千零九十六片有字甲骨，佔殷墟十五次發掘的半數以上。考古組還復原出三百多版完整的龜甲。在此前的發掘中，他們曾幸運地發現過「大龜四版」和「大龜七版」，而這次發掘復原出的完整甲骨數量之驚人，堪稱奇跡。或許，他們的鏟子幸運地掘出了保存殷商王朝檔案的地方，他們相信，它大約是在公元前 13 世紀的武丁時代被封存起來的。[2]

YH127 坑的出現，看似偶然，其實並非完全靠運氣，正如李濟後來總結的那樣，它是「有系統的科學工作積累的結果」。經過長達八年的摸索，「理性推論」與「田野經驗」終於匯流，結出碩果。[3]

1 參見石璋如著，李永迪、馮忠美、丁瑞茂編校《殷墟發掘員工傳》，第 332—334 頁。

2 李濟：《安陽》，第 126 頁。

3 同上書，第 127—128 頁。

甚麼叫重大發現？

從 1928 年到 1937 年，史語所考古組對殷墟進行了十五次發掘，[1] 不僅為中國的現代考古學樹立了典範，而且直接改寫了世人對中國歷史的認知 —— 大量的出土文物將中華文明的信史向前推進了數百年。

1929 年殷墟第三次發掘，在出土的三千零一十二片甲骨中，「大龜四版」現身。四塊龜腹甲不僅完整，還包含了大量卜辭，其中有一個字頻繁出現。經過比較分析，董作賓推斷它是「貞」字，並提出「貞人說」。貞人為商王占卜，在殷商王朝中地位尊貴。董作賓的論斷從此成為甲骨文斷代的重要依據，對甲骨學和殷商史研究皆意義非凡。當時流亡日本、正在鑽研甲骨文的郭沫若看到董作賓的《大龜四版考釋》，不禁驚呼 :「頓若鑿破鴻蒙。」董作賓自己後來則表示，如果沒有運用科學考古的方法，發掘出完整的甲骨，他也無法對甲骨文有整體的把握和理解，無從破解「貞人」之謎。

這一年，殷墟還發掘出一具俯身葬的人類遺骸，李濟據此提出，俯身葬是殷商民族早期的葬法，與西方不同，順勢又回擊了安特生的「中國文化西來說」。此外，從前很多人以為商朝仍處於石器時代，而在小屯出土的幾百種不同用途的青銅器則足以證明，商朝已經進入銅器時代。

從第四次發掘開始，李濟就嘗試通過繪製夯土地區圖的方法，着意尋找殷商王朝的建築基址，1932 年，第六次發掘終於抵達商朝故都所在，在小屯 E 區首度確定存在建築基址。這座深埋三千年的城市，終於在人們面前露出真容。他們把考古發掘的情況與古籍中的記載相

1 這些發掘包括：小屯、侯家莊西北岡、後岡、四盤磨、王裕口、霍家莊、高井台子、侯家莊南地、大司空村、同樂寨、范家莊等。

互印證，證實了春秋戰國時期《竹書紀年》對商朝晚期都城的記載是準確的：殷墟確實是從盤庚遷都直到商紂滅亡之間，商朝的最後一座都城。[1]「地下之新材料」與「紙上之材料」，由此匯流。

在李濟看來，殷墟的發掘還激活了許多研究領域，「殷墟田野工作開始後，由發掘所得的有文字的材料，把上古史的傳說性質的材料點活了，把《殷本紀》的大部分記錄考信了。與有文字的材料並着的，沒有文字的實物出土後，把華北一帶新發現的史前遺存聯繫起來了」。與李濟的理性敍述相比，受他恩惠但後來視他為敵的郭沫若甚至更加激動。詩人用一貫的澎湃激情讚美道：「靠着殷墟的發現，我們得到一大批研究殷代的第一手資料，是我們現代考古的最幸福的一件事，就這一發現，中國古代的真面目才強半表露了出來。」

殷墟發掘也改變了一部分中國學者對歷史的判斷。當初，甲骨文經由羅振玉收集和研究，才逐漸受到學界重視，但是，章太炎認為，羅振玉為人不講信用，那麼，羅氏大力推崇的甲骨文自然也不可信；更重要的是，在古代經史典籍中並不存在對甲骨的記錄，而龜甲埋在地下三千年，很可能早已腐爛。因此，章太炎覺得，甲骨一定是羅振玉偽造出來的。然而，隨着史語所的發掘，大批甲骨出土，章太炎終於悄然改變了態度。他依然對羅振玉不屑一顧，不過，當弟子把羅振玉寫的《殷虛書契前編》當作生日禮物送給他時，章太炎並沒有拒絕，反而把它們放在了枕頭邊。[2]

殷墟發掘取得的重大進展，讓考古學在1930年代的中國興盛一

---

1 近三十多年來，大陸有學者認為，商朝是從武丁時代遷到安陽小屯的，或認為殷墟可能不是殷商王朝末期的國都。

2 董作賓：《甲骨學五十年》。轉引自李濟《安陽》，第36—37頁。

時。從 1933 年到 1936 年，每年都有新的考古會社在各地成立，最知名的有中國考古會、陝西考古會、中國考古學社、博物館協會和吳越史地研究會，而北平研究院史學研究會在陝西寶雞鬥雞台發起的考古發掘，同樣引人注目。[1]

歷經十年，考古學終於在中國學界獲得了應有的地位，從誤解與偏見中突出重圍。

掩埋在大地深處的殷墟文物不斷重見天日，傅斯年也不禁有些心態失衡。有一天，他突然對李濟抱怨，歷史組整理明清內閣大庫檔案這麼久，卻一直沒有重大發現。言下之意，與考古組取得的成就相比，歷史組的工作似乎乏善可陳。

不過，李濟並沒有居功自傲，而是立刻反問：「甚麼叫作重大發現？難道你希望在這批檔案裡找出滿清沒有入關的證據嗎？」

聽了李濟幽默而理智的反問，傅斯年恍然大悟，大笑起來。從此，他再也不提這個話題。[2]

考古發掘與學術研究皆非一夕之功，可能會經歷反覆的摸索、試錯，需要漫長的積澱。傅斯年尚且如此執着於所謂「重大發現」，旁人的態度就更不難想見。倘若殷墟發掘之初一直都沒有「重大發現」，或許，史語所的命運也將被改寫，而整個中國考古學界恐怕還要延宕數年才能擺脱尷尬的處境。顯然，蔡元培對此也早有預見，他在中央研究院創辦之初就強調，人文學科的影響很難立竿見影，很可能是「遲緩而間接」的，但他更提醒世人不要過於計較一時的得失，因為人文學科

---

1 黃海烈：《民國時期殷墟發掘對中國古史研究的影響》，《歷史教學（下半月刊）》2010 年第 11 期。

2 杜正勝主編：《來自碧落與黃泉 —— 中央研究院歷史語言研究所文物精選錄》，「中央研究院」歷史語言研究所，1998 年，第 8 頁。

所能產生的「功效有時乃極巨大」。[1]

所幸，在安陽殷墟，重見天日的古都用它的餘溫慰藉着後世的人們。人們在這裡尋找文明的起源，重塑失落的記憶。塵封的光華跨越三千年，傳遞到 1930 年代，就像浩渺星辰的微芒經歷無數光年，投射進人們的瞳孔，那時，作為光源的那顆星或許早已死去幾萬年，但在人們眼中，它依舊顧盼含睇，宛然如生。

1 「中央研究院」八十年院史編纂委員會主編：《追求卓越：中央研究院 80 年》，第 16—17 頁。

第四章
關山歧路

無地可依

1937 年 10 月的一個清晨，陳寅恪在家中大發雷霆。一向性情溫和的父親突然失態，讓女兒既驚怕又疑惑。

這個清晨像被種了蠱。陳家的老工人佟忠良向來做事穩妥，這次幫陳寅恪給圖書打包稱重，卻屢次稱錯重量。

這些書，陳寅恪視若生命。他在這些典籍裡留下了大量批註，記錄了自己的考證與思索，它們並非只是些零散的閒來之筆，而是他的一種研究方法，等待積累成熟，才會把這些思想的火花收集起來，整理出版。他時常會坐公共汽車穿越半個北平查閱資料，去時仍是晨光熹微，歸時已然煙霞遍地。書眉上密密麻麻的小字，不斷消耗着他的視力。

此刻，北平業已失守，父親陳三立悲憤交集，在半個多月前黯然離世。國仇家恨一起裹挾着陳寅恪，令他痛不欲生 —— 原本就高度近視，竟至視網膜脱落，右眼失明。[1] 但他不願做手術，擔心一旦留在北平，勢必會被日偽脅迫。因此，他要裝扮成商販，帶着家人逃離這座被太陽旗淹沒的城市，前往長沙。臨行前，他把八歲的大女兒陳流求拉到面前，要求她反覆背誦親友的地址，以防失散。他沒有隨身攜帶地址簿，因為擔心一旦被日本人搜查到會牽連親友。[2]

戰爭爆發時，趙元任正在病中。他原本打算前往福建調查方言，已經找好了當地的聯絡人，盧溝橋的炮火卻讓福建之行從此擱淺。[3] 他也必須盡快離開北平，然而，南下的船票極其搶手，託盡關係才在一艘船上加了兩個床位。他被迫與夫人楊步偉分頭帶着四個孩子，先後出發。送走趙元任，楊步偉打算參加紅十字會，救助傷員，但被朋友們勸住，於是也設法南下。所幸，一路輾轉，全家人終於還是在長沙團聚。但六朝古都慘遭洗劫，南京的家也中彈被燒毀。趙元任對楊步偉說，別的損失都不算甚麼，最心疼的是自己的藏書。[4] 後來給胡適寫信，他也哀歎，所有藏書「除手頭常用語言書，餘皆是『goner』」。

李濟、董作賓、梁思永幾家是扶老攜幼，結伴南下的。此時，傅斯年因政務所擾，請李濟代理史語所所長，而李濟還擔任中央博物院籌備處主任，負責轉運文物和物資。[5] 每個人都有家小要照顧，有細軟要打理，一路手忙腳亂，而每次換乘交通工具都人心惶惶，不知又會發生甚麼意外。

1 據説陳寅恪因父親去世而哀傷過度，傷害了眼睛，汪榮祖則認為，抗戰時缺乏營養，顛沛流離，也加劇了陳寅恪的目疾。參見汪榮祖《陳寅恪評傳》，第 68 頁。

2 陳流求、陳小彭、陳美延：《也同歡樂也同愁：憶父親陳寅恪母親唐篔》，生活・讀書・新知三聯書店，2010 年，第 133 頁。

3 趙元任：《我的語言自傳》，第 656 頁。

4 楊步偉：《雜記趙家》，廣西師範大學出版社，2014 年。

5 楊步偉對李濟頗多怨言，認為這次南下的安排，李濟偏袒考古組，而無視趙元任和語言組。

戰局惡化的速度，遠超出他們的想像。中國軍隊節節敗退，學人們只在長沙逗留了四個月，就不得不再度啟程。這一次的目的地，是更加遙遠的雲南。但他們需要取道桂林，進入越南，再從越南折入昆明。一路向南，卻都不是歸宿。走走停停之間，又穿越了半個中國。許多年後，陳寅恪的女兒回想起這段漫長的旅程，只能依稀記起零陵縣的深夜裡炒米糖開水的叫賣聲，一聲聲瀟湘方言提醒着這些北國的來客，他們身在千里之外，依然漂泊無定。[1]

在中越邊境，每個人都需要拍攝一張護照照片。為了省錢，李濟全家拍了一張合影，把各自的頭像剪下來貼在護照上。沒想到，這卻成為最後一張完整的全家福。幾年後，李濟的兩個女兒先後生病去世。

「十兄弟健康」

整個史語所，都在這場災難中遷徙離散。

1937 年，史語所隨中央研究院西遷，大批文物和珍貴的書籍也都裝箱運走，一行人輾轉於南昌、長沙、昆明、重慶和李莊。

離開長沙的前夜，史語所考古組在路邊的酒館清溪閣最後一次聚會。除了李濟、董作賓、梁思永，年輕一代的「十兄弟」中也有九人在場。「十兄弟」是史語所培養出的第一代考古學者，多年來在史語所和殷墟發掘現場朝夕相處，便以兄弟相稱。李景聃、祁延霈、胡厚宣、高去尋分別畢業於南開大學、清華大學和北京大學，最初在史語所擔任助理員，石璋如和劉燿是在河南大學就讀時加入殷墟發掘的，李光宇、尹煥章、王湘、潘愨則是從史語所的書記轉入考古發掘。

那些困苦而美好的日子，已經走到盡頭。長沙一聚之後，他們就

1 陳流求、陳小彭、陳美延：《也同歡樂也同愁：憶父親陳寅恪母親唐篔》，第 137 頁。

要各奔西東。

許多年後，「老二」石璋如依然記得那個悲壯而又迷離的夜晚。幾個人先說「中華民國萬歲」，喝第一杯酒，所有人都喝。第二杯「中央研究院萬歲」，第三杯「史語所萬歲」，第四杯「考古組萬歲」，第五杯「殷墟發掘團萬歲」，第六杯「山東古跡研究會萬歲」，第七杯「河南古跡研究會萬歲」，第八杯祝「李（濟）先生健康」，第九杯祝「董（作賓）先生健康」，第十杯祝「梁（思永）先生健康」，第十一杯祝「十兄弟健康」……這樣一個一個地祝福過來，生怕漏掉任何一個他們敬重與珍惜的人。他們就這樣推杯換盞，直到酩酊大醉，直到可以徹底忘記翌日便要分道揚鑣。

短短幾年之間，「十兄弟」與他們的師長和同仁一道，完成了史無前例的大規模考古發掘，包括殷墟的十五次發掘、山東城子崖、河南浚縣辛村衛國墓地、汲縣山彪鎮、輝縣琉璃閣東周墓地、永城造律台等等。人生終究難逃一別，只是這場別離來得太過倉促。

次日，劉燿、祁延霈、王湘前往延安從軍抗日，不願繼續「苟安於『考古生活』之內」。尹煥章押送中央博物院文物轉移，胡福林、李光宇、高去尋、潘慤隨史語所繼續西遷，李景聃和石璋如短暫離開，又回歸史語所。

文物遺失或損壞，無從復得；而這一批考古精英的離散，其損失同樣難以計量。後來，「十兄弟」有的留在延安，有的赴大學任教，有的英年早逝，只有石璋如、李光宇、高去尋、潘慤與史語所相始終，前往台灣。其餘各人，則長沙一別，自此天各一方，永生不再相見。

邊城

昆明距離南京兩千多公里。

在許多人眼中，西南邊陲偏遠而又神秘，不過，史語所其實與雲南頗有淵源。史語所創立不久，傅斯年就曾邀請俄國著名人類學家史祿國帶領助理員楊成志和編輯員容肇祖前往雲南，調查彝族地區，希望借重史祿國的聲望提升史語所的影響，並相信楊成志能夠跟隨他學習一些人類學調查的方法與規範。不料，史祿國攜妻子同行，擔心人身安全，居然只在昆明周邊做了些考察交差，從此就待在酒店裡，卻把毫無經驗的楊成志派往山區。

所幸，楊成志決定「個人獨挑」這「調查的重大擔子」，渡過金沙江，深入大、小涼山接近兩年。儘管他「只憑着一腔求知的熱情而缺乏調查經驗」，但他還是勤奮地收集了許多民俗資料與物品，拍攝了照片並撰寫了多篇文章和調查報告。不過，由於大部分旅費是由中山大學承擔的，楊成志的全部考察成果最終都歸於中山大學，而與史語所無關。楊成志後來留學歸國後，也一直任教於中山大學，並沒有加入史語所。[1]

調查西南地區少數民族的夙願，傅斯年始終沒有忘懷，[2] 然而，直到 1934 年，史語所的雲南民族調查才真正啟動。兼併了中央研究院社會科學研究所的民族學組之後，史語所在民族學和人類學領域補充了新鮮血液，並招募了新的人才，成立第四組 —— 人類學組，先由李濟主持，一年後由吳定良接任。

吳定良的專業背景橫跨兩個領域，在倫敦大學和牛津大學分別獲得統計學和人類學博士學位，主要從事體質人類學研究，用統計學的

1 蘇同炳：《手植楨楠已成蔭 —— 傅斯年與中研院史語所》，台灣學生書局有限公司，2012 年，第 32—38 頁。

2 芮逸夫：《民族調查與標本之搜集》，載《傅所長紀念特刊》，第 39 頁。

方法聚焦殷墟出土的人骨，研究殷商時期中國人的體質，為考古帶來新的助力。[1] 凌純聲和陶雲逵分別在巴黎大學和柏林大學獲得博士學位。凌純聲曾率領助理員芮逸夫到東北調查赫哲族，其調查報告《松花江下游的赫哲族》是中國第一本科學的民族志。加入史語所後，凌純聲、陶雲逵、芮逸夫、勇士衡的足跡遍及大理、保山、騰沖、耿馬、班洪、孟連、蒙自等地，陸續調查了三十多個民族。在此期間，凌純聲、芮逸夫、勇士衡還曾在 1935 年代表中國政府，參與中英兩國會勘滇緬南段未定界，走訪鎮康、孟定、耿馬、班洪、班老、猛角、猛董、小臘巴、哈普馬、老廠等地，調查了十餘個少數民族。

此刻，戰爭的巨浪把學人們捲向西南邊疆。昆明迎來了史語所，又安頓下由北京大學、清華大學和南開大學組建的國立西南聯合大學。街巷與村鎮裡塞滿了大批南遷的機構，這座邊城成為戰時中國的文化重鎮。

在戰爭的陰霾下，田野考察並未完全停止，史語所的學人們將更深入地踏勘這片歷史、文化、民族構成、語言與生活方式都異常多元的土地。凌純聲、陶雲逵、芮逸夫繼續尋訪調查西南少數民族，吳定良則對殷墟出土的一百六十一具頭骨進行了七項測量工作，還擬定了顱容量的計算公式，測量了頦孔位置指數，手搖計算機的噼啪聲整日不息；考古組的吳金鼎、王介忱、曾昭燏等人前往大理洱海一帶，發現了二十一處史前遺址，並對其中五處進行了考古發掘，完成了《雲南蒼洱境考古報告》，在西南史前考古學研究中具有奠基性的意義；語言

1　後來，李濟在《安陽》中寫道：「日本侵華戰爭不僅中斷了這項計劃，而且確實使吳定良失去信心，在戰爭結束時，他放棄了這項工作。」後來，楊希枚到台灣後，「被說服主持對這批人骨材料的研究工作」。參見李濟《安陽》，第 256 頁。

組也因地制宜，調查了雲南省九十八個縣、一百二十三個方言點，後來由楊時逢整理成《雲南方言調查報告》……

事實上，在這個「民族主義下之國族建構的時代」，[1] 史語所的歷史研究、考古發掘、方言調查與民族調查，注定會聚焦西南。然而，世事難料，戰爭打亂了研究的節奏，沒想到這一天竟提前到來，他們不得不在無比艱苦的環境裡踏上行程。

這片陌生的土地不僅成為他們在戰火邊緣的家，更以新的研究空間激勵着他們，讓他們暫時忘卻現實的苦難，在精神世界裡實現菲薄的自由。

故國可家

烽火連天，所有人都在努力尋找一張安靜的書桌。

李方桂已經身在美國，他的訪學計劃是在抗戰爆發前就確定了的。耶魯大學邀請他擔任東方系訪問教授，聘期三年。傅斯年原本不答應，後來只肯批准兩年假期。李方桂承諾，兩年後自己會如期回國。他在耶魯大學教漢語音韻學，哈佛燕京學社主任賽格·埃利斯伊夫（Serge Elisseef）和哈佛大學教授詹姆斯·維爾（James Ware）聞訊後，每週都會從波士頓趕到紐黑文，專程來聽他的課。[2]

趙元任率領語言組率先抵達昆明，立刻開始工作。他忙着和同事們繼續整理在湖北六十四個市縣進行的方言調查，初步完成了《湖北方言調查報告》，並附加了地圖。昆明沒有鋼琴可彈，但他還是興致勃勃

1 這個定義來自王明珂。參見王明珂《由族群到民族：中國西南歷史經驗》，《西南民族大學學報（人文社科版）》2007 年 11 期。

2 李方桂：《李方桂先生口述史》，第 52 頁。

地寫了歌，教四個孩子合唱。這個動盪的時代教會了他隨遇而安，但他越來越渴望安定的生活。

兩年前，他拒絕過夏威夷大學東方研究所所長孫啟禮（Gregg M. Sinclair）的邀請，1938 年初夏，他卻決定，接受夏威夷大學的聘書。

臨行前，流寓雲南的朋友們紛紛來到昆明送別。北大校長蔣夢麟和夫人特地從蒙自趕來，送給他一個氣鍋，蓋子上有四個字——「故國可家」。這四個字如同預言，五味雜陳，甘苦自知。趙元任原本打算在夏威夷待一年就回國，卻沒想到，這一走就是一輩子。[1]

趙元任此去，在傅斯年看來，史語所「有形之損失已大，無形之損失更大」。他期盼趙元任能盡快回國，但從抗戰的艱苦和老友的身體狀況考慮，他還是寫信請胡適設法幫助趙元任，「為之捐得在美一二年之薪」。[2]

即便身在大洋彼岸，趙元任也沒有放棄對中國方言的研究和教學。他在夏威夷大學待了一年，次年前往耶魯大學任教，又出版了《鍾祥方言記》。[3] 不過，他和同事們耗費巨大心力撰寫的《湖北方言調查》，卻要一直等到 1948 年才能問世。

「珍珠港事件」後，哈佛大學開設遠東語言速成科，請趙元任教授粵語。他猜測，美國或許準備出兵支援中國。1943 年，美國設立陸軍專科訓練班，又請他擔任中國語言方面的主任。

能為抗戰盡一份力，他自然義不容辭。[4] 1945 年，他當選美國語言

1 參見楊步偉《雜記趙家》。

2 歐陽哲生主編：《傅斯年全集》（第 7 卷），湖南教育出版社，2003 年，第 211 頁。

3 參見王啟龍編撰，胡明揚審訂《趙元任先生學術年表》，載劉夢溪主編《中國現代學術經典：趙元任卷》，河北教育出版社，1996 年，第 887 頁。

4 趙元任：《我的語言自傳》，第 656 頁。

學學會（Linguistic Society of America）會長。英語不是他的母語，但他卻作為一名異鄉客領袖群倫，堪稱傳奇。當然，一些美國學者認為這沒甚麼不妥，他們會半開玩笑地這樣評價：「趙先生永遠不會錯。」

國可亡，史不可滅

趙元任動身之後，陳寅恪聽說了劍橋大學漢學教授退休的消息。他主動與劍橋聯繫，希望接任教職。伯希和與胡適都給他寫了推薦信，胡適更是不吝溢美之詞：「在我這一輩人當中，他是最有學問、最科學的歷史學家之一。」

陳寅恪是獨自從香港取道越南，輾轉來到雲南的。妻子和女兒都病了，只能留在香港，而他在蒙自感染了嚴重的瘧疾。戰局動盪，生活艱苦，他最惦記的卻是書。他從史語所借了《三國志》《晉書》《南北史》《魏書》《隋書》《通典》，給西南聯大的學生們上課。他依然保持着舊日的習慣，每次先在黑板上抄錄各種資料，但現在只有左眼看得見，抄得更加辛苦，常常滿頭大汗，他仍堅持着奮力抄完才坐下，疲憊地閉着眼睛開始講解。不過，一旦在報紙上看到賣書的廣告，還是能讓他興奮起來。可惜，循着廣告去找，卻發現沒有一本值得買的。唯一吸引他的，卻是賣書人早年在錢謙益舊園的紅豆樹下撿到的一顆紅豆。他出重金把它買下，回去便開始重讀錢謙益的文章。顛沛流離的歲月裡，這一顆紅豆，冥冥之中為他多年後寫《柳如是別傳》埋下了伏筆。[1]

昆明並不安寧。日軍的轟炸機時常從雲層中出現，他逐漸習慣了和大家一起「跑警報」。也有人很從容，乾脆在院子裡挖一個坑，蓋上厚木板，一聽到空襲警報就躲進坑裡。見此情形，他便隨口做了副對

---

1 卞僧慧纂，卞學洛整理：《陳寅恪先生年譜長編（初稿）》，第 183—185、191、199 頁。

聯：「見機而作，入土為安。」[1] 他也只能用這些玩笑來化解內心的憂懼。

老友傅斯年對他的關照一向無微不至，到昆明後更是如此。空襲警報響起，旁人急着下樓，只有身體肥胖的傅斯年氣喘吁吁衝上樓，攙扶他下樓避難。[2] 他每次陷入困境，常常都是傅斯年盡力出手相助，縱然兩人相隔千里。這固然源於兩人多年交誼，而更重要的是，傅斯年真誠地希望為中國留存下一顆讀書種子，無論在甚麼樣的時代。

然而，無論老友怎樣盡力照拂，陳寅恪都不得不再做打算。十年前，他拒絕過哈佛大學的聘書，[3] 而這一次，他不想錯過前往海外的機會，不只是為了專注研究，或者執教謀生，更希望能藉機治療眼睛。

命運陰差陽錯，他沒有接到劍橋大學的邀請，卻收到了牛津大學的聘書。

1939 年暑假，他趕赴香港，準備舉家前往英國，到牛津大學任教五年。不料，啟程之前，他的夫人唐篔突然病倒，同時，他還得知，牛津大學越來越關注中國宗教和哲學，而他的學術興趣已經轉向歷史與文學，他實在不願去異國從事不太感興趣的工作，一時進退兩難。躊躇再三，他還是決定隻身赴英，他不想違背約定，但是只打算在英國待一年就回國。[4]

不料，這一年的任期都成為奢望。他輾轉買到了 8 月 31 日的船票，然而，9 月 1 日，德國閃擊波蘭，歐洲深陷戰局。他不得不致信牛

1 這是金岳霖的回憶。楊建民在《「見機而作，入土為安」的作者是陳寅恪先生嗎》一文中有不同見解，認為此聯是盧前在南京時所作，參見《中華讀書報》2017 年 9 月 27 日。

2 傅斯年的秘書那廉君的回憶。參見那廉君《傅孟真先生軼事》，《傳記文學》（台北）1969 年第 15 卷第 6 期。

3 1929 年初，哈佛大學曾聘請陳寅恪教授華梵比較之學，陳寅恪因為和中央研究院有著書之約婉拒。轉引自吳學昭《吳宓與陳寅恪（增補本）》，第 133 頁。

4 1939 年 6 月 1 日，陳寅恪致函校長梅貽琦，向清華請假一年，並説明了其中原因。

津，推遲赴任。等待他的，將是日益困頓的生活。[1] 他只能繼續奔波於昆明和香港之間，平時任教於西南聯大，放假時去香港探親，並在香港大學教書。然而，這樣的日子也注定無法長久。

1941 年 12 月，日軍偷襲珍珠港，「太平洋戰爭」爆發，陳寅恪滯留香港。傅斯年試圖設法幫助他離開，然而，《大公報》記者發現，重慶政府派去的專機根本沒有接回政界、商界和學界人物，只運走了行政院副院長孔祥熙家的傭人、無數的箱籠，以及好幾條狗。[2]

香港淪陷後，陳寅恪一家陷入更深的困境。他和妻子都病了，可是湊不夠錢，只能輪換着去診治。全家人擠在一個房間裡，三張床把房間塞得滿滿當當。他們很久沒有肉吃，偶爾得到一個雞蛋，五口人分而食之，「視為奇珍」。他寫信給傅斯年自嘲：「弟不好名而好利，兄素所知。」但他還是堅決拒絕與日本人合作，不肯到廣州、上海或北平任教，也不願接受四十萬港幣去辦所謂的東亞文化會。[3]

他用衣服和鞋子抵債，終於買到船票，帶着家人再次越過日軍的關卡，踏上逃難之路。從香港開往廣州灣的海輪異常顛簸，十三歲的女兒陳流求暈船了，不斷嘔吐，陳寅恪卻把她拉起來，告訴她，自己十三歲東渡日本留學時，也曾暈船，後來努力克制，逐漸適應，甚至能在狂風巨浪中和水手們一起吃飯。他試圖用自己的故事勸說女兒堅強起來，但是痛苦的女兒早已無暇理會父親的苦心。自然也沒有人知道，在渡輪上憑欄回望的陳寅恪，是否也在哀傷中迷惑不已。他自 1902 年

1　陳寅恪與劍橋、牛津的這段糾葛，詳見程美寶《陳寅恪與牛津大學》，《歷史研究》2000 年第 3 期。

2　對此，楊天石有不同的觀點和考證，參見楊天石《「飛機洋狗」事件與打倒孔祥熙運動 —— 一份不實報道引起的學潮》，《南方週末》2010 年 3 月 18 日。

3　王汎森：《中國近代思想與學術的系譜》，河北教育出版社，2001 年，第 390—392 頁。

東渡日本，此後又遊學歐美數國，精通多種語言，熟知文明轉捩的前因後果，卻依然無從破解現實中的苦難離合。

此時，被他視若生命的那些書，大多已經在遷徙中散佚。一部分毀於 1938 年 11 月的長沙大火，他的《世說新語箋證》和《高僧傳箋證》就此化為灰燼。還有一批書，他最看重，特地裝進兩個最好的箱子裡，以為如此便能防水防蛀，萬無一失，不料卻被盜賊盯上。等到經過轉運終於交到他手上，這兩箱書已經變成了磚塊。他只有寫信向朋友哀歎，「廿年來所擬著述而未成之稿，悉在安南遺失」。[1] 十三年後回想，他依然難以釋懷：「當日兩書箱中，中文及古代東方文書籍及拓本、照片幾全部喪失。」[2]

憑藉手頭的一本眉註本《通典》，他還是在 1939 年完成了《隋唐制度淵源略論稿》。然而，書稿在寄往上海商務印書館時不知去向。他又把書稿輾轉送到香港商務印書館，不料，竟又被日軍燒毀。幾年後，史語所的朋友們將他的舊稿拼湊起來，在重慶商務印書館出版，但那早已不是他當年的定稿。[3]

淒風苦雨之中，依靠在昆明買到的一部《新唐書》，他又完成了《唐代政治史述論稿》。他比從前更加勤奮地研究、寫作，似乎唯其如此才能暫時忘卻現實中的苦厄。他又寫出《元白詩箋證稿》，卻連適合謄抄、修訂的稿紙都找不到，只好給史語所的同事陳槃寫信求助，請他設法寄一些舊式的稿紙來救急。這個「公子之公子，教授之教授」為了幾疊稿紙，無比卑微地哀求：「拙稿不過七萬言上下，當費紙不多也，如何

1 1942 年 9 月 23 日，陳寅恪致函劉永濟。

2 1955 年 6 月 1 日，陳寅恪致蔣天樞。

3 汪榮祖：《陳寅恪評傳》，第 70 頁。

之處，乞作覆。近日紙貴。如太費錢，可作罷論，不該多費公帑，於心不安也。」

對古老文明的探究，成為戰火與困苦中唯一的慰藉。但這慰藉，依然抵擋不住接踵而至的衝擊。1944 年 12 月 12 日，陳寅恪在霧氣瀰漫的清晨起身，眼前卻一片漆黑，他被命運孤獨地拋在那個寒意徹骨的早上——他的左眼也失明了。他首先惦念的，卻是仍在等他上課的學生們。他讓女兒陳流求立刻去通知學生，停課一天。

他的左眼視網膜剝離，必須做手術。手術後第四天，老友吳宓到醫院探望，陳寅恪還忍着創痛向他詳細描述《故宮博物院畫報》各期刊載的曹寅奏摺，認為有很多資料可以用來考證《紅樓夢》後四十回也是曹雪芹所作。[1]

手術後，他接受醫生的建議，用沙袋固定住頭部，一直躺着不敢動彈，直到醫生認為傷口已經長好為止。為了保住這隻眼睛，他咬牙堅持，但是終究，無濟於事。除夕來臨之前，五十六歲的陳寅恪絕望地出院回家。他已經雙目失明。

幾個月後，盟軍攻佔柏林，日軍同樣是窮途末路。期盼已久的抗戰勝利似乎即將到來，陳寅恪寫下一首《憶舊居》，字裡行間卻無比悲哀。

> 渺渺鐘聲出遠方，依依林影萬鴉藏。
> 一生負氣成今日，四海無人對夕陽。
> 破碎山河迎勝利，殘餘歲月送淒涼。
> 竹門松菊何年夢，且認他鄉作故鄉。

1　吳學昭：《吳宓與陳寅恪（增補本）》，第 283 頁。

少年意氣已成往事，歷經八年跌宕，只剩下「破碎山河」陪伴「殘餘歲月」。一個以觀察和寫作為生的人，失去雙眼幾乎就意味着失去一切。但他還不能絕望。早在 1925 年他就提出：「國可亡，而史不可滅。」他需兑現自己的承諾。他仍要在自己幽暗的世界裡，尋找歷史深處的熹微光芒，儘管他自己眸子裡的星火，已經黯然熄滅。

「stand for」與「demonstration」

1940 年 3 月 5 日，蔡元培在香港去世的消息，給顛沛流離的學人又一記重創。

次日，已經身在美國的趙元任寫信向胡適哀歎：「他是代表咱們所 stand for 的一切的一切。現在一切的一切還沒有都上軌道，他老人家又死了……。」他們已經失去家國的庇護，如今又將失去自己「stand for」的一切。

陳寅恪在春寒料峭中起程前往重慶，他一定要扶此病弱之軀飛越關山，也只是為了他的「stand for」，為了在中央研究院新任院長的選舉中，投胡適一票。他對此毫不諱言。

根據中央研究院規定，院長選舉，需先由評議會選出三名人選，再由總統圈定其中一人。許多人屬意胡適，傅斯年更是如此。當年就讀北大時，傅斯年曾率領同學在課堂上趕走了章太炎的弟子朱蓬仙，卻對剛執教鞭的胡適頗為服膺。胡適只比他大五歲，用近乎離經叛道的方式講中國哲學史，傅斯年聽完卻告誡蠢蠢欲動的同學：「這個人書雖然讀得不多，但他走的這一條路是對的。你們不能鬧。」此後，他更畢生充當着胡適的「保駕人」。[1]

1 胡適：《傅孟真先生的思想》。

可是這一次傅斯年知道，如果選胡適當院長，這一票就成了廢票。抗戰爆發後，胡適答應出任駐美大使，利用他的聲望為中國抗戰尋求支援。他拒絕了國民政府提供的三萬美元宣傳費。他說：「我的演說就是足夠的宣傳，不需要你們的任何東西。」[1] 在長達五年的漫長旅程中，他演講超過二百次，其中有兩個月，平均每天都有一場演講。[2] 抗戰仍在膠着階段，胡適不可能在此時回國。

書生們的心理又異常矛盾。周炳琳表示，無論如何，「這個 demonstration 是不可少的」。他們堅信，即便選出胡適，蔣介石也不可能讓胡適回來，何況，翁文灝、朱家驊、王世傑這幾個人選，也都很受蔣介石青睞。

在重慶，他們被告知，蔣介石希望大家選舉顧孟餘為新任院長。顧孟餘的身份介於學界和政界之間。他從德國留學歸來，曾在蔡元培主持北大時擔任教務長，後來又做過廣東大學校長；他還曾出任鐵道部部長和交通部部長。不過，汪精衛投靠日本後，顧孟餘立刻與之決裂。顧孟餘對學界的貢獻以及他個人的品德都可圈可點，然而，書生們不願把這次學界選舉變成一場政治交易。[3] 王世傑、段錫朋等人都憤憤地表示：「要把孟餘選出，適之也必須選出，給他們看看。」

---

1 參見 Elmer Eugene Barker，「Hu Shih,Incurable Optimist.」轉引自周明之《胡適與中國現代知識分子的抉擇》，雷頤譯，廣西師範大學出版社，2005 年，第 140 頁。

2 胡適在 1942 年 5 月 17 日致信翁文灝與王世傑，自稱「旅行一萬六千英里，演講百餘次」，日本北海道大學學者胡慧君統計後發現，「作為駐美特使及駐美大使，胡適從 1937 年 9 月 23 日到 1942 年 9 月 18 日所作的演講，就目前所知有 238 件。其中 35 篇是以演講內容為基礎整理而成發表於雜誌的。除此以外，僅以論文形式發表的有 34 篇」，其中，「他在 1938 年 3 月 1 日的日記裡，計算了 1 月 24 日從紐約出發之後到這天為止的旅程是 10600 英里，3 月 16 日的日記裡，計算了到這天為止是 51 日的行程做 56 次的演講，把演講的地點和次數都列成了表」。參見胡慧君《抗日戰爭時期的胡適》，浙江大學出版社，2013 年，第 48—84 頁。

3 參見潘光哲《何妨是書生：一個現代學術社群的故事》，廣西師範大學出版社，2010 年，第 19 頁。

書生們堅持要把這個「demonstration」推進下去。1940 年 3 月 23 日，中央研究院評議會選出三名候選人，翁文灝和朱家驊都得到二十三票，胡適得到二十一票，顧孟餘一票未得。這個結果看起來皆大歡喜，既表達了「學界之正氣、理想、不屈等義」，也留給政府充分的迴旋餘地。

沒有人能料到，蔣介石竟劍走偏鋒。據説他看到名單，只是微微一笑，沒有表態，次日卻告訴孔祥熙：「他們既然要適之，就打電給他回來罷。」這個越洋電話，孔祥熙求之不得，他一直企圖介入中美外交；這次任命卻讓傅斯年們哭笑不得，深悔自己意氣用事，怕要壞了大局，又不得不四處斡旋，希望蔣介石收回成命。[1] 幾個月後，蔣介石終於捨胡適而圈定朱家驊，但書生們的抗爭已經讓他極為不滿，他只肯給朱家驊一頂「代院長」的帽子。

這頂帽子，朱家驊戴了整整十八年。

「室內考古」

縱然史語所一路穿越中國，避居昆明，日軍的轟炸機依然鬼魅一般，如影隨形。

作為前所未有的一代人，史語所的學人們一度在田野考察與撰寫學術論文之間艱難地尋求平衡。發掘昂昂溪遺址後，梁思永就感歎自己總是在「東奔西走，沒有作室內研究工作的機會」，傅斯年也在 1930 年的年度報告中提到，考古組「室內工作時間，不過佔全年三分之一」。[2]

1 選舉院長這件事的經過，詳見 1940 年 8 月 14 日傅斯年寫給胡適的信（王汎森、潘光哲、吳政上主編：《傅斯年遺札》（第二卷），社會科學文獻出版社，2015 年，第 829—832 頁）。

2 參見徐玲《留學生與中國考古學》，第 147 頁。

抗戰流徙，是大不幸，卻也讓他們找到機會，專注研究。史語所不得不從田野考古轉向所謂的「室內考古」，暫時回歸書齋。

在昆明郊外的龍頭村，李濟開始整理殷墟出土的近二十五萬片陶片。這些陶器的質地、形制和紋飾都讓他無比着迷，可是，單單給器物命名就大費周章。所幸，吳金鼎從倫敦留學歸來，幫助他對典型的陶器標本進行了全面的考察和分類。置身於連綿的戰火邊緣，在「跑警報」的間隙裡，李濟完成了《殷墟陶器圖錄》，後來又據此寫成《殷墟陶器研究》。可惜，由於時局持續動盪，他還要再等十幾年才能出版這些專著。

他還不厭其煩地做着各種實驗。在南京時，他曾經和地質研究所合作，對陶器做過化學分析。然而，昆明缺乏化學藥品，無法繼續深入地分析陶土成分，他只能轉而研究吸水率。他所依憑的，只有一個能測出兩千分之一克重量的天平。藉助這個天平，他用蒸餾水測量了二十二塊黑陶片、二十二塊灰陶片、二十塊白陶片和二十塊硬陶片的吸水率。

董作賓也在做跨學科的嘗試。在胡厚宣和高去尋協助下，他繼續整理 YH127 坑出土的有字甲骨。然而，流寓西南，他們幾乎找不到足夠的宣紙來拓印這海量的甲骨文。[1] 這批有字甲骨，尤其是其中三百多片完整的龜版，讓他獲得了大量一手資料，研究空間隨之拓寬。他決定運用現代天文學知識考察甲骨文中的記載，研究殷商曆法。他向許多天文學家請教過天文學和占星學的知識，與研究中國曆法發展的學者高平子也深入合作，在寫作《殷曆譜》的過程中，他還借鑒了朱文鑫

1 李濟：《安陽》，第 131 頁。

的「儒略週日」。[1]

閒暇時，董作賓常會臨摹殷墟文字，甚至用甲骨文寫一些對聯，送給朋友們，後來，幾乎所有朋友家中都收藏着他的真跡，以致于右任感歎：「彥堂這樣寫，是為甲骨文作宣傳的。」[2] 真是一語道出了董作賓的苦心。

梁思永的研究聚焦於侯家莊。他初步審核了侯家莊的發掘記錄，並完成了西北岡王陵區發掘報告的初稿。雖然只是初稿，還是讓李濟讚歎不已。李濟認為，梁思永不只是提供了一些基本資料，更為「中文的科學報告樹立了樣板」。[3]

昆明人製作的陶瓷、烏銅、金器和鑲嵌，精巧獨特，也引起了梁思永濃厚的興趣。他和石璋如一起創辦了「天工學社」，雖然社員只有他們兩個人，調查尋訪卻有板有眼。他們深信，考察民間的手工技藝，也是理解考古的一種途徑。寓居龍頭村期間，石璋如考察了當地的農業、手工業、風俗與人物，拍攝了四百八十九張照片。[4]

隨遇而安，抑或苦中作樂，他們希望在戰爭邊緣努力做些甚麼，不願無端地虛擲光陰。

這次大遷徙，史語所不僅護送着大批文物離開南京，還運走了十三萬冊中西文圖書、一萬冊西文圖書以及兩萬冊中外雜誌，把它們分別安置在麥地村的響應寺、彌陀殿和觀音殿。在這裡，人們還能讀到各種有關亞洲考古與歷史的珍稀出版物，英文、法文、德文、日文

---

1 李濟：《安陽》，第 141 頁。

2 參見董玉京《我的父親與甲骨文書法（代序）》，載《甲骨文書法藝術》，大象出版社，1999 年。

3 李濟：《安陽》，第 132 頁。

4 王汎森：《王序》，載石璋如調查，石磊編輯《龍頭一年：抗戰時期昆明北郊的農村》，「中央研究院」歷史語言研究所，2007 年，第 4 頁。

應有盡有。[1] 在大後方，史語所的藏書最為完備，吸引着寓居昆明的各大院校和文化機構紛紛前來借閱。[2] 生活朝不保夕，但研究仍要繼續。

1939 年，李方桂信守承諾，只在耶魯大學待了兩年，就冒着戰火回到昆明。大後方生活艱苦，他在院子裡種了菜，又養了雞和鵝。雞與鵝尚未長大，就被黃鼠狼吃得一乾二淨。他鍥而不捨地養了第二批，時常半夜起床，拿竹竿轟黃鼠狼，終於有一隻鵝率先長大，異常兇悍，可以幫他守衛其他家禽。[3]

他一邊做田野調查，一邊培養學生，但他發現，許多年輕人對古漢語語文學系統很有興趣，基礎也很扎實，卻不願進行實地調查。[4] 他自己仍孜孜不倦地外出奔波，不僅調查了剝隘話，而且為了調查彝族撒尼語，他還在一家撒尼人家的閣樓上工作了一個月。後來他又前往貴州，調查、收集了四種侗水（Kamsui）語材料和苗瑤語材料。他從不後悔自己在戰火紛飛之時回到祖國，在大後方輾轉長達六年。直到晚年，他依然表示，「我很高興，因為我能利用這個機會更多地做些實地調查研究」。[5]

風雨飄搖之中，昆明龍泉鎮為學人們提供了庇護之地，史語所也竭盡所能回饋地方。經過史語所的努力，龍泉鎮設置了三等郵局，成

1 參見費慰梅《梁思成與林徽因》，第 169 頁。需要說明的是，費慰梅看到的，是史語所遷到李莊後的圖書館。

2 根據昆 7—131，昆 7—29 等史語所檔案，中國營造學社、清華大學等機構都曾來函希望同意職員或研究生向史語所借閱圖書。

3 李方桂的女兒李林德的回憶。

4 李方桂：《李方桂先生口述史》，第 72 頁。

5 同上書，第 66 頁。

立了衛生院。史語所也為龍泉小學捐款，捐贈了大量圖書。[1]

然而，昆明也不是久留之地。一年半以後，史語所不得不再度啟程。

「李莊熱」

只有去一個在地圖上都沒有名字的地方，才有可能避開日軍轟炸。傅斯年為史語所找到的新去處，坐落在四川的深山之中，它便是「李莊」。

除了史語所，中央研究院社會科學研究所、國立中央博物院、中國營造學社以及同濟大學也被塞進小小的李莊。這裡也因此被譽為戰時中國的學術中心。

史語所到來之初，一個恐怖的謠言就在李莊不斷發酵。當地人把史語所的文物和資料抬上山，撞壞了一個木箱，人骨標本掉落出來。鄉民們無比恐慌，他們懷疑，這群以「中央」為名的所謂學者，是吃人的。

花費了許多口舌，又舉辦展覽，演示講解，史語所才讓李莊人相信，人類遺骸是有學術價值的。

在董作賓的兒子董敏的記憶裡，李莊尚能安居，但生活困苦，「大家在鬧着營養不良，害『李莊熱』，每一個人，都要減輕體重三五磅，甚至十五磅，二十磅。人是瘦了，而且個個面有菜色」。

「李莊熱」加劇了他們的痛苦。1939 年，李濟的二女兒在昆明去

1 史語所檔案：昆 15—1—9，本所等函郵政總局；昆 21—14，本所函昆明縣政府及衛生實驗處，函達籌設龍泉鎮衛生院之經費已集有成數，擬於二月一日先行辦門診部，以便鄉民，希查察見覆；昆 15—29b，昆明實驗縣第五區區立龍泉小學來函，承惠捐國幣一千二百元，已照收訖；昆 7—164，龍泉小學來函，函謝貴所第二次贈送抗戰叢書及匣片一批。

世。1942 年，他又在李莊埋葬了大女兒。李濟家發生的悲劇，讓體弱的陳寅恪望而卻步。[1] 陳寅恪先投奔廣西大學，後來又前往成都，接受了燕京大學的聘書。他不惜激怒老友傅斯年，也不肯前往李莊。

梁思永的身體每況愈下。他準備寫《侯家莊》的第九章，分析西北崗出土的青銅器、石和玉器、骨、象牙和龜殼、蚌和貝類、陶器、禮器等各種遺物，然而，結核分枝桿菌迅速擊垮了他。他長時間臥床不起，甚至幾次病危。他的大哥梁思成給妹妹梁思莊寫信，為了避免家中老人擔心，只好用英語描述了醫生的原話，「anything may happen anytime」—— 隨時都可能出事。所幸，梁思永努力捱了過去。但大後方物資緊缺，物價飛漲，生活雪上加霜。

傅斯年及時出現了。他決定從史語所醫務室支取數千元，專門為梁思永買藥。[2] 他又接連給各方寫信，希望撥款接濟梁思成、梁思永兄弟：「思成之研究中國建築，並世無匹，營造學社，即彼一人耳(在君語)……其夫人，今之女學士，才學至少在謝冰心輩之上。……思永為人，在敝所同事中最有公道心，安陽發掘，後來完全靠他，今日寫報告亦靠他。忠於其職任，雖在此窮困中，一切先公後私。」他當然知道，抗戰情勢緊迫，為了確保款項能及時到位，他同時託了朱家驊和翁文灝兩個人。翁文灝不負所託，帶着這封信去見蔣介石秘書陳布雷，十二天後，翁文灝收到了蔣介石親自送給梁氏兄弟的兩萬元。[3]

傅斯年與梁氏兄弟算不上莫逆之交，他看重的是他們的才學。林徽因後來特地寫信感謝傅斯年，盛讚他「存天下之義，而無有徇私」。

1 參見李光謨《從清華園到史語所：李濟治學生涯瑣記(修訂本)》，第 217 頁。

2 史語所檔案：雜 23—10—25，傅斯年函朱家驊葉企孫，1942 年 11 月 28 日。

3 詳見李學通《翁文灝與梁思成、林徽因》，《近代史研究》2009 年第 1 期。

這就是傅斯年。他幾乎從來不會為自己的事情求人，他也極其清廉節儉，卻見不得朋友受苦，尤其是那些他敬重的學者。他平日裡脾氣暴躁，然而，考慮朋友的問題時，卻細緻周到得難以想像。

「李莊熱」令人窒息，史語所的同仁卻仍然抓緊機會，前往宜賓、彭山、成都、理番等地，進行考古調查，吳定良前往貴州調查苗族，凌純聲率領芮逸夫和中央博物院的馬長壽等人組成川康民族考察團，調查羌族、彝族和藏族，歷史組的勞榦和考古組的石璋如加入西北史地考察團，夏鼐則加入西北科學考察團，前往甘肅、青海等地考察。

梁思永抱病繼續寫作，在石璋如的記憶中，他「在山上時，忙於工作，不分晝夜。雖然是研究室內的工作，但拚命的程度，不減田野工作的精神」。

董作賓同樣不捨晝夜地推進着在昆明時未竟的研究，終於在 1943 年完成《殷曆譜》，並於兩年後通過石印手稿出版，該書被陳寅恪譽為「抗戰八年，學術界著作當以尊著為第一部書，決無疑義也」。[1]

學術研究取決於個人的興趣和知識結構，也離不開群體的相互激勵與啟發。李濟發現彼特里在《史前埃及》裡設定的分類標準無法用於分析殷墟出土的陶器，於是考古組的同事們圍繞着體例原則進行了長時間的探討，他也因此逐漸找到了方向。李濟完成殷墟出土陶器總報告細目時，臥病在床的梁思永率先幫他審閱。董作賓同樣從長期的討論中獲益，調整着甲骨研究的思路。[2] 確認一件史實發生的時間，需要進行複雜的運算，和習慣於用鋼筆蘸墨水寫字的梁思永不同，董作賓

1 他們的後輩許倬雲則這樣感歎：「利用中國古代的干支紀日、置閏、日蝕、太陽太陰曆所產生的月份與節氣間關係以及時王的祭祀系統，把殷代的史事一段、一段排列起來，細緻的地方竟可逐日排比。」

2 李濟：《安陽》，第 146 頁。

就連計算時也要用毛筆，這讓他疲於應對。但是，史語所的許多年輕人都樂於為他效勞。後來，董作賓半自嘲地表達了感激之情，他說，史語所簡直變成了數學所。

他們在苦中作樂，只要有新的學術發現，就彷彿忘記了窘迫的生活。困居李莊，他們沉默着等待抗戰勝利，卻不知道，命運還有更加叵測的安排。

第五章
抉擇

院士選舉

抗戰方休，內戰又起。中央研究院第一屆院士選舉，也在此時舉行。

在亂局中選舉院士，傅斯年本是不同意的。他給胡適寫信發牢騷：「話説天下大亂，還要選舉院士，去年我就説，這事問題甚多，弄不好，可把中央研究院弄垮台，大家不肯，今天只有竭力辦得他公正、像樣，不太集中，以免為禍好了。」

這次院士選舉確實需要平衡各方利益，而其中的爭議話題之一，則是郭沫若。郭沫若與羅振玉、王國維、董作賓一起，被譽為「甲骨四堂」。[1] 多年前，史語所考古組在殷墟第三次發掘中發現了「大龜四版」，遠在日本的郭沫若聞訊，立刻寫信索取拓本。相關資料剛剛出土，尚未公開發表，原本不能外借，不過，李濟、董作賓等人都認為，郭沫

1 羅振玉，號雪堂；王國維，號觀堂；董作賓，字彥堂；郭沫若，字鼎堂。

若流亡在外，依然願意關注中國學術，精神可嘉，便將拓本全部寄給他。不料，郭沫若竟無視學界規矩，徑自把資料引用在他的《卜辭通纂》裡，對於史語所慷慨出借資料一事，幾乎隻字未提，還在後記裡寫道，「知我罪我，付之悠悠」。此舉令傅斯年極為惱火，一度打算訴諸法律，但是李濟勸他說，學術為天下之公器，這樁舊案最終才不了了之。

傅斯年一向愛憎分明。抗戰後，他被任命為北京大學校長，卻極力推辭，舉薦胡適擔任校長，自己願意在胡適回國前代理校長職務。[1] 他堅決拒絕聘用做過漢奸的教授，而對於「苦苦守節」的孫子書、孫蜀丞、俞平伯等人，他則大有好感。[2] 這一次，儘管對郭沫若舊日的品行頗不以為然，更兼有政黨之爭，他還是選擇尊重郭沫若的學術成就。

不過，仍有一些學者極力反對。評議會上，一個列席會議、沒有評議資格的年輕人突然起身慷慨陳詞，院士應當「以學術之貢獻為標準，此外只有自絕於國人之漢奸，應取消資格。至於政黨關係，不應以反政府而加以刪除」。這個年輕人名叫夏鼐，是史語所的代理所長。[3]

三十多歲的夏鼐能夠主持史語所，是傅斯年和李濟全力促成的。1930 年代，夏鼐就讀於清華大學時，他們共同做過他的導師，曾安排他參與殷墟第十一次發掘，在他留學英國讀博士期間更是給予了巨大的支持。1945 年，夏鼐曾發掘齊家墓葬，確定仰韶文化早於齊家文化，徹底推翻了安特生的「中國文化西來說」。1946 年末，傅斯年準備去美國治病，對夏鼐進行了長達四個月的勸說，希望他代理史語所所長。史語

1 1945 年 8 月 17 日，傅斯年致函蔣介石。參見王汎森、潘光哲、吳政上主編《傅斯年遺札》(第三卷)，第 1226—1227 頁。

2 1945 年 10 月 17 日，傅斯年致胡適。參見王汎森、潘光哲、吳政上主編《傅斯年遺札》(第三卷)，第 1239 頁。

3 羅豐：《夏鼐與中央研究院第一屆院士選舉》，《考古與文物》2004 年第 4 期。

所中前輩雲集，夏鼐再三推辭，傅斯年卻堅持認為，「所中的事，本來希望你們年輕人以後多負點責任，我當所長的時候比你們不年輕。現下所中的各研究院，不是書呆子、老學究，便是糊塗蟲」。[1] 傅斯年一向崇尚「拔尖主義」，不遺餘力地培養有才華的年輕人，顯然，他對夏鼐青眼相看，把他當成接班人來培養，而胡適、李濟也都對夏鼐寄予厚望。

除了夏鼐，「大龜四版」風波的當事人更是不計前嫌，力排眾議。董作賓在美國講學，無法回國，但他專程給胡適寫信：「關於考古學方面，希望您選思永或沫若，我願放棄。因為思永在病中，應給他一點安慰，沫若是外人，以昭大公，這是早想託您的。」由於史語所眾人的努力，郭沫若最終當選院士。

這次選舉還算是圓滿收場。院士名單從最初提名的四百多人縮減到一百五十人，原定選舉一百名院士，但是經過更嚴格的篩選，只確定了八十一人。人文組共選出二十八名院士，史語所的專任研究員傅斯年、陳寅恪、趙元任、李濟、李方桂、梁思永、董作賓、吳定良當選，兼任研究員馮友蘭、湯用彤和通訊研究員胡適、陳垣、梁思成、顧頡剛、翁文灝當選，超過半數。

1948 年 9 月，「國立中央研究院成立第二十周年紀念會暨第一次院士會議」在南京召開，蔣介石也擱下東北戰事，親赴北極閣講話祝賀。

出席首屆院士會議的四十八名院士留下一張合影，他們絕大多數西裝革履，穿長衫者則寥寥無幾，所以前排的張元濟和胡適最為顯眼。這一天，也正是張元濟和胡適作為院士代表分別致辭。耄耋之年的張元濟開誠佈公地呼喚和平：「倘若再打下去，別的不用說，我恐怕這個

1 根據 1946 年 11 月 22 日的夏鼐日記。

中央研究院，免不了要關門。」胡適則希望中央研究院能夠繼往開來：「中央研究院不是學術界的養老院，所以一方面要鼓勵後一輩。我們可以夠得上作模範，繼續工作，才不致使院士制度失敗。第二，多收徒弟。今天我們院士中，年紀最輕的有兩位算學家，也是四十歲的人了。我想我們這一點經驗方法已經成熟，可以鼓勵後一代。再即希望以後二十年，二百年，本院這種精神發揚光大起來。願互相勉勵。」

他們試圖心無旁騖地研究學問，希望將精神傳承「二十年，二百年」，但時代轉捩容不得他們心存幻想。不久，「中央研究院」再度南遷，目的地是海峽彼岸的台灣。在南京，物理所大樓已經落成，數學所和化學所也只需安裝好門窗便可投入使用。那些用來製作門窗的木材，最終被趕製成木箱，裝載着圖書和儀器，去往跨海的旅程。

前夜

1949 年 1 月 19 日，傅斯年在枝丫斜刺的院牆上，看到一個支離破碎的月亮。他不知道，還要經過多少輪月圓月缺，他才能重新回來。

史語所的圖書、儀器、標本、檔案及其他資料，已經分兩批運抵台灣。每個人都在頻繁地計較得失，斟酌去留。李濟抱定與文物共存亡的決心，押送第一批文物赴台，董作賓也已起程。被傅斯年寄予厚望的夏鼐，卻直接拒絕了他的邀請，不肯押送文物前往台灣，決意留在大陸，多年後，夏鼐將成為大陸考古界最重要的主持者。

陳寅恪的態度最為微妙，他拒絕乘坐教育部長陳雪屏派出的專機，不過，當胡適出面邀請時，陳寅恪表示，「現在跟胡先生一起走，我心安理得」。[1] 但他沒有前往台灣，而是從南京取道上海，最終前往廣州。

1 鄧廣銘的回憶。轉引自汪榮祖《陳寅恪評傳》，第 257 頁。

儘管傅斯年屢次催促，陳寅恪還是暫時不打算到台灣或香港，而是留在廣州遲疑觀望。其實，傅斯年早就看透了老友，抗戰時他就曾毫不客氣地責備陳寅恪：「兄昔之住港，及今之停桂，皆是一『拖』字，然而一誤不容再誤也。」[1] 這一次，陳寅恪終究還是選擇了「拖」，辜負了傅斯年的厚意。

北平圍城時，傅斯年列出了滯留的著名學者名單，説服政府派出兩架飛機前去迎接。他四處奔走，幫學者們辦理各種手續，到了中午，便和秘書在新街口隨便吃一籠包子，始終悶悶不樂。[2] 他已竭盡所能，然而，專機飛回南京，他等候在機場，卻發現，走下舷梯的只有寥寥數人。大多數舊日的朋友拒絕了他的邀請，決定留在北方，迎接他們嚮往的新時代。

面對空蕩蕩的機艙，傅斯年失聲痛哭。[3] 現在，輪到傅斯年自己來做這樣的抉擇。

他所顧慮的不只是個人的生活，更要考慮如何安置同仁，為他們找一處穩妥的地方，有一份維持溫飽的收入。但此時的傅斯年，早已不是十二年前那個風華正茂的青年，這一次，他感到前所未有的絕望。

他隨身攜帶着大量安眠藥，一度做好了自殺的準備。[4] 二十二年前王國維在頤和園昆明湖殞命時，傅斯年並沒有像陳寅恪那樣飽受震動，但是現在，他卻開始孤獨地思考這個沉重的命題。

史語所的前途愈發黯淡。躊躇再三，傅斯年宣佈，史語所可能會

---

1 王汎森、潘光哲、吳政上主編：《傅斯年遺札》（第三卷），第 988 頁。

2 那廉君：《追憶傅孟真先生的幾件事》。

3 王汎森：《傅斯年：中國近代歷史與政治中的個體生命》，第 214 頁。

4 陶希聖：《傅孟真先生》，載蔡尚志編選《長眠傅園下的巨漢》，台北故鄉文化，1979 年，第 144 頁。

解散，他會竭盡所能幫助大家安排介紹工作。

聽了他的表態，大家悲切不已，於是，他又不得不強顏歡笑，承諾自己必將盡一切可能，確保同仁們的生活與研究。[1]

面對這個承諾，聽者五味雜陳，有的人無比感動，也有的人以為那不過是空頭支票而已。但是，對傅斯年自己，這個承諾卻重若千鈞——他真的決定用殘年去兑現它。

中國人向來安土重遷，這一代人偏生不同。他們先撞上一個國門洞開的時代，又逢上接踵而至的戰亂與離合，從鄉村到縣城，從北京到歐美，從北方到南方，再從大陸到台灣，一步一步，不能回頭。

去留之間，終見分曉。「中央研究院」只有「一個半」研究所遷台，包括史語所的全部文物和圖書，以及數學所的部分資料和儀器；八十一名院士中，也僅有王寵惠、朱家驊、王世傑、吳敬恆、傅斯年、淩鴻勳、李濟、董作賓、李先聞九人前往台灣，另有十二人寓居海外，剩下的則悉數留在大陸，擁抱他們期盼的未來。

許多年後，李濟的得意門生張光直這樣回望大陸時代的史語所：

> 三四十年代的歷史語言研究所是一個人才薈聚的寶庫。所長傅斯年先生雄才大略，學問眼光好，又有政治力量和手腕。他以「拔尖主義」的原則，遍採全國各大學文史系畢業的年輕菁英學者，把他們收集所裡，專門集中精力做研究工作。所以三四十年代被他拔尖入所的學者多半是絕頂聰明、讀書有成、性情淳樸、了無機心的書生……這批人才的儲集，可以說是傅斯年先生對中國史學上最大的貢獻。

1 陳槃：《師門識錄》，載台灣大學紀念傅故校長籌備委員會哀輓錄編印小組編《傅故校長哀輓錄》，台灣大學，1951 年。

傅斯年用二十多年精心佈下這一局好棋，卻無法等到收官的一日。

歸骨於田橫之島

「半年多來，校外攻擊斯年者，實不無人，彼等深以不能以台大為殖民地為憾。然彼等原不知大半為何物，故如遂其志，實陷本校於崩潰。鑒於一年來同事同學對斯年之好意，值此困難之時，決不辭職，決不遷就，決倍加努力，為學校之進步而奮鬥！」

1950 年 1 月 23 日，傅斯年在台灣大學校刊上發表公開信——《致台大同事同學》，一連串「決不辭職，決不遷就，決倍加努力」，乾脆決絕，霸氣不減當年。這段話很容易讓人想起幾年前叱咤政壇的傅斯年，當時，他擔任國民參議員，接連「炮轟」兩任行政院長孔祥熙和宋子文，迫使這兩個權傾一時的「國戚」被迫下台。

此時，傅斯年擔任台灣大學校長，也仍是史語所所長，不過，壓力未能稍減，反而成倍增加。

入主台大時，人們希望他題幾個字以示喜慶和勉勵，一向樂觀的傅斯年卻援筆發出不祥之音——「歸骨於田橫之島」。

身體每況愈下，學術前景堪憂，都令他滿腹傷感。來台之初，史語所的同仁們一度住在教室裡，生活完全沒有保障。搬遷費還沒等用來蓋房舍，很快就因貨幣貶值蒸發得所值無幾。他通過台大和史語所合聘的形式，為同仁們爭取到兩份薪水，勉強維持日常生活，但是，對史語所的前景，他並不樂觀。在寫給朱家驊的信中，他再次嚴肅地探討解散史語所、遣散眾人的方案細節。

在台灣大學，他面對的是更加複雜的人際關係，更讓他無奈的是，許多舊日的朋友都選擇留在大陸，他無法像主持北大時那樣自如地為學生延聘名師。但他仍努力設法增設教室和實驗室，充實圖書館，試圖推行德國的講座教授制，並要求資深的教授也能給一二年級學生上課。[1]他希望有朝一日能把台大建設得像柏林大學、劍橋大學或牛津大學一樣。[2]

政府提供的有限的經費，他都用來擴建教室、宿舍，購置圖書、儀器，努力聘請有名望的老師，改善學生的學習和生活環境。這些務實的工作，卻頻頻遭人質疑。有人指責，政府給台大撥款，卻根本看不出成績。有一天，蔣介石的心腹幹將陳誠問他，為甚麼不買點石灰，粉刷一下台大的牆。可是，傅斯年想要的「成績」，並不是這些面子工程。他想讓更多有才華的學生有讀書的機會，可以衣食無憂，心無旁騖地學習。他時常會悄無聲息地跑進學生宿舍，看學生們吃的是甚麼，倘若伙食不好，他就更加自責。[3]

台大只有校長和總務長有汽車，傅斯年的夫人俞大彩也在台大教書，但是每次往返學校，都只乘公共汽車。有一個假期，總務長開公車帶着戀人外出，傅斯年聞訊後厲聲斥責：「你要知道，汽油是人民的血汗！」

他苦心經營台大之時，政治的陰霾正步步緊逼象牙塔。

1949 年 4 月 6 日，大批軍警以逮捕共產黨為名，闖入台大與台師大，逮捕了兩百多名學生。「四六事件」令傅斯年拍案而起，他無法容忍政治干預學術。他公開宣佈「學校不兼警察任務」，還對「警備總司令部副總司令」彭孟緝說：「你今天晚上驅離學生時，不能流血，若有

---

1 王汎森、杜正勝編：《傅斯年文物資料選輯》，第 160 頁。

2 王汎森：《傅斯年：中國近代歷史與政治中的個體生命》，第 216—218 頁。

3 傅樂成的回憶。參見韓復智編《傅斯年年譜》，《台大歷史學報》1996 年第 20 期。許倬雲也有類似的回憶，參見許倬雲口述，李懷宇撰寫《許倬雲談話錄》，廣西師範大學出版社，2010 年，第 49 頁。

學生流血，我要跟你拚命！」[1]

1950 年 7 月，他宣佈徹底整頓台大，「要在三至六個月之中清算台灣大學中一切敗類」[2]，依稀仍是幾年前「炮轟」行政院長時的豪氣干雲——「我誓死要和這班敗類搏鬥」。[3] 可惜，他卻等不到兑現諾言的一天。

這一年夏天，他因膽結石入院手術，出院後沒有休養一天又開始工作，這樣一直捱到 12 月 19 日那個寒冷徹骨的冬夜。他的夫人俞大彩後來回憶：「我為他在小書室中升炭盆取暖。他穿着一件厚棉袍伏案寫作。我坐在對面，縫補他的衣襪。因為他次日要參加兩個會議，我催他早些休息，他擱下筆抬頭對我說，他正在為董作賓先生刊行的《大陸雜誌》趕寫文章，想急於拿到稿費，做一條棉褲。他又說，你不對我哭窮，我也深知你的困苦，稿費到手後，你快去買幾尺粗布，一綑棉花，為我縫一條棉褲，我的腿怕冷，西裝褲太薄，不足以禦寒。」

他是台灣大學校長，史語所所長，但他的褲子甚至不足以禦寒。

傅斯年說着忽又起身：「這些書，還有存於史語所一房間的書，我死後留給兒子。我要請董作賓先生製一顆圖章，上刻『孟真遺子之書』幾個字。」他又絮絮叨叨地轉向妻子說：「你嫁給我這個窮書生，十餘年來，沒有過幾天舒服的日子，而我死後，竟無半文錢留給你們母子，我對不起你們。」

這是傅斯年在家裡的最後一個晚上。他就這樣一步一步走向可以預期的將來。他留下的這許多歎息與叮囑，並不是讖言，而是在心底

1 賴澤涵、許學姬訪問：《彭孟緝先生訪問記錄》，《口述歷史》1994 年第 5 期，第 338 頁。

2 李東華：《光復初期台大校史研究（1945—1950）》，台灣大學出版中心，2014 年，第 276 頁。

3 羅家倫：《元氣淋漓的傅孟真》，《「中央」日報》1950 年 12 月 31 日。

早已做出的決定，早已擬好的安排。

次日，他整整一天都在各處奔波，開會，做長篇發言。下午 5 點 40 分，他原本已經回到座位休息，不料郭國基突然起身質詢，傅斯年不得不第二次登台回應，苦口婆心地解釋，台大需要幫助學生解決生活困難，給他們營造安定的環境，才好要求學生們認真讀書。他越説越激動，不禁大呼：「我對有才能，有智力而貧窮的學生，絕對要扶植他們。」半小時後，他疲憊地走下講壇。陳雪萍發現他步履不穩，急忙上前攙扶，結果傅斯年已經突發腦出血暈倒在他身上。

蔣介石聞訊大驚，命令陳誠召集全台名醫會診，不惜一切代價搶救。儘管傅斯年曾一再攻擊孔祥熙、宋子文，屢次讓蔣難堪，儘管他甚至在蔣介石面前蹺起二郎腿放肆地講話，蔣介石還是非常敬重這個注定與自己不會同路的書生。蔣介石整晚守在電話前，要求陳誠每過半小時就向他彙報一次搶救進展，直到深夜。

夜裡 11 點 20 分，五十四歲的傅斯年在台北去世。他曾天真地宣誓「決不辭職，決不遷就，決倍加努力」，但他敵不過死神夜以繼日的追襲。

最痛切的悲劇，不是失敗，而是出師未捷卻先殞命。

和他的「丁大哥」丁文江相仿，傅斯年起初也可能成為第一流學者，卻被紛擾煩瑣的政事所誤。他無疑是「中國現代學術界的設計師」，[1] 卻又同時扮演着工兵般的角色 —— 為了爭取研究經費、為了幫助同仁解決生活問題，他消耗了太多精力。他的一生，幾乎都在為他人

1 這是王汎森對傅斯年的評判，他認為，傅斯年「不專門的散漫治學方式也使他能夠成為一個中國現代學術界的設計師」。參見王汎森《傅斯年：中國近代歷史與政治中的個體生命》，第 72 頁。

作嫁衣。他其實也不是一個足夠好的管理者，他做事過於事無巨細，親力親為。這是他的性格悲劇，卻也正是他的人格光輝。

他甚至也不是一個「好導師」。「好導師」是胡適對他的評價。1947 年，胡適曾在日記裡感慨：「史語所中很有人才。孟真確是一個好導師。」傅斯年去世後，蔣介石送的輓匾也是「國失師表」。但是，傅斯年崇尚的是「拔尖主義」，他只對他認可的年輕人青眼相看。他有時行事頗為霸道，無論對下屬還是對朋友，常有「家長作風」，[1] 有時也不容易控制脾氣，盛怒之時，常有無辜的下屬被莫名地「誤傷」。傅斯年深知自己的缺點，卻也只是感歎：「叫我不貳過可以，叫我不遷怒，我實在做不到。」[2]

傅斯年不是一個完美的人，但是，正因他的執拗、他的天真、他的桀驁、他的坦蕩，他才讓他的時代難以忘懷。

傅斯年去世的消息，大約在十天後傳到大陸。[3] 陳寅恪悄無聲息地寫了一首詩《霜紅龕集望海雲〈一燈續日月不寐照煩惱不生不死間如何為懷抱〉感題其後》——

不死不傷最堪傷，[4] 猶說扶餘海外王。
同入興亡煩惱夢，霜紅一枕已滄桑。

陳寅恪晚年作詩多用曲筆，這首也不例外。他興的是時代更迭的喟歎，寫的是明末清初的傅青主，卻暗藏着對傅斯年的緬懷——悄無

1 「家長作風」是顧頡剛對傅斯年的評價。兩人在北大同學時就成為好友，可惜十幾年後「交誼臻於破滅」。顧潮編：《顧頡剛年譜》，中國社會科學出版社，1993 年，第 152 頁。

2 那廉君：《傅孟真先生軼事》。

3 傅斯年於 1950 年 12 月 20 日去世，夏鼐在 12 月 30 日的日記中寫道，他閱讀 12 月 27 日出版的《大公報》，得知了傅斯年去世的消息。

4 陳寅恪傳世詩集為「不生不死最堪傷」。

聲息的緬懷。沒有當年悼念王國維時那樣酣暢淋漓的「獨立之精神，自由之思想」，有的只是隱忍的深情。

沒過多久，向達、鄧廣銘、周一良、傅樂煥、夏鼐等人都收到陳寅恪寄來的新作《元白詩箋證稿》，他們都是傅斯年同輩或學生輩的故人。在每本書的扉頁上，陳寅恪都抄錄下這四句詩，卻並未言明原因。但他們自然看得出，雙目已盲的陳寅恪努力將這些字句謄寫得清楚工整；他們也看得出，藏匿在這些字句裡的那個再也回不來的故人，以及那個再也回不去的時代。

命運的輯補者

傅斯年去世六年後，李濟給遠在美國的趙元任寫了一封信。他想舉薦「考古十兄弟」中的「老九」高去尋出國訪學。李濟寫道：「他進所雖不太早，但曾趕上安陽發掘，為思永所賞識。現在他整理侯家莊的工作及思永遺著，成績甚佳。在考古組內中國書讀得最好，英文及日文的閱讀能力亦不差，現在日本的梅原末治教授來此，對他的淵博甚為敬佩。孟真在時久有送他出國之意，以時代非常，屢遭挫折，只能怨命了。此次若有成功的希望，亦算我們完成了傅公一未完之願也。」

高去尋 1935 年從北大畢業時，胡適很想把他留在北大，他卻堅持要跟隨史語所參與考古發掘，被崇尚「拔尖主義」的傅斯年選中，又獲得梁思永認可，聘入史語所。傅斯年認為他「很可造就」，「大有可為」，梁思永覺得「此人實好」，「可稱難得」。[1] 參與殷墟發掘後，他也被梁思永視為接班人。

1954 年，梁思永在北京去世。當年他對殷墟西北岡大墓的研究整

1 參見史語所檔案：考 2—81，考 2—96，1935 年 7 月，傅斯年致李濟的兩封信。

理工作，剛剛起筆就因病擱下，也就此交到高去尋手上。

正如李濟在信中所描述的那樣，高去尋原本也有出國機會，卻屢次被時局所誤。未能送高去尋出國，也是傅斯年臨終前的遺憾之一。1956 年這一次，或許是高去尋最後的機會。

經過李濟和趙元任推動，高去尋終於成行，但他已經年近五十，最好的年華都被漫長的戰爭吞噬。三年後，他從美國回到台灣，決定心無旁騖地完成老師梁思永未竟的工作。

他所能憑藉的，只是老師剛剛起筆的二十多萬字的書稿《侯家莊》，以及庫房里海量的文物和一摞摞厚重的《墓葬登記表》《田野記載表》以及發掘日記。他清楚地知道，如此龐雜的工作，他可能用盡一生都無法完成。

最關鍵的是，侯家莊並不是他的興趣所在。

然而，看到扉頁上老師的名字，他突然感到別無選擇。

這個決定，耗盡了高去尋的整個餘生。從 1959 年直到 1991 年去世，三十二年間，他都在重複着這件龐雜而煩瑣的工作，「有時一件器物的找尋，或一件破斷器物的接合，勢須將西北岡甚至小屯的此類出土物全部清查一遍才能解決；有時一件田野登記號已失或模糊不清的器物，是否 1001 墓出土，需要翻閱全部《墓葬登記表》、《田野記載表》、附圖、發掘日記、照片等等才能確定」。

就這樣，在台北「中央研究院」的庫房裡，高去尋從清晨枯坐到黃昏。他再也無法回到安陽，回到殷墟，但他其實每時每刻都穿行在殷墟的每一個探方，打量着四面八方撲面而來的文物和不斷被喚醒的回憶。三千年以降的光陰，數十年以來的夢寐，就這樣侵蝕着他的健康，蠶食着他的生命。

曾與他並肩進行田野考察的劉燿、夏鼐等人，成為大陸考古學界的扛鼎之人，[1] 比他年輕十多歲的張光直、許倬雲、李亦園等人亦陸續前往美國，成為享譽國際學術界的大家，高去尋卻被孤獨地擱淺在時代的夾縫中。

張光直後來感歎：「高先生花這麼大的力氣寫西北岡大墓的報告，完全是出於對史語所李濟先生，尤其是對老師梁思永先生的義務感和責任，而他自己研究的主要興趣並不在此。但是這番努力的結果，使中國近代考古學上最重要的一批原始資料公之於世，而且由於高先生的細心和負責的態度，使那些『枯燥無味』的『破爛東西』轉化為價值連城的史料，這幾本報告也成為中國近代考古報告中的精華楷模。」

《侯家莊》系列發掘報告一本接一本出版，每一本都重達十幾公斤。高去尋幾乎全憑一己之力編撰了三十二年。然而，在每一本發掘報告的扉頁上，他都寫上「梁思永遺稿，高去尋輯補」。

沒有一個智者願意重複別人走過的路，沒有一個學者不在內心深處希望開創自己的時代，沒有一個人甘願放棄自己的年華去填補別人的遺憾。人生如寄，倏忽即逝，何況漫長的三十二年。

在高去尋的有生之年，他終究沒能完成《侯家莊》的全部報告，一些掃尾的工作，交給了他的「二哥」石璋如。他已經竭盡所能。

反芻大陸時代的記憶，也成為兩代人難以逃避的命運。到台灣後，楊時逢同樣用了很多年整理當年在湖南、四川等地所做的方言調查。《四川方言調查報告》出版時，距離當年的考察已經五十年之久，而他再也未能重返四川；石璋如直到臨終前還忙於編寫《殷墟百人傳》，為

---

1 高去尋曾感歎：「近來中國大陸的學術崛起，至少考古組的工作已經不成為人家的對手了。」李卉、陳星燦編：《傳薪有斯人：李濟、凌純聲、高去尋、夏鼐與張光直通信集》，生活·讀書·新知三聯書店，2005 年，第 161 頁。

所有參與殷墟發掘的人物逐一立傳，他的老師們，他的兄弟們，以及那些朝夕相處的工人們⋯⋯他們這樣夜以繼日地回顧着，書寫着，彷彿生怕哪一天自己會突然丟了記憶，生怕哪一天中國會忘了那個時代和那一代人。

自由主義的創傷

1958 年，胡適即將返回台灣的消息不脛而走，終於為百廢待興的台灣學界注入了一劑強心針。

代理「中研院」院長職位長達十八年的朱家驊最終不容於蔣介石，被迫辭職。風雨飄搖的十八年裡，朱家驊勉力完成了「中研院」的大遷徙，憑藉遷台的「一個半」研究所，苦心經營，重新奠定了「中研院」的規模，並在台北南港找到一塊容身之地。與此同時，史語所也進行了改組，民族學研究所、近代史研究所相繼脫離史語所，獨立成所。

朱家驊被迫辭職，據說是因為他在 1949 年時與李宗仁走得較近，令蔣介石一直耿耿於懷。何況，「中研院」直屬「總統府」，不僅為當局提供智力支持，也是知識界的表率，如此，蔣介石更難容忍異己的存在。

聽說朱家驊被迫去職，胡適憤憤不平。選舉新任院長時，他專程寫信委託王世傑代表他把選票再次投給朱家驊。大多數在歐美的評議員，也和胡適保持了同樣的步調——無論如何也要把朱家驊再次推為候選人。

正如十八年前朋友們靠着一腔書生意氣選胡適一樣，這次他們同樣為了他們的 stand for 做出一個 demonstration。第一次投票時，朱家驊獲得八票。[1] 十八年就像一場輪迴，選舉似乎又陷入僵局。

1 一說九票。

與此同時，又像十八年前一樣，一個據說是來自蔣介石的意見被傳達給書生們——蔣介石希望大家選胡適為院長。儘管許多人確有此意，梅貽琦還是代表書生們義正詞嚴地反擊：「胡先生如能當選，自會選出，我們並不奉他人的意見而選舉。」

蔣介石此時尊崇胡適，其實別有深意。

1954 年，大陸開始批判胡適。從前在北平，許多人親切地稱他為「我的朋友胡適之」，然而此時，這個「好人」卻被他的敵人、朋友甚至他的兒子集體鞭撻。他把許多批判文章都收集來看，並逐一加註反駁，最讓他迷惑的是老友金岳霖的突然轉向，他寫道，「問岳霖何以不要自由」。

胡適畢生致力於尋求個人乃至整個國家的自由。沒有一個統治者會喜歡自由主義者的立場，但是，由於大陸批判胡適，蔣介石決定反其道而行之。

選舉結果最終皆大歡喜。胡適領先，獲得十八票，時隔十八年，再度被指定為院長。

蔣介石對胡適充分示好。當聽說胡適擔心回台灣後找不到合適的居所，他就特地從自己寫的書的外文譯本版稅中，撥出四十八萬新台幣，在「中研院」裡為胡適擇地造了一座房子。蔣介石知道該用甚麼樣的方式來表達對文化人的尊重，他捐出的是自己的稿費，而不是政府撥款——他是站在一個書寫者的角度而不是政治領袖的立場來向胡適致意，無論出於真心還是假意，都算不易了。

他還出席了胡適的就職典禮，但他沒料到，自己竟會遭到胡適公開奚落。在開幕式致辭中，針對大陸的胡適批判，蔣介石特地讚揚胡適「個人之高尚品德」，並希望「中研院」能配合政府「反共抗俄」。不料，胡適登台卻說：「『總統』你錯了。」這句話讓台下掌聲雷動。胡適繼而説，自己之所以在大陸被批判，「並不是清算個人的所謂道德」，而是自己在青年們「思想上、腦筋裡留下了許多『毒素』」。他又不厭其煩地講起年輕時代的那些「新學問、新文化、新思想、新思潮、新的思想方法」，他還明確表態：「我們做的工作還是在學術上，我們要提倡學術。」

胡適也沒有按照蔣介石期待的那樣與他共進退。次年，胡適就公開反對蔣介石連任「總統」，抗議他為了謀求連任而修改「憲法」。此後發生的「雷震案」，更讓兩人心生芥蒂。

暮年的胡適，心臟病接連發作，然而，除了推動學術研究，他還打算再做些甚麼。他試圖恢復學術的溫情，希望在寫給院士朋友們的公文上添上「吾兄」兩個字，想把公文變得有人情味。他也時刻叮囑大家，不要叫自己「胡院長」，而改稱「胡適之先生」。但他能帶給學術界的影響與改變，早已不復當年。

1962 年 2 月 22 日，他忽然想起他的學生、以「胡適的鬥士」自命的傅斯年。胡適叫來秘書王志維，要求他幫忙找一處房子。這個要求讓王志維大感迷惑，因為蔣介石用稿費幫胡適蓋的房子，似乎並沒有出甚麼問題。胡適並非對這座房子不滿意，他説：「我太太打麻將的朋友多。我在南港住的是公家宿舍，傅孟真先生給『中央研究院』留下來的好傳統之一，就是不准在宿舍打牌。我也不應該不遵守傅先生留下的規矩。」

他惦記着傅斯年當年留下的規矩，不想破壞了這個規矩和這些「好傳統」。固然，是天才、勤奮和機遇塑造了這一代人的學術地位，但是，卻正是對這些「傳統」的尊重與堅守，成就了一個時代的精神高度。

兩天後，「中研院」第五次院士會議上選出了新一屆院士。這一天，胡適沒有像 1948 年時那樣穿長衫，而是換了一身西裝，迎接從美國回來的學生們。對他而言，這一天意義非凡。「今天是『中央研究院』遷台十二年來，出席人數最多的一次院士會議，令人高興的是海外四位院士也回來參加這次會議……十幾年來，我們在這個孤島上，可算是離群索居，在知識的困難、物質的困難情形之下，總算做出點東西。」

這一天，胡適和院士們被李濟帶領着，參觀了古銅器展覽。[1]晚上的酒會結束前，胡適再度上台，展望「中研院」的未來，也講到自己四十年以來捱過的罵，説到激動處，他努力平靜下來，走下台與客人們逐一握手告別。就在轉身之際，他忽然臉色蒼白，仰面摔倒，後腦撞上桌沿，隨即重重地倒在地上。

胡適之死震動台灣，送行者達三十萬人。蔣介石題寫的輓聯則頗有些五味雜陳：

新文化中舊道德的楷模，
舊倫理中新思想的師表。

胡適之後，一代人迅速凋零。次年1月3日，朱家驊去世；6月18日，董同龢去世；11月23日，董作賓去世。1969年，避居廣州的陳寅恪閉上了失明二十餘年的雙眼。

1984年，胡適去世二十二年後，有一天，七十四歲的夏鼐翻開《胡適年譜長編》第五冊，忽然百感交集。他讀到的，是1947年的一段往事——那是夏鼐第一次見到胡適。那時，年輕的夏鼐正代理史語所所長，胡適對他大加讚賞，專門在日記中提起他，認為這個年輕人前途不可限量。

此時，曾被胡適、傅斯年、李濟寄予厚望的年輕人，已經白髮蒼

1 李光謨：《從清華園到史語所：李濟治學生涯瑣記（修訂本）》，第270頁。

蒼，他的老師們早已全部去世。夏鼐想起了老師們曾給他的鼓勵與恩情，也想起了自己從 1950 年代起對老師們的批判。幾十年過去了，記憶將他獨自擱淺在人世的彼岸，不能回頭。他蠕動着嘴唇，卻好像有甚麼哽住了喉嚨，遂默念起陳寅恪當年抄給他的詩句：「同入興亡煩惱夢，霜紅一枕已滄桑。」[1]

時隔三十多年，他終於理解了這首詩真正的含義。

一生的迷城

「在我閉上眼睛以前，還打算寫一本書。」1973 年，李濟告訴來訪的日本考古學家國分直一，他打算用英文寫一本書，也希望出版日譯本，至於中文版，他補充道，就不必了。[2]

這本書將要記錄的，是他夢寐之中的安陽。

南渡台灣之後，李濟的日子同樣並不輕鬆。1949 年 7 月，經過幾個月的鬱鬱寡歡，他終於重新拾起田野調查的興趣，為瑞岩泰雅人做了身體測量。五十五歲的李濟一路翻山越嶺，但在行程的最後，他不得不依靠兩個年輕的泰雅人的幫助才終於抵達目的地。他意識到，自己老了。半個月後，他在台灣大學創辦考古人類學系，並定下極高的目標，「台大的學術標準與國家研究所是同一水平的」。

許倬雲在大一時選修了李濟的「考古人類學導論」。他沒有料到，老師居然佈置了一門匪夷所思的功課：要求大家記憶四大人猿類體毛

1 夏鼐：《夏鼐日記》（卷九），華東師範大學出版社，2011 年，第 401 頁。此外，1951 年 1 月 25 日，夏鼐也曾在日記中記錄了向達曾和他談起陳寅恪「分贈諸友」的這首詩。1982 年 3 月 6 日，他在讀《胡適往來書信選》下冊從 1945 年到 1948 年的書信時，也曾在日記中引陳寅恪的這句詩感歎。

2 李光謨：《前言》，載李濟《安陽》，第 4 頁。

的密度。過了很久，許倬雲才開始理解老師的苦心，「他只是要給學生嚴格的訓練，正如同新兵入伍要踢正步一樣」。李濟還反覆給學生們講一個故事：「假如你要在一片草地上找一個小球，最靠得住的辦法，就是將草地畫成一根一根的直線，循着直線來回走，走遍草地，你一定會找到這個小球。」這個方法看起來並不聰明，但一定很可靠。

李濟希望學生們知道，學問沒有捷徑可走，必須安穩扎實，就像考古發掘一樣，只有一鏟一鏟地挖下去，耐得住寂寞，經得起考驗。

在許倬雲的記憶中，李濟的考古課上佈滿了無數把青銅小刀，它們排列着像一條河那樣蜿蜒席捲。文明就在這些符號中無聲地湧動，沉默地傳承，「看上去瑣碎，然而它卻真正教導了我們怎樣從零碎的現象中歸納出文化演變的趨向」。

晚年的李濟，也曾屢次被政務所擾。朱家驊辭職和胡適去世時，李濟甚至兩度代理院長，但他沒有忘記學者的本分。從 1964 年到 1972 年，每隔兩年，他便針對一種器形的青銅器發表一篇重量級的學術論文，古老的世界可以讓他暫時忘記時代的隱痛和人世的離散。當時，他的兒子李光謨遠在大陸，生死未卜。那是他經歷抗戰劫難之後幸存下來的唯一的孩子。1949 年，李光謨原本已經隨李濟南渡台灣，但是，同濟大學開學在即，李光謨堅持要回學校完成學業。回到上海後，他又希望留在大陸見證一個新時代的誕生。一家人從此天各一方。幾年後，曾深受李濟、董作賓恩惠的郭沫若宣稱，李濟們「或兢兢於古器物尺度輕重的校量，或則根據後來的曆法推譜的『殷譜』，真可以說是捧着金碗討飯了」，把他們比作蜥蜴之類的爬蟲。李濟最器重的弟子夏鼐，也成為批判他的急先鋒。1959 年，李濟和他的學術思想更是遭到《考古》雜誌瘋狂的批判。「文革」開始後，李濟更加不敢想像兒子的處境，中斷聯繫的許多年裡，他和妻子強迫彼此相信，兒子或許早已死去。[1] 自然，還有一些事情，是他們更加難以想像的。離開大陸時，李濟將女兒的遺骸託付他的學生、舊日的「考古十兄弟」之一尹煥章照管。尹煥章一直信守承諾，把遺骸藏在文物倉庫裡，悄然守護了十七年，不料，「文革」中卻有人告密邀功，強迫他交出骨骸，當場砸爛。在這次浩劫中，尹煥章最終自殺身亡。

遠在台灣，李濟得以暫避這些人世的干戈，專注於學術研究。但是，在大陸所有的歷史、考古學和人類學的教科書中，「中國考古學之父」李濟的名字徹底消失了。一張 1930 年代的著名合影，更是清晰地反映出這種讓人憑空消失的魔力 —— 在這張魯迅、李濟和楊銓的合影中，李濟被剪掉了，他的身影要一直等到 1980 年代末才能重新出現，被掛進魯迅博物館。[2]

即便在台灣，人文學科也不可避免地越來越邊緣化。1970 年代，當王汎森到台灣大學讀書時，李濟的名字已經在許多學生心中變得陌生起來。三十多年後，王汎森在「中研院」副院長辦公室裡回憶起李濟的最後一次演講，依然唏噓不已。那時，年輕一代更熱衷西方的新思潮，關心社會的民主與自由，沒有多少人對考古學這門古老的學問感興趣，以致系裡不得不專門組織學生前去捧場。[3]

---

1 根據李光謨的回憶，1959 年，他和父母其實在珠海秘密地見過分別後的唯一的一面。聽說李濟夫婦應邀前往美國訪學，大陸方面與他「接觸」，試圖勸他留在大陸。李光謨因此得到一個多小時的時間，在珠海的一間會客室與父母見面。多年後，他寫道：「我跟父母的談話也只能說些家常……彼此間的話題更多地集中在兩方的一些親友的狀況……過邊界線時，我直怕踩上那條被安保人員事先告誡多次的線；等我抬頭一看時，兩位老人已經過到『線』另一邊的車旁了。我手裡攥着的一串香蕉（本欲遞給母親途中用的）也沒交到她手中。從此以後，父母親就再也沒有和我見過面了。」參見李光謨《從清華園到史語所：李濟治學生涯瑣記（修訂本）》，第 375—376 頁。

2 參見李光謨《從清華園到史語所：李濟治學生涯瑣憶（修訂本）》，第 87 頁。

3 2010 年 9 月，我在台北拜訪王汎森先生，他回憶起了這段往事。

一切彷彿是一場輪迴。李濟在台灣大學的最後一場演講，就像他1920年代在清華國學研究院開講的第一堂課一樣，執着，落寞，與時代格格不入。

晚年的李濟，卻仍攢足最後的氣力，只為了回望安陽。那裡不僅是中華文明的發源地之一，還是他這一代人的學術起點和人生最隆重的時刻。

命運卻不斷地對這個執拗的老人施以重創。他向國分直一講出夙願後沒過幾個月，就不慎摔傷了左腿。醫生沒有給他做手術，因為他還患有嚴重的糖尿病，只能保守治療。

他卻硬是在病榻上開始書寫安陽。1977年，*An yang* 在美國出版。此時，距離殷墟第一次發掘已過去四十九年，當年與他並肩作戰的史語所的朋友們，都已去世多年，甚至連年輕一輩也多已凋零。

這一代人生在苦難頻仍的時代，卻取得了空前的成就。他們忍受病痛和饑饉煎熬，飽嘗離散與困苦，但似乎沒有甚麼能夠真正擊倒他們。

除了死亡。

兩年後，李濟在台北去世。

他熄滅在安陽的夢中。這座重見天日的城市，就像一座永遠無法走出的迷宮，他和他的朋友們的一生，都被它牢牢困住。無論重病在身還是白髮蒼蒼，無論留在大陸還是去往台灣，無論握手言和還是反目成仇，無論隔着滄海回眸眺望還是任由淚水灑落信紙，人世代異，生死離合，那座城將他們召喚到一起，卻又殘酷地擄去了他們全部的年華，彷彿他們生來就該是孤獨的守城人，注定要找到那座城，進入那座城，在三千年前混沌的光陰裡，消磨掉自己寂寥的一生。

中國營造學社

被遺忘的「長征」

第一章
破譯「天書」

「吾族文化之光寵」

1925 年的費城，正在緊張地籌備美國歷史上第一屆世界博覽會。為了迎接即將到來的第一百五十個「獨立日」，費城大規模興建展館，準備向全世界展示最新的科技與藝術成果。

賓夕法尼亞大學美術學院建築系四年級學生梁思成，卻忙於重新設計凱旋門。在課堂上，有時他被要求修復損毀的建築，有時則需要規劃一座未完成的教堂。這些作業都必須遵循一個原則 —— 無論做出何種構想，一定要與當地環境相契合。[1]

父親梁啟超寄來的影印本《營造法式》，卻讓梁思成不知所措。透過微微顫動的紙張，縱橫捭闔的斗拱與飛檐似乎都峙立起來，栩栩如在眼前；他認識紙上的每一個漢字，但他讀不懂那些神秘的文字，它們以匪夷所思的方式組合在一起，像是另一個世界的語言。

1 費慰梅：《梁思成與林徽因》，第 32 頁。

這本「天書」的扉頁上留着父親的字跡：「一千年前有此傑作，可為吾族文化之光寵。」

《營造法式》刊行於北宋崇寧二年（1103 年），由將作監李誡奉旨編修，原本是為了推出工程標準，杜絕貪污浪費，卻也因此保留下中國營造的規則與智慧。不料，僅僅二十四年後，帝王便拱手讓出汴梁，許多令人驚羨的技藝和美學，落進原木的裂隙間。歷經千年，《營造法式》中記錄的規則消磨在一代又一代工匠的口口相授中，流沙般漸次散佚，終被遺忘。

1919 年，《營造法式》突然重現人間。作為北方政府總代表，朱啟鈐南下議和，卻在江南圖書館意外地發現了失傳已久的《營造法式》。他做過交通總長和內務總長，主持過紫禁城的修繕與改造，對營造格外感興趣，立刻意識到這部著作的獨特價值。他發現的《營造法式》是錢塘丁氏家族的鈔本，其間錯誤疏漏很多，繪圖也較簡陋，此後，藏書家陶湘將「丁本」《營造法式》與《四庫全書》及民間鈔本比對校勘，推出「陶本」《營造法式》。剛出版不久，梁啟超就把它寄給長子梁思成，希望梁思成不要只關注西洋建築，也應當反顧中國傳統。

1920 年代的賓夕法尼亞大學建築學專業正處於鼎盛時期，在瓦倫 · 萊爾德（Warren P. Laird）、保羅 · 克瑞（Paul Philippe Cret）等建築名家主導下，長年包攬全美設計大賽近四分之一的獎項。一大批中國留學生也雲集在賓大，楊廷寶、范文照、童寯、陳植、趙深等人後來都在建築界或教育界成就卓著。他們的同學裡，還有約翰 · 埃文斯（John Lane Evens）、羅蘭 · 辛德爾（Rowland Snyder）以及未來的建築大師路易 · 康（Louis Isadore Kahn），而這群才華橫溢的中國留學生則被美國同學戲稱為「中國小分隊」（The Chinese Contingent）。[1]

1 陳植：《學貫中西，業績共輝 —— 憶楊老仁輝、童老伯潛》。轉引自童明《中國近現代建築發展的基石：畢業於賓夕法尼亞大學的第一代中國建築師群體》，《時代建築》2018 年第 4 期。

父親的禮物卻把梁思成引向一條反顧東方的路。他想起剛到賓大讀書時，建築史教授阿爾弗萊德·古米爾曾問他中國建築史的情況，他才突然意識到，中國從來就沒有一部建築史，並且，「中國人從來就不認為建築是一門藝術」。[1] 此刻，仿若從天而降的《營造法式》或許能幫助他回答這個問題，他也因此更加迫切地想要追溯中國的營造傳統。

遙隔千年，相距萬里，李誡的書寫、朱啟鈐的搜尋、陶湘的考證、梁啟超的期望……建築之光曲折蜿蜒，最終匯聚在梁思成身上。紙面上的線條與圖案，蜿蜒成他一生無法走出的佛殿與宮牆。

未婚妻林徽因也鍾情建築，梁思成到賓大學建築其實是由林徽因促成的。然而，賓大建築系不招收女生，林徽因自己只好暫時學美術，但一直旁聽建築系的課，還因為才華出眾，一度在建築系做助教，被當地的報紙譽為立志拯救祖國藝術的中國姑娘。[2]

兩人成婚時，特地把婚期定在三月二十一日，就是為了紀念《營造法式》的作者李誡，因為那一天是宋代為李誡所立碑刻上唯一的日期。後來，他們又給兒子起名「從誡」，以示終生追隨李誡研究中國古建築的決心。

梁啟超一直擔心梁思成所學過於專精，曾寫信規勸：「思成所學太專門了，我願意你畢業後一兩年，分出點光陰多學點常識，尤其是文學或人文科學中之某部門，稍為多用點工夫。我怕你因所學太專門之故，把生活也弄成近於單調，太單調的生活，容易厭倦，厭倦即為苦惱，乃至墮落之根源。」梁思成沒有辜負父親的期望，他對美術、雕

---

1 費慰梅：《梁思成與林徽因》，第 31 頁。

2 報道標題為「Chinese Girl Dedicates Self To Save Art Of Her Country」。轉引自童明《中國近現代建築發展的基石：畢業於賓夕法尼亞大學的第一代中國建築師群體》。

塑、音樂也很有興趣，有時也會運用這些學科的知識比較分析建築的特點。[1] 林徽因的興趣更廣泛，由美術、戲劇、文學進入建築領域，自然有不同的觀察視角與心得，後來，她一直無私地為梁思成的考察報告做着各種潤色工作，更以「建築意」構建出中國式的建築藝術美學，「無論哪一個巍峨的古城樓，或一角傾頹的殿基的靈魂裡，無形中都在訴說，乃至於歌唱，時間上漫不可信的變遷」。

人們很少能在建築師筆下，見到這樣雋永的文字。

兩人的性格同樣互補，林徽因總是思路發散，靈感迭現，而梁思成則擅長化繁為簡，在最後時刻一錘定音，兩人因此也時常爭吵，卻又合作無間。[2]

1927 年，梁思成前往哈佛大學人文藝術研究所，希望研究東方建築，寫作「中國宮室史」。東方藝術講師蘭登．華爾納列出的書單，卻完全無法讓他滿足。書單中充斥着西方世界對中國繪畫、陶瓷、玉石、雕刻的理解乃至想像，關於建築的記錄卻寥寥無幾。只有瑞典藝術史家喜龍仁（Osvald Sirén）的《北京的城牆和城門》《北京的皇家宮殿》和德國建築師恩斯特．柏石曼（Ernst Boerschmann）的《圖畫中國》《中國建築》可以一讀。[3] 但是後來梁思成還是認為，「這些作者都不懂中國建築的『文法』。他們以外行人的視角描述中國建築，語焉不詳」。

他知道，自己注定無法坐在哈佛大學圖書館裡理解中國古建築的

1 例如，梁思成曾用舒伯特的「鱒魚」五重奏中不斷重複的「鱒魚」主題、舞蹈中的重複動作、《清明上河圖》和《放牧圖》對「重複性的運用」，分析明清故宮的建築格局。參見梁思成《拙匠隨筆（三）：千篇一律與千變萬化》，載《梁思成全集》（第五卷），中國建築工業出版社，2001 年，第 379 頁。

2 費慰梅：《梁思成與林徽因》，第 31 頁。

3 同上書，第 36 頁。

發展史，想要破解《營造法式》的秘密，回國，或許是唯一的選擇。

伊東忠太的「挑釁」

1930 年 6 月，日本建築學家伊東忠太的「挑釁」，如同平地驚雷，令中國建築界五味雜陳。

他應邀到中國營造學社演講，提出從文獻和遺物兩方面研究中國建築，並建議兩國學者合作。但他強調，中國學者應當以調查、研究文獻為主，而對中國古建築遺存的研究，則應由日本學者代勞。

一石激起千層浪。

中國營造學社成立於三個月前，[1] 創辦人正是《營造法式》的發現者朱啟鈐。朱啟鈐堅信，《營造法式》不僅是工匠的技術指南，更承載着豐富的文化意義：國家貧弱，士人對西學趨之若鶩，對自身的傳統卻視若無睹，甚至棄之如敝屣；弔詭的是，中國古建築的風貌，反而吸引着海外建築學家紛至沓來，不斷研究甚至競相模仿。[2] 因此，朱啟鈐深感這門「數千年之專門絕學」的重要性，而要傳承「絕學」，不僅要依靠工匠，士大夫也責無旁貸。

伊東忠太的態度當然令中國學人頗為尷尬，但是，不容否認的是，他揭示的正是中國建築界的癥結所在 —— 自古以來，建築在中國都被視為工匠之技，不受重視，而學者們習慣於鑽研古籍，皓首窮經，不願

---

1 1925 年，朱啟鈐創辦營造學會，致力於整理古籍，收集、製作古建築模型，以及舉辦展覽，幾年之間，他屢遭變故，竟至負債累累。1930 年 3 月 16 日，營造學會改組為中國營造學社。參見林洙《叩開魯班的大門》，第 15 頁。

2 1935 年，梁思成在《建築設計參考圖集序》中也提及這股風潮：「前二十年左右，中國文化曾在西方出健旺的風頭，於是在中國的外國建築師，也隨了那時髦的潮流，將中國建築固有的許多樣式，加到他們新蓋的房子上去。其中尤以教會建築多取此式……但他們的通病則全在於中國建築權衡結構缺乏基本的認識的一點上。他們均注重外形的摹仿，而不顧中外結構之異同處。」

亦不屑進行田野考察。在《中國營造學社彙刊》創刊號上，史學家瞿兑之發表了一篇紀念李誡的文章，希望學界從六個方向研究中國營造：訓詁解釋、考據、考察製作流程、考察材料、社會經濟狀況和外來文化影響。[1] 他的論述代表了中國學界研究古建築的態度和取向，而他倡導的這六個方向其實正符合伊東忠太對中國學者的界定——「以調查、研究文獻為主」。

與之形成鮮明對照的，是日本學者的探索與研究方法。關野貞、大村西崖、常盤大定等人的足跡遍及中國各地，伊東忠太更是如此。無論年齡、思想還是實踐，他都是亞洲建築史界的先行者。他是「建築」這個譯名的命名者，早在 1894 年就提議把英語中的 architecture 一詞翻譯為「建築」。1902 年，梁思成一歲時，伊東忠太已經開始了為期三年，横跨中國、印度、土耳其和歐洲的考察之旅，並在四十六攝氏度的高溫中重新發現了被遺忘多年的雲岡石窟；等到 1931 年梁思成加入中國營造學社時，伊東忠太已經給自己長達二十多年的調查與研究理清了頭緒，出版了《支那建築史》。

從某種程度上説，當時對中國古建築遺存的調查與記錄，乃至對中國建築史的總結與書寫，確實都是由日本學者代勞的。

中國古建築遺存的狀況同樣堪憂。日本不乏千年以上的木構建築，其建造時間相當於中國的隋唐時期，而鑒真和尚東渡在日本留下的招提寺更被視為國寶；相形之下，20 世紀初偌大的中國，卻找不到一處幸存的唐代木構。基於多年的考察，關野貞宣稱，在日本還有三十多座建築的歷史長達一千年至一千三百年，而中國和朝鮮都不存在一千

1 瞿兑之：《李明仲八百二十周忌紀念》，《中國營造學社彙刊》1930 年第 1 期。

年以上的木構建築。

這個判斷同樣刺痛着中國學人，可是，他們似乎無從反駁，只能感歎世事無常。

「科學」與「系統」

五十八歲的朱啟鈐努力嘗試着把目光放得更遠些。

在解釋中國營造學社緣起時，他提出，必須「依科學之眼光，作有系統之研究」，而他所期望的未來，不再只是「二三同志，閉門冥索」，[1]而是要讓中國建築學界能「與世界學術名家公開討論」，甚至進而「以貢獻於世界」。[2]

他特別強調了「科學」和「系統」這兩個詞，儘管在他的認知裡，這兩個詞真正的含義依然很模糊。

此前的幾年間，朱啟鈐一直在用自己的積蓄招募名家一起整理古籍、製作模型、舉辦展覽，然而世事叵測，生活中變故頻發，竟讓他負債累累。所幸，中華教育文化基金會和中英庚款董事會同意每年撥款資助，他的理想才得以延續。

然而，老派學者只能訂正文字的正誤，卻無法破解工匠的「文法」，無從理解一代代工匠口口相傳的隱秘，於是，《營造法式》重現人間雖已十餘年，卻仍是一部「天書」。中國營造學社需要新鮮血液，尤其是在海外接受過現代建築學教育的年輕人，去實現朱啟鈐對「科學」與「系統」的想像。

1　不過，在提交給中華教育文化基金會的五年規劃中，朱啟鈐考慮的仍是整理、註釋和製圖等問題。

2　朱啟鈐：《中國營造學社緣起》，《中國營造學社彙刊》1930 年第 1 期。

梁思成和劉敦楨相繼進入朱啟鈐的視線。梁思成回國後，在東北大學創辦建築系。劉敦楨則畢業於日本東京高等工業學校機械科和建築科，回國後在中央大學建築系任教，兩年前，他在《佛教對於中國建築之影響》這篇論文中提出，宗教對建築的影響遠遠大過政治，不僅在歐洲如此，印度和中國也不例外。這種跨文明的視野令人印象深刻。

1931 年和 1932 年，梁思成與劉敦楨相繼辭去教職，加入中國營造學社，分別擔任法式部主任和文獻部主任。隨着他們的到來，對《營造法式》的研究終於開始從「紙上」轉移到地上。

劉敦楨比梁思成年長四歲。據説，兩人第一次見面，劉敦楨就問梁思成，研究中國建築應當從何處入手。他們突然童心大發，決定先心照不宣，各自在紙上寫下答案。兩相對照，答案竟驚人的一致，都只有兩個字——「材」與「栔」。[1] 這個傳説真偽難辨，很容易讓人想起「赤壁之戰」前諸葛亮和周瑜對「火攻」的構想，而《三國演義》裡虛構的瑜亮情結，似乎在梁思成和劉敦楨身上重演了。在外人看來，未來十幾年間，他們的合作關係，既密切，又微妙。

不久，他們找到了各自的助手，十五歲的莫宗江和十七歲的陳明達。兩個年輕人曾是小學同學，更巧的是，莫宗江和梁思成都是廣東人，陳明達和劉敦楨都是湖南人。梁思成給他們預設了一個極富誘惑力的未來，「我們出的成果一定要達到世界的最高水平」。他把弗萊切爾（Banister Fletcher）寫的建築史交給莫宗江，書中的插圖都由弗萊切爾的助手繪製完成，他希望莫宗江有朝一日也能畫出這樣的水準。在

1　林宣：《我在中央大學建築系三年的學習生活》，載東南大學建築學院編《劉敦楨先生誕辰 110 周年紀念暨中國建築史學史研討會論文集》，東南大學出版社，2009 年，第 199 頁。該文作者對梁思成、劉敦楨第一次見面的時間記錄不準確。

梁思成和劉敦楨指導下，莫宗江和陳明達開始學畫建築圖，整理測繪資料，並研讀中國古典文獻，以及歐洲、日本、印度的美術史和建築史。幾年之間，文獻部招募了單士元、劉汝霖等人，法式部有邵力功和劉致平，負責測繪的則有劉南策、宋麟徵、王璧文、趙法參、紀玉堂等人。無論進行文本研究，還是外出考察，都有了充分的施展空間。

當然，中國營造學社絕非朱啟鈐的私人俱樂部，更不是這幾個人的小團體。當時中國最負盛名的建築師大都被吸納為社員。和民國時期的諸多會社一樣，這裡也雲集了政治、經濟、科學、文化界的名流，諸如周詒春、任鴻雋、徐新六、朱家驊、杭立武、葉恭綽、錢新之、陳垣、李四光、李濟、馬衡等人。鼎盛時期，職員和社員一度達八十六人。[1]

《營造法式》這一線絕學，終於得以起死回生。

1　參見林洙《叩開魯班的大門》，第 20 頁。

第二章
河北：萬里之行的序章

第一次漫遊

車廂裡人頭攢動，遇到乾涸的河流，就得下車，在鵝卵石和細沙上步行一陣；倘若開上泥濘的路，更要下來幫忙推車。這樣走走停停，直到黃昏，梁思成一行才終於抵達目的地河北薊縣。

這是他平生第一次長時間在中國的農村漫遊。[1]

此前的一年間，他一直沉溺於雍正十二年（1734 年）清工部頒佈的《工程作法則例》。這部則例問世只有兩個世紀，讀來也如同「天書」一般。梁思成打算先破解清朝營造的規則，再嘗試着去揣摩宋代的風貌。他把《工程作法則例》當成「課本」，將故宮的建築作為「標本」，拜老工匠們為「老師」。跟隨匠師楊文起，他學習了大木作內拱頭昂嘴的做法；跟隨祖鶴洲，他理解了彩畫作的規矩。[2] 他的效率高得驚人，一邊

1 費慰梅：《梁思成與林徽因》，第 63 頁。

2 梁思成：《〈清式營造則例〉序》，載《梁思成全集》（第六卷），中國建築工業出版社，2001 年，第 6 頁。

向老工匠們請教，一邊勤奮地畫圖，二十多天就累積了一大摞。[1] 根據這些尋訪與研究，他完成了《清式營造則例》—— 用現代科學方法研究總結古代營造，這部專著開了先河。

他也開始勘察北平的一些隱秘角落。他第一次發現，原來自己並不了解這座古都。每一條胡同、每一個院落甚至每塊城牆磚，其實都暗藏玄機，並與他血脈相連。許多年後，他大聲疾呼，試圖保衛這座古城，正是因為這裡埋葬着他一步一步丈量出的舊日時光。

前往河北，則是一次偶然而又必然的旅程。日本學者關野貞帶着薊縣獨樂寺的照片拜訪朱啟鈐，提出中日雙方合作考察，由日本團隊負責測繪，中方研究文獻，加以考證。關野貞相信，獨樂寺或許是中國存世最古老的建築。朱啟鈐沒有正面回覆，而是把這個信息告訴了梁思成。[2] 勘探過北平的明清建築之後，梁思成自然不願放過任何機會去尋找更古老的木構。

1932 年春天，梁思成帶着在南開大學讀書的弟弟梁思達，一起前往薊縣。獨樂寺沒有讓他們失望。這座寺廟建於遼聖宗統和二年（984 年），比唐朝滅亡晚了七十七年，但比《營造法式》刊行早一百一十六年。對觀音閣和山門進行測繪時，梁思成發現，遼代的寺廟果然與他熟悉的明清建築全然不同。他興奮地寫道，它「上承唐代遺風，下啟宋式營造，實研究我國建築蛻變上重要資料，罕有之寶物也」。

儘管觀音閣是遼代遺構，但其形制更像敦煌壁畫中描繪的唐代建築。它的斗拱和柱式都與尋常所見的明清建築不同，尤其是斗拱，大

1 莫宗江的回憶。轉引自林洙《叩開魯班的大門》，第 57 頁。

2 根據崔勇對傅熹年的專訪。參見崔勇《中國營造學社研究》，東南大學出版社，2004 年，第 263—264 頁。

而結實，而各種斗拱還承擔着不同的作用；相形之下，清代的斗拱越變越小，失去了原本的功能，徹底淪為裝飾物。梁思成早年騎摩托車時曾遭遇車禍，右腿和脊椎的傷困擾了他一生，但他還是毫不猶豫地爬上山門，興奮地測量每一個斗拱的尺寸，逐一記錄。他還發現，山門脊飾的變化，特別是上段的鰭尾和下段的吻，都清晰地展示出從唐到宋建築風尚的演變。

不久，他完成了《薊縣獨樂寺觀音閣山門考》。這是中國人寫的第一篇古建築調查報告，起筆即開宗明義：「近代學者治學之道，首重證據，以實物為理論之後盾，俗諺『百聞不如一見』，適合科學方法。」因此，他斷言，「研究古建築，非作遺物之實地調查測繪不可」。

獨樂寺可以幫助他解開《營造法式》的一部分奧秘，而他希望通過更多的實地尋訪，對照遼金遺構，對《營造法式》進行比較研究。他更想打破古籍記載中所謂「隱約之印象，及美麗之辭藻，調諧之音節」，而要尋找更精確的「於建築之真正印象」。他深信，那些散落在中國大地上的建築遺構，能夠幫助他洞悉失傳千年的隱秘，讓他曲折地抵達消逝的年代。

獨樂寺之行以後，梁思成等人的工作重心逐漸轉向實地考察、測繪和研究，這實際上也促使中國營造學社開始了真正的蛻變。

他們相信，這條路是走得通的。

遼代的一塊木頭

獨樂寺的考察，還帶來意外之喜。與薊縣鄉村師範學校教員王慕如閒談時，梁思成得知，王慕如的家鄉寶坻縣有座西大寺，其結構和獨樂寺有些相似，或許也是遼金時代的遺構。

回到北平，梁思成找到了西大寺的照片，他斷定，它應該也建於遼代。他迫不及待地準備出發，然而，六月已是雨季，前往寶坻縣的長途汽車突然停運，考察計劃被迫延宕了一個多星期。

終於盼到雨停，長途車重新開通。出發那一天，清晨五點不到，朝陽尚未升起，一行人就抵達了東四牌樓長途汽車站。車站在豬市裡，兩千頭豬的哀號聲此起彼伏，陪着他們等候晚點長達兩小時的長途車。沿路遇到橋樑或者沙灘，依然要不斷地下車步行。八個小時後，籠罩着寶坻縣南大街的臭鹹魚味和滾滾飛揚的塵土，裹住了這群滿懷憧憬的客人。

西大寺卻讓他無比失望。天王門變成了「民眾閱報處」，完全是一座現代建築。配殿、鐘樓、鼓樓也明顯是明清以後修建的。三大士殿倒確實是遼代遺構，可是殿前堆滿稻草，工人們在給城裡的騎兵團軋馬草，四十五尊神像都被塵土籠罩。擺在供桌前的一口棺材，冷冷地等候着這幾個不速之客。

梁思成無比失望，然而，抬頭仰望的瞬間，頭頂的景象卻讓他大吃一驚。後來寫《寶坻縣廣濟寺三大士殿》時，他依然難以掩飾狂喜的心情，「抬頭一看，殿上部並沒有天花板，《營造法式》裡所稱『徹上露明造』的。樑枋結構的精巧，在後世建築物裡還沒有看見過，當初的失望，到此立刻消失。這先抑後揚的高興，趣味尤富。在發現薊縣獨樂寺幾個月後，又得見一個遼構，實是一個奢侈的幸福」。[1]

他們急忙開始測量，在堆積如山的稻草間爬上爬下。三大士殿的內部樑枋結構精妙絕倫，「似繁實簡，極用木之能事，為後世所罕見」。瓦飾，尤其是正吻和四角的「走獸」，也讓他印象深刻，它們都和他所熟悉的清代風格完全不同。

1　梁思成：《寶坻縣廣濟寺三大士殿》，載《梁思成全集》（第一卷），中國建築工業出版社，2001 年，第 256 頁。

根據殿內的碑文，他嘗試着還原出這座寺廟的歷史演變。它建於遼太平五年（1025 年），雖然比獨樂寺晚四十一年，但仍比《營造法式》刊行早了七十八年，無疑又是一處難得的實物證據。

參考《營造法式》和《工部工程做法》，他嘗試着分析三大士殿的建築結構和特點，從平面到立面，從柱、樑枋到斗拱，從外檐到內檐，及至牆壁、裝修、塑像、匾、碑碣、佛具等細節，都詳細地測量、拍攝、描述、解析；對於一些難以解釋的特徵，則做了假設與推論。他試圖通過比較遼代、宋代和清代建築的異同之處，尋找「其間蛻變的線索」。考察得越細緻，他越發驚歎古人的智慧，「沒有一塊木頭不含有結構的機能和意義的」。

遼金遺構從此令他魂牽夢縈。

他們滿懷欣喜地工作了四天，才告別寶坻縣。他並不知道，有生之年他再也無法重見這處古跡。十幾年後，這座遼代遺構將被拆毀，一千年前的木頭被用來造了橋。那時，他無能為力，只有哀歎：「我也是遼代的一塊木頭！」他對古代匠人與遺構所有的敬意和歉疚，都藏在字裡行間，無法化解。

先抑後揚的幸福

經過在河北的幾次漫遊，梁思成一行不僅目睹了一些遼金時期古建築的風貌，更堅定了田野考察的決心。

儘管梁啟超曾鼓勵梁思成關注中國建築，但他在世時並不認為調查研究中國古建築是明智之舉。梁啟超覺得，百分之九十的古代建築已經被毀，何況中國正四分五裂，軍閥混戰，很難外出進行田野考察。[1]

1　費慰梅：《梁思成與林徽因》，第 39 頁。

大概只有北京周邊可以做一些調研。[1] 不過，梁思成像父親一樣執拗而天真，終究要把腳步邁向更遠方；何況，他也別無選擇。

梁思成懷着更大的野心。

破解《營造法式》的最終目標，是要書寫一部中國建築史，但他深知，「由於在文獻中極少或者缺乏材料，我們不得不尋找實例」。[2] 他不可能坐在書齋裡考證出《營造法式》中每個術語的來歷與意味，更不可能生造出一部中國建築史。那些散落在大地上的古建築遺存，卻能為他理解《營造法式》和書寫中國建築史提供大量直觀的證據。

通過河北之行，他逐漸摸索出一套調查、研究古建築的方法：首先在圖書館裡研讀史書、地方誌和佛教典籍，篩選一些可能存世的古建築，整理出名錄作為參照，以便擬定行程。[3] 有時，民間俗語也能帶來不少線索，比如，正是因為民間流傳的「滄州獅子定州塔，正定菩薩趙州橋」，他們才踏上了尋訪之路。[4] 為了節省成本，他們會先設法找到建築的照片，初步預估其建造或重修的年代，再判斷是否值得實地考察。

他們每次外出都會背一個電工式的背包，方便攀爬，包裡放着繩子、伸縮杆，以及測繪和攝影器材。除此之外，並沒有太多高級的儀器，膠捲也不多，需要省着用。一些輔助性的工具，則大多是根據經驗自己設計的。[5]

---

1 丁文江、趙豐田編：《梁啟超年譜長編》，第 1174 頁。

2 梁思成：《中國最古老的木構建築》，載《梁思成全集》（第三卷），中國建築工業出版社，2001 年，第 365 頁。

3 梁思成：《華北古建築調查報告》，載《梁思成全集》（第三卷），第 333 頁。

4 參見梁思成《趙縣大石橋即安濟橋 —— 附小石橋、濟美橋》，載《梁思成全集》（第二卷），中國建築工業出版社，2001 年，第 225 頁。

5 梁思成：《華北古建築調查報告》，載《梁思成全集》（第三卷），第 334 頁。

正式出發前，他們往往會和省政府聯絡，以獲得必要的支持。不過，有時當地的嚮導過於熱情，也會帶來麻煩。比如，當嚮導聽説梁思成一行對文物感興趣，就會自作主張，帶他們去看碑刻，而不是建築。當地人覺得，碑刻才有文物價值，而建築不過是木匠的手藝活。[1]中國社會對手藝的偏見，以及傳統金石學的影響之大，根深蒂固，難以撼動。

在後人想像中，梁思成等人的旅程彷彿詩意盎然。比如，史景遷在為《梁思成與林徽因》寫的前言中，就這樣寫道：「思成和徽因一道，乘火車、坐卡車、甚至駕騾車跋涉於人跡罕至的泥濘之中，直至最終我們一同攀緣在中國歷史大廈的樑架之間，感受着我們手指間那精巧的木工和觸手既得的奇跡，以及一種可能已經永遠不可復得的藝術的精微。」

事實上，詩意只是苦盡以後的回甘，考察之路其實無比艱辛。

長途汽車總是不準時，暴雨又時常不期而至。天災或者人禍，都可能影響考察行旅。因為戰亂，他們耽擱了半年才得以前往薊縣。在寶坻縣結束工作後，回北平的長途車卻因大雨停運了。他們乘着一輛騾車，從凌晨三點一直奔波到下午四點，冒雨輾轉了幾個地方，才終於趕上一班開往北平的車。[2]

他們逐漸習慣了在寺廟中投宿，連續多日吃素，梁思成還為此大發感慨：「我們竟然為研究古建築而茹素。」[3]有時連喝水都是奢望，乾

1 參見費慰梅《梁思成與林徽因》，第 79 頁。

2 梁思成：《寶坻縣廣濟寺三大士殿》，載《梁思成全集》（第一卷），第 249—286 頁。

3 例如，在正定，他們連吃了一個星期的「豆芽，菠菜，粉絲，豆腐，麵，大餅，饅頭，窩窩頭」，梁思成忍不住發出感歎。參見梁思成《正定古建築調查紀略》，載《梁思成全集》（第二卷），第 3 頁。

渴難耐時突然發現一口井，可是，看到水面上漂浮着的微生物，他們只好忍一忍，寧願冒着高溫繼續奔波。[1]

在河北遭遇的這一切，只是漫長旅途的開端。未來的路上，能找到食物都是幸運的事。他們將不得不忍受突如其來的變故，以自己的健康為代價，不懈奔走，只為了他們所期望的「先抑後揚的幸福」。

基於這些考察，他們也逐漸摸索出撰寫調查報告的形式與結構：首先描述行旅的遭遇，因為他們深信，「旅行的詳記因時代情況之變遷，在現代科學性的實地調查報告中，是個必要部分」；隨後進入正式的調查報告，先介紹建築興建與修葺的歷史，以及建築與城市的關係，諸如其在城市中的位置、地位和影響，然後對建築結構進行細節呈現與分析，最後再對未來的保護提出建議。[2] 作為接受過現代學術訓練的建築學家，他們也會在調查報告中列舉數據、圖表和公式，計算樑的承重量等細節。

不同時代對古建築的修葺，可能會改變建築的風貌和細部。在考察現場，他們很關注這些「篡改」的痕跡。為了弄清建築的歷史淵源，他們會參考古籍、地方誌和碑碣，也會詢問鄉紳與當地的老人。但梁思成並不深信二手資料，即便是古籍中的記載，他往往也會考證一番再做判斷。《日下舊聞考》在描述獨樂寺的歷史時，號稱引用了《盤山志》中的記載，梁思成為此特地查閱了同治十一年李氏刻本的《盤山

1 梁思成：《正定古建築調查紀略》，載《梁思成全集》（第二卷），第 4 頁。

2 朱濤認為，梁思成、林徽因的研究思路與傅斯年不同。他把梁、林的方法總結為「填充」策略，「用後來的實證材料來填充預先搭設好的體系」，傅斯年的方法則被他總結為「擴張」，「不預設結論，而是盡力『擴張』研究工具和『擴張』研究材料」。參見朱濤《梁思成與他的時代》，廣西師範大學出版社，2014 年，第 37 頁。

志》，結果發現並沒有這段記錄。[1]

不過，梁思成並不排斥民間傳聞，甚至會把它們寫進考察報告。清末曾有盜賊潛藏在獨樂寺觀音閣，歷時多年才被發現。據説，盜賊是沿着東梢的柱子爬上閣頂的，於是，梁思成特地觀察了一下盜賊攀爬的地方，確實「摩擦油膩、尚有黑光」。但是，對於那些與營造有關的傳聞，他卻保持着審慎的態度。各地長年流傳着一些所謂的「口頭神話」，譬如，只要年代久遠的建築，人們就相信是尉遲敬德在唐朝貞觀年間興建的；[2] 又或者，儘管大量典籍和碑刻都證明趙州橋是隋代工匠李春修建的，當地人卻寧願相信，修建趙州橋的是魯班。對此，梁思成從不憚於澄清事實。

北平、河北一帶的考察，是萬里之行的起點，更像是預演與序章。中國營造學社逐漸找到進行田野調查、測繪和研究的方法與節奏，直到能自如地運用它們，去開啟更多震撼人心的旅程。

1　梁思成：《薊縣獨樂寺觀音閣山門考》，載《梁思成全集》（第一卷），第 171 頁，註釋 1。

2　梁思成在觀音閣和華嚴寺等地都聽到類似的傳説。華嚴寺有萬曆九年的碑文稱是「唐尉遲敬德增修」，梁思成認為無從證實。

第三章
山西：木構的溫床

巨刹

1933 年，當梁思成、劉敦楨、林徽因、莫宗江等人在秋雨中抵達大同，曾經的北魏故都、遼金陪都，竟找不到一間可以借住的旅館。

所幸，大同車站站長李景熙與梁思成是舊相識（兩人在美國留學時是同學），李景熙與車務處的王沛然各自在家中讓出房間，一行人這才有了住處。一日三餐也是大難題，最終由大同市政府官員出面，一家酒樓答應供應三餐，每人每餐一碗湯麵。

儘管早已在書中看過上華嚴寺的局部照片，然而，在現場見到它的全貌，一行人還是忍不住「同聲驚訝歎息為巨構」。[1]

他們不厭其煩地對照着《營造法式》，與華嚴寺中的每個細節逐一比對印證：薄伽教藏「如《營造法式》之制」，殿內的遼代壁畫「與《營造法式》及奉國寺大殿多有相同者」，濃縮了真實建築模型的佛龕建築

1 梁思成、劉敦楨：《大同古建築調查報告》，載《梁思成全集》（第二卷），第 49 頁。

部分「即《營造法式》所謂天宮樓閣壁藏者，足為研究當時建築形制之借鑒」，樑架頗為簡單的海會殿「即《營造法式》所謂『八架椽屋前後乳栿用四柱』者」，等等。《營造法式》裡各種繁雜的細節以及令人困惑的解釋，在他面前逐漸清晰起來。華嚴寺如同一把鑰匙，開啟了塵封千年的《營造法式》。華嚴寺作為一個「活體」標本，更讓他們發現，1920 年代刊行的《營造法式》的彩畫圖樣着色，其實存在很多謬誤，需要修訂再版。[1]

遼代盛極一時的善化寺，則迴蕩着駐軍操練的吶喊聲，孩童們在殿堂間奔跑，爬上一千年前豎起的柱子，掏樑上的鳥蛋，但這座暮色中的古剎還是讓梁思成「瞠目咋舌」,「愉快得不願忘記那一剎那人生稀有的，由審美本能所觸發的銳感」，劉敦楨則驚呼 :「如果元明以後有此精品，我的劉字倒掛起來了。」[2] 他們忙於測繪、記錄，為了每一處新的發現而欣喜若狂。

從遼代的華嚴寺到金代的善化寺，兩座建築相隔一個多世紀，清晰地呈現出遼金之間建築變遷的痕跡，他們對此尤為好奇。[3]

當時，中國人沿用了常盤大定和關野貞在《支那佛教史跡》中的記錄，一度以為，華嚴寺薄伽教藏是當時中國存世的最古老的木構建築。[4] 但是，通過此前在河北的考察，梁思成已經證實，薊縣獨樂寺和

---

1 他們認為 :「民國十年本《營造法式》彩畫圖樣着色頗多錯誤之處，不足為例，尚有待於更改再版。至於實例，唯義縣奉國寺，大同薄伽教藏尚略存原形，但多已湮退變色，或經後世重描，已非當時予人之印象矣。」

2 梁思成致林徽因的信。參見林徽因《閒談關於古代建築的一點消息》，載《梁思成全集》(第一卷)，第 317 頁。

3 梁思成、劉敦楨 :《大同古建築調查報告》，載《梁思成全集》(第二卷)，第 154 頁。

4 參見梁思成《薊縣獨樂寺觀音閣山門考》，載《梁思成全集》(第一卷)，第 162 頁，傅熹年所做註釋。

寶坻廣濟寺都比華嚴寺年代更久。他深信，中國一定還存在着更古老的木構，甚至是唐代的木構。

或許，它就在山西。

空白的一章

雲岡石窟的生活更加艱苦。

一位農戶讓出了一間沒有門窗、只有屋頂和四壁的房子給他們棲身。這裡晝夜溫差很大，三餐只有煮土豆和玉米麵糊糊。但他們還算幸運，用半打大頭釘，從一個駐軍排長那裡換來了幾十克芝麻油和兩顆捲心菜。[1] 儘管條件艱苦，他們還是待了兩個晚上，北魏高逸的微笑讓他們難以忘懷。

幾年前，梁思成曾在東北大學講授中國雕塑史，他認為，「藝術之始，雕塑為先」，「此最古而最重要之藝術，向為國人所忽略」。他向學生描述過兩個唐人迥異的命運。吳道子和楊惠之都師從張僧繇，所謂「道子畫，惠之塑，奪得僧繇神筆路」。吳道子被尊為「畫聖」，楊惠之被譽為「塑聖」，然而，在中國歷史上，雕塑終究被視作雕蟲小技，匠人也因此默默無聞，於是，吳道子名揚天下，楊惠之卻鮮為人知。

那時，梁思成依據的主要是日本學者的著作，以及他在歐美博物館遊歷的見聞。此刻，當他終於站在北魏皇家造像面前，仰望十四個世紀以前的古老面容，激動之情難以言表，盛讚雲岡石窟為「後魏藝術之精華 —— 中國美術史上一個極重要時期中難得的大宗實物遺證」。

自伊東忠太重新發現雲岡石窟以來，日本學者關野貞、法國漢學名宿沙畹（Édouard Émmannuel Chavannes）以及中國學者陳垣，都研究

1 梁思成：《華北古建築調查報告》，載《梁思成全集》（第三卷），第 347—349 頁。

過這片石窟，不過，梁思成一行不只是想觀瞻北魏藝術，更希望尋找石刻的「建築的」(architectural)價值。[1]石窟中呈現出的門楣、欄杆、塔柱等豐富的古代建築細節，令他們歎為觀止。通過這些實地考察，他們更加相信，中國建築擁有特殊的「獨立性」:「雲岡石窟所表現的建築式樣，大部為中國固有的方式，並未受外來多少影響，不僅如此，且使外來物同化於中國。」

在雲岡石窟的見聞，也讓他們更加關注其他洞窟、石刻和壁畫中呈現的建築細節。存世的唐宋木構極為稀缺，他們只能另闢蹊徑，不放過任何潛在的證據。壁畫和雕塑，其實悄無聲息地留存了「從北魏至元數以千計的，或大或小的，各型各類各式各樣的建築圖」，「無異於為中國建築史填補了空白的一章」。它們雖然不是建築實體，卻是「次於實物的最好的、最忠實的、最可貴的資料」。[2]從龍門石窟、敦煌莫高窟等洞窟中，他們也獲得了大量線索，尤其是莫高窟，更將在未來引導着他們走上夢寐以求的唐代木構之路。

1933 年，這是第一次山西之行，未來梁思成等人還將一次次重返山西，甚至把山西視為「木質古構的富饒溫床」。[3]山西有着深厚的歷史根基，曾受到幾個王朝的青睞，又是佛教與道教文化的勝地；更重要的是，這裡氣候乾燥，群山蒼莽，許多古建築因此躲過了戰亂與人禍，僥倖地得以保全。

---

1 梁思成、林徽因、劉敦楨：《雲岡石窟中所表現的北魏建築》，載《梁思成全集》(第二卷)，第 179 頁。

2 梁思成：《敦煌壁畫中所見的中國古代建築》，載《梁思成全集》(第一卷)，第 129 頁。

3 梁思成：《華北古建築調查報告》，載《梁思成全集》(第三卷)，第 351 頁。

「他所傾心的幸而不是電影明星」

大同並不是這次考察的終點站。9月9日，林徽因提前返回北平，八天後，梁思成繼續南下，前往夢寐許久的聖地 —— 應縣。

自從他得知，應縣可能有一座遼代的木塔，這塔就變成了他的一樁心病。在北平時，他總是有意無意地對林徽因念叨着，「上應縣去不應該是太難吧」，或者暗示，「山西都修有頂好的汽車路了」。林徽因忍不住自嘲，「我只得笑着說阿彌陀佛，他所傾心的幸而不是電影明星！」

但他無法確定的是，這座傳說中的古塔究竟是不是遼代的原作。

後來，他竟想出一個聽起來有些迂腐的辦法，寄了一封信到應縣，信封上寫着「探投山西應縣最高等照相館」，希望收信人能幫他拍一張木塔的照片。他不知道誰會收到這封信，收信人又會如何作答，他甚至不知道，這封信能否如期抵達應縣。他能做的，只有等待。沒過多久，這個天真的願望居然實現了，應縣寶華齋照相館的店主拍了佛宮寺釋迦塔的照片給他寄來，店主並不想要金錢酬勞，只希望得到一點北平的信紙和信箋，因為應縣沒有南紙店。[1]

儘管林徽因沒能陪同梁思成前往應縣，但他在信中向她原原本本地描述了他所「傾心」的這座千年木塔。第一眼見到它，他的狂喜就難以掩飾，「由夕陽返照中見其閃爍，一直看到它成了剪影，那算是我對於這塔的拜見禮」。等到正式去拜見，「好到令人叫絕，喘不出一口氣來半天！」在另一封信中，他更加毫無保留地連聲讚歎：「這塔真是個獨一無二的偉大作品。不見此塔，不知木構的可能性到了甚麼程度。我佩服極了，佩服建造這塔的時代，和那時代裡不知名的大建築師，

1 林徽因：《閒談關於古代建築的一點消息》，載《梁思成全集》（第一卷），第316頁。

不知名的匠人。」

幾天前在華嚴寺和善化寺發現的三十多種斗拱，已經讓他無比震驚，感歎「可謂盡意匠變化之能事」，[1] 而與它們相比，應縣木塔簡直是一座斗拱博物館。

劉敦楨另有安排，抵達應縣後就匆匆離開。梁思成則帶着助手莫宗江，迫不及待地爬上爬下，開始測繪、拍攝。

秋日的山西，天氣瞬息萬變。一個晴朗的午後，梁思成正在塔頂專注地工作，突然憑空一聲炸雷，嚇得他險些鬆開手中的鐵鏈，從兩百英尺（約 61 米）的空中掉下來。[2] 又有一天，他和莫宗江在木塔最上層的樑架上，一直測量到下午五點，又是毫無徵兆地狂風暴雨，雷電交加。他們急忙向下爬，不料，測量記錄的冊子卻被風吹開了，有一頁甚至飛到欄杆上，所幸他們追趕得及時，如果再晚半秒鐘，十天的工作就全都白費了。[3]

與應縣木塔朝夕相處的這段日子，後來成為他一生的夢寐。多年後，在抗戰流亡的路上，他用英文撰寫《華北古建築調查報告》（*In Search of Ancient Architecture in North China*），又想起古塔之上寂寥而神秘的世界——黑夜來臨時，他的目光久久地落在一盞「長明燈」上，木塔「如黑色巨人般籠罩全鎮。但頂層南側猶見一絲光亮，自一片漆黑中透出一個亮點。後我發現，那是『長明燈』，自九百年前日日夜夜地亮到如今」。[4] 他始終沒弄明白，當地貧瘠，為甚麼這盞燈卻可以燃燒

1 梁思成、劉敦楨：《大同古建築調查報告》，載《梁思成全集》（第二卷），第 163 頁。

2 梁思成：《華北古建築調查報告》，載《梁思成全集》（第三卷），第 352 頁。

3 林徽因：《閒談關於古代建築的一點消息》，載《梁思成全集》（第一卷），第 318 頁。

4 梁思成：《華北古建築調查報告》，載《梁思成全集》（第三卷），第 352 頁。

九百年，並可能一如既往燃燒下去，即便一代又一代人灰飛煙滅，燈火也不會熄滅。

梁思成在應縣工作了一個星期，直到 9 月 26 日才回到北平。[1] 不料，第二天，《大公報》卻給了他一份特殊的「問候」。從 9 月 27 日開始，《大公報》文藝副刊分幾期刊發了冰心的萬字長文《我們太太的客廳》。明眼人都知道，這篇文章影射的是林徽因。林徽因好客，她和梁思成在北總布胡同的家裡，常常雲集着文化界的名流，顯然，冰心對此頗為不屑。在她筆下，林徽因是「當時社交界的一朵名花，十六七歲時候尤其嫩豔」，梁思成則是「滿身疲憊、神情萎靡並有些窩囊的先生」，自然，冰心更不會放過「白袷臨風，天然瘦削」的徐志摩，儘管徐志摩已經在兩年前去世。

林徽因大約在第一時間就看到了這篇文章，因為她的詩歌《微光》也刊登在 9 月 27 日文藝副刊的同一版，並且被《我們太太的客廳》環繞着。林徽因也是《大公報》文藝副刊的常客，但她對此未做任何文字回應。十天後，她在《大公報》上發表了《閒談關於古代建築的一點消息》，記錄了梁思成尋訪、測繪應縣木塔的過程，描述了他們「幾個死心眼的建築師，放棄了他們蓋洋房的好機會，捲了鋪蓋到各處測繪幾百年前……的偉大建築物」的旅途。她沒有訴諸文字，但她恰好從山西帶回來一壇陳醋，便派人送給了冰心。[2]

1　參見林洙《叩開魯班的大門》，第 66 頁。

2　林徽因送醋一事，來自李健吾的回憶。

星空與斗拱

滹沱河在山西中部蜿蜒奔流，據説十個世紀以前，宋太宗的戰馬奮蹄踢出了這股清流，不僅拯救了麾下的士兵，還從此滋養着沿線的村莊和數十家磨坊。十個世紀之後，石磨坊已經被現代機器取代，但其中一些仍在倔強地繼續運轉，這個山清水秀的所在吸引着傳教士們紛至沓來，造起別墅，逐漸成為山西有名的避暑勝地。

1934 年夏天，梁思成、林徽因收到了費正清(John King Fairbank)、費慰梅 (Wilma Cannon Fairbank) 夫婦的邀請，結伴前往晉中。

未來的國際漢學領袖、中國問題權威費正清，此時仍在牛津大學讀博士，這次是為了寫論文到中國收集資料。費慰梅則畢業於拉德克利夫學院（Radcliffe College）藝術史專業，多年前，梁思成和她曾先後師從蘭登 · 華爾納，但兩人並不認識。不過，在北平，這兩對夫婦卻成為親密的朋友。前往山西之前，費慰梅去過山東嘉祥，考察了漢代的武梁祠，正是因為與梁思成、林徽因的頻繁交流，她格外注意其間的「建築物構建」。[1] 多年後，《武梁祠建築原型考》（*The Offering Shrines of "Wu Liang Tz'u"*）將成為她的代表作。

考察過大同、應縣以後，梁思成正打算向山西中部進發，於是，這個夏天，四人決定沿着汾河南下調查古建築。一路上，梁思成甚至教會了費正清和費慰梅幫忙做一些基本的測量工作。

從介休到趙城，好幾段公路都毀掉了。當地正在炸山修鐵路，於是，大半的行程只能依靠步行，沿途風餐露宿。[2] 梁思成的卡其布衣服

1 費慰梅：《梁思成與林徽因》，第 87 頁。

2 林徽因、梁思成：《晉汾古建築預查紀略》，載《梁思成全集》（第二卷），第 297 頁。

和林徽因的藍襯衫、白褲子，[1] 在塵土飛揚的鄉村格外扎眼。後來，費慰梅在回憶錄中感歎：「考察旅行意想不到的後果是體力上的精疲力竭。特別是對於徽因本來就很壞的健康和思成的瘸腿。我和費正清很快就恢復了，但對他們兩人的長期影響如何就很難說了。」但這些體力上的消耗與損傷，他們早就習以為常。

一路上，風景時而枯燥乏味，時而驚心動魄。從趙城前往廣勝寺的路上，起初都是土崖，走起來十分無趣，突然之間便山勢起伏，村落也顯得「幽雅有畫意」，樹林越來越繁茂，最粗壯的那些古樹下都供着樹神，依稀仍能看到煙火痕跡。臨近黃昏，踏着滿地碎石前行，廣勝寺上寺的琉璃塔陡然從乾涸的河床上出現，而「霍山如屏，晚照斜陽早已在望，氣象僅開朗宏壯，現出北方風景的性格來」。[2]

攀登飛虹塔令人心驚。在昏暗的通道裡，每一級台階都高達六七十厘米，坡度則達到驚人的六十度。到了每一段的終點，並沒有休息板讓人歇口氣，而是需要馬上反轉身，隔空攀住北面牆上的階梯，才能繼續向上攀爬。[3]

那段時間，深山中的廣勝寺正名聲大噪，這裡發現了一套金代版本的《大藏經》，轟動一時。最初，梁思成他們也正是被這套經書吸引，決定到這裡看看，不過，他們很快就傾倒於廣勝寺的建築風貌。梁思成不禁感歎：「山西趙城縣霍山廣勝寺上下兩院建築兩組，在結構上為我國建築實物中罕見之特例。」最震撼他們的是屋頂的樑枋結構，七百多年前的建築師並沒有沿襲正統的規範，而是巧妙地運用了出挑深遠

1 參見費正清《費正清中國回憶錄》。

2 林徽因、梁思成：《晉汾古建築預查紀略》，載《梁思成全集》（第二卷），第 327 頁。

3 同上書，第 334 頁。

的斜昂。「設計師的巨大原創力和天才」讓梁思成他們大感驚訝，連連讚歎這種「對木結構如此靈活有機的運用在我們的旅途中尚屬初見」。可惜，古人的天才已被時間掩埋，「國人只知藏經之可貴，而不知廣勝寺建築之珍奇」。[1]

回程路上途經晉祠，這座建築實在聲名顯赫，他們並不報太大期望，甚至不打算停留。在梁思成和林徽因看來，凡是被稱為「名勝」的地方，大多經歷過後世以重修為名進行的「大毀壞」，不值得前去考察。不過，從公共汽車的車窗望見殿角的側影，尤其是「雄大的斗拱，深遠的出檐」，他們馬上決定改變行程，從行李堆裡翻出行李跳下了車。[2] 他們意識到，晉祠顯然是古跡，自己不該對任何建築心存偏見。

這個夏天，他們走訪了太原、文水、汾陽、孝義、介休、靈石、霍縣、趙城八個縣，調查了三四十處元明時期的古建築。一路上輾轉奔波卻又驚喜連連。山西的日子彷彿永遠也過不完。費正清夫婦要求睡在露天平台，以便抬頭就能看見滿天星斗。梁思成和林徽因卻謝絕了他們的邀請，為了醒來就能望見縱橫的斗拱，堅持睡在寺廟的大殿中。古人的智慧覆蓋着他們的睡夢，他們閱盡了沿途的寺廟道觀，卻仍心存奢望。

他們想要證明，在中國大地上仍存在着唐代木構建築，但它依然遠在天邊。

---

1 林徽因、梁思成：《晉汾古建築預查紀略》，載《梁思成全集》（第二卷），第 327 頁。另見梁思成《華北古建築調查報告》，載《梁思成全集》（第三卷），第 352—354 頁。

2 林徽因、梁思成：《晉汾古建築預查紀略》，載《梁思成全集》（第二卷），第 343 頁。

古代的「美德」

一次又一次在深山、荒野、市鎮中與古老的木構相遇，有時梁思成會下意識地運用自己更熟悉的西方建築知識和觀念，來理解中國古建築的一些特徵，並進行比較分析。正定大悲閣須彌座上的半圓拱龕，讓他想到「羅馬教堂宮苑中的大松毬龕（Nich of the Pine Cone）」；[1] 看到安濟橋的大券，他想起了誕生於同一時代的君士坦丁堡聖索菲亞教堂的大圓頂；[2] 而廣勝寺中供奉的一尊僧像，則讓他感受到埃及風味。[3]

但他也在摸索，究竟該如何觀察並理解中國古建築。研究西方建築，必須先學習柱式（order），由此類比，他認為，研究中國古建築，必須先熟悉木構的體系。[4] 他逐漸習慣於從三個方面，即柱、斗拱、樑枋來分析建築結構，而斗拱作為柱與樑枋之間連接與過渡的部件，尤為重要。在他看來，斗拱之於中國古建築，恰如柱式之於古希臘、古羅馬建築，他甚至提出，「斗拱之變化，謂為中國建築制度之變化，亦未嘗不可」。[5]

考察的建築遺存越多，眼光也變得越精準。沒過幾年，梁思成、林徽因等人就宣佈，僅僅看一看斗拱，就有七八成的把握，可以判斷一座建築的營造年代。[6]

他們常會在考察報告中不厭其煩地描述斗拱，對「雄大」的斗拱尤

1　梁思成：《正定古建築調查紀略》，載《梁思成全集》（第二卷），第 2—3 頁。

2　梁思成提出，儘管聖索菲亞教堂的大圓頂的半徑更大，但安濟橋的券是「弧券」，如果能完成整券，就能超過古代其他國家的任何大券。參見梁思成《安濟橋》，載《梁思成全集》（第二卷），第 232 頁。

3　林徽因、梁思成：《晉汾古建築預查紀略》，載《梁思成全集》（第二卷），第 329 頁。

4　梁思成：《華北古建築調查報告》，載《梁思成全集》（第三卷），第 333 頁。

5　梁思成：《薊縣獨樂寺觀音閣山門考》，載《梁思成全集》（第一卷），第 168 頁。

6　林徽因、梁思成：《平郊建築雜錄（上）》，載《梁思成全集》（第一卷），第 307 頁。

為癡迷，甚至崇拜。他們很幸運地在古建築考察之初，就接連遇到了諸多經典巨構，而山西之行更讓他們大開眼界。

獨樂寺觀音閣雲集了二十四種不同類型的斗拱，華嚴寺、善化寺的斗拱則超過三十種，應縣木塔更是數不勝數。根據建築風貌的演變，尤其是斗拱的變化，他們愈發堅定地認為，唐宋遼金時期是中國建築史的高峰，而到了明清時期則不斷退化，而且「其退化程度已陷井底，不復能下矣」。

對於遼宋時期的遺構，他們從來不吝溢美之詞，動輒會用「無上國寶」[1]或者「如對高僧逸士，超然塵表」[2]這些語詞大加讚賞。一些遼宋遺構曾在明清時期遭到近乎破壞性的修復乃至篡改，他們對此極為憤慨，從不掩飾鄙夷之情。在正定隆興寺慈氏閣，梁思成一看到「上檐斗拱沒有挑起的後尾」，就立刻「大失所望的下樓」，至於山門上清代匠人重修的痕跡，他更加認為是畫蛇添足，「可謂極端愚蠢的表現」。[3]對七佛殿，他們甚至動用了「在美術上竟要永遠蒙恥低頭」這樣殘酷的評價，因為他們發現，匠人弄巧成拙，雖然雕工技藝精妙絕倫，其實卻害了建築——「以建築物作賣技之場，結果因小失大」。[4]在孝義東嶽廟，他們也幾乎憤恨地點評道，「劣匠弄巧的弊病，在在可見」。[5]至於霍縣北門橋的鐵牛，儘管在當地非常有名，卻和他們見過的無數明代鐵牛一樣「蠢笨無生氣」。[6]善化寺是金代遺構，他們對大雄寶殿中的佛像大

1 梁思成：《薊縣獨樂寺觀音閣山門考》，載《梁思成全集》（第一卷），第 221 頁。

2 梁思成、劉敦楨：《大同古建築調查報告》，載《梁思成全集》（第二卷），第 50 頁。

3 梁思成：《正定古建築調查紀略》，載《梁思成全集》（第二卷），第 3—4 頁。

4 林徽因、梁思成：《晉汾古建築預查紀略》，載《梁思成全集》（第二卷），第 303—306 頁。

5 同上書，第 315 頁。

6 同上書，第 323—324 頁。

加讚歎，卻仍不忘順勢貶斥一下明清的審美，於是又信筆補了一句，「明清二代塑像中，絕難覓此佳作」。[1]

當然，這些貶斥大多就事論事。儘管對七佛殿繁縟的雕塑頗為不滿，他們對建築本身卻沒有太多異議——它雖然是一座明代建築，卻「尚保存着許多古代的美德」。「美德」，是他們頗願意採用的詞語。山西有許多像七佛殿這樣的明清建築，仍然承襲古制，只是可惜雕飾太煩瑣，過猶不及，就連用來做裝飾的琉璃瓦也是如此，這讓他們不禁感歎：「製瓦者往往為對於一件一題雕塑的興趣所驅，而忘卻了全部的佈局，甚悖建築圖案簡潔的美德。」[2] 汾陽龍天廟的斗拱也是如此，乍看之下具有宋元時期的特徵，細看卻發現，拱頭的雕飾動輒被做成龍頭或者象頭，太過光怪陸離，完全沒有「古代沉靜的氣味」。[3] 顯然，「簡潔」與「沉靜」，才是他們所追求的古建築的「美德」。正因如此，他們才會對唐宋遼金木構如此心馳神往。

中國建築史，一部偵探小說

中國建築史如同一部偵探小說，這是林徽因做的比喻。[4] 千年營造，謎團重重，考驗着書寫者的判斷力和內心的定力。他們夢想着，有朝一日能代表中國建築界寫出第一部中國建築史，不料，卻有人捷足先登。

---

1 梁思成、劉敦楨：《大同古建築調查報告》，載《梁思成全集》（第二卷），第 121 頁。

2 林徽因、梁思成：《晉汾古建築預查紀略》，載《梁思成全集》（第二卷），第 354 頁。值得一提的是，並非所有的明清風格或者繁複的雕飾都會引發他們的敵意，例如，對於廣勝寺上寺正殿中佛帳上剔空浮雕花草隆獸幾何紋，他們就讚歎「精美絕倫，乃木雕中之無上好品」，參見林徽因、梁思成《晉汾古建築預查紀略》，載《梁思成全集》（第二卷），第 336 頁。

3 同上書，第 301 頁。

4 林徽因：《閒談關於古代建築的一點消息》，載《梁思成全集》（第一卷），第 315 頁。

1934 年，樂嘉藻出版了中國人寫的第一部《中國建築史》。他和梁啟超是一代人，參與過「公車上書」和「辛亥革命」。他從未接受過建築學訓練，只是憑着興趣四處收集資料，寫出了三冊建築史。聽說這部作品出版的消息，梁思成形容自己「像餓虎得了麋鹿一般，狂喜大嚼」，但隨即大失所望。他寫下《讀樂嘉藻〈中國建築史〉辟謬》，刊登在《大公報》上。他認為，作者「既不知建築，又不知史」，而他之所以要耗費筆墨「辟謬」，是因為「良心上的責任」—— 當西方和日本的建築學家仍在孜孜不倦地研究中國建築時，國人卻寫出「連一部專書最低的幾個條件都沒有做到」的書，並以中國建築史為名，這讓他尤為痛心。[1]

梁思成仍然堅定地把希望寄託在《營造法式》上。他相信，唯有先破譯《營造法式》，才能有「相當的把握」寫一部中國建築史；而為了「翻譯」出《營造法式》，破解諸多失傳的謎題，他就不得不一次次啟程，到深山荒野中輾轉，在不知名的鄉村市鎮間奔波，面對當地人或警惕或困惑的目光，在失望與希望之間，與光陰沉默對弈。

殘留在大地上的千年遺構，不動聲色地給他們提供着各種暗示。獨樂寺山門的十二根柱子，就是《營造法式》中記載的「直柱」，其山門柱頭鋪作則是所謂的「偷心」。正定隆興寺的宋代建構大多已被毀掉，但在轉輪藏殿上部，竟然奇跡般依然留存着和《營造法式》完全相同的斗拱，令他們「高興到發狂」。[2]《營造法式》第三十一卷中繪製的「八架椽前後乳栿用四柱」，他們在華嚴寺海會殿的樑架上找到了極其相似的

1 李芳、龐思純在《一份湮沒了八十餘年的爭辯文獻》一文中提出，樂嘉藻看到梁思成的質疑後，曾寫下答覆文章寄給《大公報》，但並未刊登，從此石沉大海。參見李芳、龐思純《一份湮沒了八十餘年的爭辯文獻》，《貴州文史叢刊》2018 年第 2 期。

2 梁思成：《正定古建築調查紀略》，載《梁思成全集》（第二卷），第 3 頁。

證據。[1] 在善化寺的山門上，他們則發現了同在《營造法式》三十一卷中出現的所謂「四架椽屋分心用三柱」。[2] 在廣勝寺上寺，他們第一次看到了《營造法式》中記錄的「勾頭搭掌」在現實中的做法。[3] 晉祠正殿的斗拱彩畫，雖是後世重做的，卻與《營造法式》的「五彩遍裝」很相似 [4]……

當面前的建築細節與紙上的描繪逐一暗合，謎底一個接一個被解開。古建築遺存幫助他們一點一滴「翻譯」出《營造法式》這部「天書」。每次田野調查都能解決諸多疑難，但與此同時又留下更多困惑。儘管有些問題一時無法找到答案，但建築實物至少給了他們合理的想像空間，他們會在考察報告中加以推測，再用括號或問句標註出自己的疑惑。他們就這樣，在驚喜與失落間跋涉，距離真相越來越近，卻似乎永遠無法真正抵達。

可是他們知道，留給他們的時間並不多。梁思成把田野調查稱為「與時間賽跑」，因為西方建築以石材為主，而中國建築以木構為主，無時無刻不在遭受風雨侵襲和後世的肆意改造。意外也常在不經意間發生，「一炷香上飛濺的火星，也會把整座寺宇化為灰燼」。[5] 進入民國後，情況變得更為複雜。政府常常以「破除迷信」為名，拆毀古建築；與此同時，軍閥混戰，日軍步步緊逼，戰爭的威脅越來越近。這一切，都催促着他們不斷啟程。「孤例」這個詞，開始在梁思成的文章中頻繁地出現。能目睹這些「孤例」，他的狂喜躍然紙上，可是，「孤例」又意

1　梁思成、劉敦楨：《大同古建築調查報告》，載《梁思成全集》（第二卷），第 90 頁。

2　同上書，第 147 頁。

3　林徽因、梁思成：《晉汾古建築預查紀略》，載《梁思成全集》（第二卷），第 334 頁。

4　同上書，第 344 頁。

5　梁思成：《華北古建築調查報告》，載《梁思成全集》（第三卷），第 333 頁。

味着這些古建築多麼脆弱，而這次發現何其僥倖。狂喜背後，更藏着沉痛的悲哀。與時間賽跑，其實終究是與自己較量。

他們的努力當然也被民族主義激情驅動着。國人都在熱切地擁抱西化的生活，卻對自身的傳統心懷偏見甚至鄙夷。此情此景下，他們試圖讓人們重新認識自身輝煌的傳統。經過實地考察與測繪，他們掌握了大量的一手證據，更積累了豐富的經驗，進而找到獨特的觀察與判斷視角，有底氣回應乃至糾正一些海外學者的判斷，真正在國際建築學界發出屬於中國的聲音。

關野貞和常盤大定曾以為，華嚴寺薄伽教藏殿是中國存世最古老的木構，梁思成卻通過測繪與研究後澄清，薊縣獨樂寺和寶坻廣濟寺都比華嚴寺年代更久遠。伊東忠太認為，華嚴寺薄伽教藏殿是金代建築，然而，梁思成一行經過仔細調查後認定，無論是斗拱的結構、屋頂的坡度、平棊、藻井、彩畫、壁藏、佛像等的式樣，都足以證明它是遼代建築，絕非金代以後所造。[1] 倒是華嚴寺的大雄寶殿，有好幾位日本學者以為是遼代建築，梁思成他們卻從傳世的碑文記錄和建築風格判斷出，這是一座典型的金代建築。[2] 廣勝寺的建築結構法與他們在中國各地所見的許多古建築都不同，卻和日本飛鳥奈良時期的建築風格有些相似，因此，有一些建築家曾懷疑，日本的這些建築結構法並非自創，而是師承中國宋代以前的規則，只不過這些規則在中國反而失傳了。對廣勝寺進行勘測與研究後，梁思成他們相信，這種判斷應該是準確的。[3]

---

1 梁思成、劉敦楨：《大同古建築調查報告》，載《梁思成全集》（第二卷），第 87 頁。

2 同上書，第 105—106 頁。

3 林徽因、梁思成：《晉汾古建築預查紀略》，載《梁思成全集》（第二卷），第 329 頁。

田野考察最大的收穫，不僅僅在於發現了許多被遺忘的建築遺跡，或者駁斥了外人的偏見與誤解，更重要的是，沿途的所見所聞所感，為中國古建築的發展勾勒出一條隱約可辨的軌跡，終有一天，在路上的時光將落在紙上，化為《中國建築史》的骨骼與肌理。[1] 當然，這一天還很遙遠。

其實，他們還懷着更深的願景，更大的野心。他們不僅要訪古、尋古、存古，事實上，更試圖改寫自己的時代。

1933 年，林徽因曾把梁思成、劉敦楨他們稱為「幾個死心眼的建築師」，「放棄了他們蓋洋房的好機會，捲了鋪蓋到各處測繪」。[2] 這樣的身份定位，聽起來自然頗為崇高、動人，然而，兩年後，梁思成就在《建築設計參考圖集序》中做了自白：他深信，自己正身處「中國新建築師產生的時期」，問題在於，許多建築師根本不了解中國古代建築的特性，就像寫作的人讀書太少，寫字的人沒有見過大書法家的碑帖，縱然天資再高也無濟於事。因此，他提出，航海家需要地圖，而他和中國營造學社同仁們希望做的，就是為建築師們「定他們的航線」。[3]

所以，這幾個「死心眼的建築師」其實並不迂腐。他們不辭辛勞地奔波，是為了理清過去，進而眺望未來。他們希望通過調查、研究古老中國的營造傳統，最終影響當下建築界的實踐，甚至制定新的規

1 早在 1930 年 7 月的《中國營造學社彙刊》上，朱啟鈐也曾提出，既應該「研究中國固有制建築術」，更要「協助創造將來之新建築」。

2 林徽因：《閒談關於古代建築的一點消息》，載《梁思成全集》（第一卷），第 315 頁。

3 梁思成：《建築設計參考圖集序》，載《梁思成全集》（第六卷），中國建築工業出版社，2001 年，第 235—236 頁。

則。[1] 這幾個「死心眼的建築師」不是要給建築做設計，而是要為整個中國建築界做設計 —— 他們要重塑建築界的格局。

儘管這願望最終未能實現。

大唐微塵

唐朝，仍是梁思成的執念所在。未能發現唐代木構建築，讓他一直耿耿於懷。在給林徽因的一封信中，他寫道，但凡有一點關於唐朝的痕跡，「則一步一磕頭也要去的！」[2]

1937 年 6 月，他們再度啟程，第四次前往山西，尋找夢寐中的唐朝。

短短五年之間，梁思成、劉敦楨等人一直在各地奔波，考察了一百九十個縣市，二千七百三十八處建築，繪製了一千八百九十八張測繪圖。[3] 梁思成重點調查了京郊、河北、山西一帶的古建築，參與了杭州六和塔與曲阜孔廟的修葺計劃。劉敦楨雖是文獻部主任，也並未放棄田野考察，最初聚焦於北平與河北周邊，後來又走訪了河南、山東、江蘇和陝西等地。此外，兩人還聯手擬出了故宮文淵閣、景山萬春亭的修復計劃。

---

1 多年後，梁思成在《為甚麼研究中國建築》中做了更詳細的解讀。他的目的不僅僅是保護古建築，更希望有助於「將來復興建築的創造問題」。他要把當年「無名匠師不自覺的貢獻」，演化為「近代建築師的責任」。他強調「新科學的材料方法」，但要塑造的則是「中國特有的作風及意義」。他希望這些研究可資參照，讓建築師們「創造適合於自己的建築」。因此，他執着於破解宋朝的《營造法式》和清朝的《工程做法則例》，要把晦澀的稱謂和元素轉化為現代人能夠理解的直觀的形式。從某種程度上説，這也是一種「翻譯」。藉由這種「翻譯」，建築師們可以更清晰地看到中國歷代建築風貌與作法的變化，最終迸發出新的創造力。參見梁思成《為甚麼研究中國建築》，載《梁思成全集》（第三卷），第 378—380 頁。

2 林徽因：《閒談關於古代建築的一點消息》，載《梁思成全集》（第一卷），第 318 頁。

3 需要説明的是，這些數據包括了 1937 年梁思成、林徽因的第四次山西之行，以及劉敦楨在河南、山西的考察。參見林洙《叩開魯班的大門》，第 120 頁。

但梁思成從未忘記自己的夙願。

四年前抵達大同時，他就深信，在華嚴寺和善化寺的一些建築細節中，一定潛藏着唐代的痕跡。他猜測，有一些與《營造法式》規則不符的細節，或許就是殘留下來的唐代手法。[1] 只是，這一切還只能停留於猜測。

山西趙城縣的女媧廟，曾讓他心存幻想，因為廟誌宣稱它是唐朝天寶六年重修的，然而，僅僅看一眼正殿的斗拱，梁思成一行就已經知道，它的建造年代不會早於元末明初。[2] 趙城興唐寺也號稱是唐代建築，儘管需要繞很長的路進山，他們還是決定前往探查一番。一路走了十三個小時，中途又在霍山的山神廟中借宿了一晚，次日才終於抵達興唐寺。可惜，他們所見到的，卻只是幾座清式的小殿和西洋式的門面，古建築早已被拆除殆盡。[3]

但是 1937 年的這個夏天與往常不同。這一次，他們有了新的線索。在法國漢學家伯希和的《敦煌石窟圖錄》中，莫高窟 61 窟的佛龕背後，有一面巨幅壁畫《五台山圖》，長 13.45 米、高 3.42 米的空間裡描繪了唐代五台山的寺廟群，從河北鎮州到山西五台山，數百里山川、寺廟、風土、民情，歷歷在目，[4] 而其中有一座寺廟，名為「大佛光之寺」，根據壁畫上呈現的方位來判斷，它應該不在五台山的中心地帶。

於是，梁思成、林徽因、莫宗江和測繪員紀玉堂一行，從太原到東冶，換了騾車以後，沒有進入寺廟雲集的台懷鎮，而是向北走，沿

---

1 梁思成、劉敦楨：《大同古建築調查報告》，載《梁思成全集》（第二卷），第 170 頁。

2 林徽因、梁思成：《晉汾古建築預查紀略》，載《梁思成全集》（第二卷），第 324 頁。

3 同上書，第 342 頁。

4 樊錦詩、劉永增編：《敦煌鑒賞》，江蘇美術出版社，2007 年，第 111 頁。

着偏僻的山間小路向南台外圍一路搜尋。[1]終於，二十多棵古松沉默地迎接他們，單是看一眼佛光寺的斗拱，就帶給他們極大的震撼，它「巨大、有力、簡單，出檐深遠」，他們下意識地想到薊縣獨樂寺觀音閣——那是他們曾經尋訪過的最古老的木構建築。

佛光寺大殿中的佛像，與敦煌石窟中的塑像相仿，他們深信，這些應該都是晚唐的塑像。在莊嚴的佛像群裡，角落處有一尊小小的女子像，一副世俗裝扮，與周遭的環境格格不入。僧人告訴他們，那是邪惡的武則天。

第二天，他們開始勘察建築的每個角落，從斗拱、樑枋到平暗、石雕柱礎，都顯示出晚唐的風格。最讓梁思成震驚的是屋頂樑架的做法，這樣的樑架只在唐代壁畫中有過描繪，而在多年的考察歷程中，他從未見過。蒙着面罩，在厚厚的積塵上，他們藉助手電筒的微光開始測繪、拍攝。幾千隻蝙蝠一齊撲扇着翅膀，驅逐着這些不速之客，頂棚積了千年的浮土紛紛落下，横樑上陳列着蝙蝠乾癟的屍體，擋住了他們的視線。黑暗中，數以萬計的臭蟲從横木中探頭張望，鑽進他們的衣襟。幾個小時後，到檐下呼吸幾口新鮮空氣，他們才發現遭到了臭蟲叮咬，還有無數隻臭蟲已經鑽進睡袋和筆記本裡。

有大量的蛛絲馬跡顯示着這應該是一座唐代建築，但他們仍然期望能找到更直接的證據。第三天，林徽因在一根樑下發現了淡淡的墨跡，它被塵土覆蓋，又被後世塗抹的淡赭色塗層遮蔽，難以辨識。她在空中努力變換着身形，試圖分辨樑上記錄的官職和人名，終於，她發現了這樣一行字：「佛殿主上都送供女弟子寧公遇。」她猛地想起曾

---

1 梁思成：《記五台山佛光寺的建築》，載《梁思成全集》（第四卷），中國建築工業出版社，2001年，第367頁。

在殿外的石經幢上看到過一些關於官職的記錄，決定重新讀一讀經幢上的文字。在經幢上，她發現了一行相仿的字——「女弟佛殿主寧公遇」。經幢是唐朝大中十一年立的，那一年是公元857年。

佛光寺的真實歷史，終於揭曉。直到此刻，他們這才領悟到，那尊坐在角落裡的世俗女子像，並不是武則天，而是寧公遇。把供養人安置在佛像下的角落，在敦煌壁畫中也非常普遍。

雖然佛光寺已是晚唐風格，並且梁思成根據其規模斷言，在晚唐它也並不是一流的寺廟，但它畢竟給他們的想像畫出了一個全貌，「斗拱雄大，出檐深遠」。他尤為興奮地感歎，佛光寺雲集了唐代的繪畫、書法、雕塑和建築，「此四者一已稱絕，而四藝集於一殿更屬海內無雙」。[1] 他從來不吝於用最華美莊嚴的字句來描述他發現的建築——他的建築。

其實，十二年前，關野貞曾經見過佛光寺的照片。當時，關野貞和常盤大定一起輯錄《支那佛教史跡》，收錄了日本僧人小野玄妙和太原美麗興照相館為佛光寺拍攝的九張照片。可惜，他們關注的是大殿裡的三尊佛像，認為它們是「五台山中唯一傑作」，卻對建築幾乎視而不見，並且斷言，「佛光寺之寺院規模、伽藍並不雄偉」。

最終，是田野考察澄清了歷史的真相。

梁思成一行拊掌疾呼，忘了連日來的勞頓與疲憊。他們只看見，一千年後的夕陽殘照，如約傾覆在這座被遺忘的建築上。它來自遙遠的盛世大唐，而它所象徵的繁華喧囂，原本就敵不過光陰積下的一粒微塵。

1 梁思成：《華北古建築調查報告》，載《梁思成全集》（第三卷），第355—360頁。

第四章
何處是歸程

向南方

與佛光寺的長老道別時，梁思成承諾，一定會向政府申請基金，來年修繕寺廟。他們又在五台山中遊蕩了幾天，但並沒有發現更多重要的建築遺跡，於是輾轉離開山區。1937 年 7 月 15 日，他們見到了從太原運來的報紙。因為發洪水，報紙投遞耽擱了。躺在行軍床上閱讀過期的報紙，他們才得知，日軍已經在八天前開戰，全面抗戰爆發了，而他們身在山中，渾然未覺。

劉敦楨也在外地考察，戰爭爆發後，才從中原匆匆趕回北平。一個月後，他們棲身的城市也淪陷了。中國營造學社被迫南遷，六十六歲的朱啟鈐送走他們，自己選擇留守故都。未來的七年裡，他將一次次裝病，被迫搬遷，拒絕與日偽合作；他還將指導留下來的舊日職員，在艱難的環境裡，為遠在南方的梁思成、劉敦楨等人提供支持，搶救、整理、寄送研究資料。

被朱啟鈐寄予厚望的這些年輕人，將迎來另一種叵測的命運。林徽因回憶，他們「把中國所有的鐵路都走了一段」，「上下舟車 16 次，進出旅店 12 次」，才終於取道天津抵達長沙。但長沙也非久留之地，他們被日軍追襲，繼續南下。路上，林徽因生了肺炎，這病症困擾着她的整個後半生。所幸，有過多年田野考察經驗，她和梁思成配合默契，能快速打包行李，帶着年幼的兒女，隨時動身。他們還隨身帶着一小盒酒精棉，每次吃飯前取出一點，給碗筷消毒。這一幕，讓九歲的女兒梁再冰難以忘懷。她從未想像過常在客廳裡笑語盈盈的母親，面對如此艱苦的環境，竟這樣從容幹練。

人在湖南，劉敦楨決定順路回故鄉探親。渡船異常顛簸，風浪很疾，樵夫的歌聲與縴夫的號子聲此起彼伏，他卻獨坐在船上讀書，對兩岸的風光與險灘均視而不見。[1] 戰火擱淺了他的研究與調查計劃，他也只能依靠這點滴努力，來彌補人生的遺憾。

他無法容忍自己停下腳步，回到新寧沒多久，就開始考察附近的民居、宗祠和廊橋。他深信這些田野考察同樣擁有特別的意義，因為他的故鄉位於湖南西南部，地理位置偏僻，不容易受到外來影響，因此，一些古老的營造方法應該也沒有被完全遺忘。[2] 他對山澗之間、平原之上隱約出現的廊橋尤其感興趣，測繪了故鄉的江口橋，並在幾年後寫下《中國之廊橋》，分析總結中國古代橋樑的嬗變。這是一次意外的收穫，儘管背後代價慘重。

抵達昆明後，中國營造學社又被迫從城內的循津街遷往郊外的麥

---

1 劉敍傑：《創業者的腳印 —— 記建築學家劉敦楨的一生》，載東南大學建築學院編《劉敦楨先生誕辰 110 周年紀念暨中國建築史學史研討會論文集》，東南大學出版社，2009 年，第 188 頁。

2 劉敦楨：《中國之廊橋》，載《劉敦楨文集》（第三卷），中國建築工業出版社，1982 年，第 450 頁。

地村與國庵。生活愈發困苦，他們卻依然好奇地打量着周遭的一切，尋找新的研究方向。

多年以來，中國營造學社的考察與研究其實一直存在一大盲區。梁思成、劉敦楨等人更關注宮廷建築和佛教建築，對民居不夠重視，劉致平卻希望為這種「用最少的錢造出很合用又很美觀的富有地方性的建築藝術」正名。他欽佩民居背後體現的民間智慧，匠人們「只是老老實實地用最經濟的方法，極靈活簡潔的手法造出很美好的住宅，它那優美生動的式樣是很可愛的，而且是各地不同，花樣百出，美不勝收的」。[1] 他在昆明寓居的房子，是雲南中部典型的四合院建築——「一顆印」，顧名思義，它的外觀如同印章，兩層住宅環繞着天井，有三間正房，左右各有兩間耳房，即所謂「三間四耳」。劉致平對這座房子進行了測繪和研究，並在幾年後完成了《雲南一顆印》。後來，他又沿着這個方向繼續深入下去，在四川各地考察了二百多座民居建築，測繪了其中六十多座，它們成為他寫作《四川住宅建築》的基本素材，終於填補了這一研究領域的空白。

戰火蔓延，他們卻從未稍忘學人的本分，甚至比從前更加迫切地考察、研究。他們無力扭轉戰局，改變時代，卻也習慣了苦中作樂，隨遇而安。

苦難催人肝腸，但也能礪人心志。

1 劉致平著，王其明增補：《中國居住建築簡史：城市、住宅、園林》，中國建築工業出版社，1990 年，第 124 頁。

懸崖上的佛國

1939 年秋天，熱鬧的興國庵突然安靜下來，梁思成、劉敦楨、莫宗江、陳明達等人從昆明出發，前往四川與西康考察古建築。興國庵裡，只剩下母親們陪伴着孩子們，後來，劉敦楨的兒子劉敍傑自嘲道，「這倒也符合尼寺的清規」。

懸崖下面，洶湧的江流不斷變化着名稱 —— 長江、青衣江、岷江、嘉陵江……水隨山勢，莽林無邊。它們看起來並無二致，只有路在腳下不斷延展。

從 1939 年 9 月到 1940 年 2 月，他們從秋天一直走到春天。抗戰流亡，卻也給了他們前所未有的機會，審視西南地區的建築遺存。那些散落在山野之間的古跡，在仿若曠古的黑暗裡等待着他們。

西南考察是北方之旅的延續。四川保存下來的木構建築以明清兩代為主，七曲山大廟建築群中的盤陀殿興建於元代，已屬罕例。這些不同形制的木構建築和壁畫，擁有明顯的西南地域文化特徵，為他們的研究提供了諸多新的素材和啟迪。

四川的佛國，更讓梁思成發現了一個震撼人心的世界。

東方建築，木構之間，大美無言，頑石之中，亦有蒼涼。他在北方踏勘過雲岡石窟、龍門石窟、天龍山石窟，對四川一帶的摩崖石刻則所知甚少，不過，早年在東北大學任教時，他還是頗有些神往地對學生們說：「摩崖造像，除北數省外，四川現存頗多。廣元縣千佛崖，前臨嘉陵江，懸崖鑿龕，造像甚多。多數為開元天寶以後造。」

時隔九年，他終於在大江荒山之上，親眼看見了散落在四川深山之中的漢闕、崖墓和摩崖石刻。多年後，他將在《中國建築史》中繼續回顧這一幕：「四川多處摩崖，則有雕西方阿彌陀淨土變相，以樓閣殿宇為背景者，如夾江縣千佛崖，大足縣北崖佛灣，樂山縣龍泓寺千佛崖皆其例也。」

星星點點的石窟，是佛祖散落在大地上的足跡。它們從長安入蜀地，沿着金牛道，一路蔓延。「安史之亂」以後，中原地區再也沒有進行過大規模的石窟造像，星星之火卻在四川燎原。

但時代正遭遇巨變，曾被視為不朽的石頭同樣難逃一劫。梁思成抵達廣元時，千佛崖幾乎面臨滅頂之災。1935 年修建川陝公路，大半造像被毀。梁思成百感交集地寫道：「千佛崖在縣治北十里，嘉陵江東岸，大小四百龕，延綿里許，蓮宮紺髻，輝濯岩扉，至為壯觀。唯近歲興築川陝公路，較低之龕，剞削多處，千載名跡，毀於一旦，令人痛惜無已。」[1]

其實，外國學者們早就踏勘過四川的摩崖造像。20 世紀初，柏石曼、謝閣蘭（Victor Segalen）和伊東忠太都曾造訪四川，不過，謝閣蘭認為，四川的造像藝術價值不高，「只能供宗教之證明，而其造像不足以供審美者之鑒賞也」。

然而，梁思成一行關注的不只是造像優美與否，佛國之中，其實別有洞天。在這些佛龕中，他驚喜地發現了一些關於古建築的線索。夾江千佛岩 99 窟、128 窟、137 窟的背景是三座樓閣，中間通過閣道連接，佛像兩旁有佛塔和經幢，128 窟呈現的更是典型的唐代密檐式塔造型……它們都為他研究《營造法式》提供了直觀的證據。日後，他將興奮地揭示這一點：「龍門唐代石窟之雕鑿者，對於建築似毫不注意，故諸窟龕鮮有建築意識之表現。然在四川多處摩崖，則有雕西方

1 梁思成：《西南建築圖說（一）——四川部分》，載《梁思成全集》（第三卷），第 206 頁。

阿彌陀淨土變相，以樓閣殿宇為背景者，如夾江縣千佛崖，大足縣北崖佛灣，樂山縣龍泓寺千佛崖皆其例也。」

1940 年春天，風塵僕僕的父親們終於回到昆明。他們在半年裡考察了四川和西康的三十一個市、縣，一百零七個重要古建築、石刻及其他文物。守候在興國庵的母親們和孩子們早早地等在村口，梁思成從人力車上跳下來，立刻與林徽因擁抱在一起。這一幕，讓習慣了農村生活的孩子們目瞪口呆。[1]

百感交集的梁思成還在期待下一次考察，卻並不知道，四川之行，竟是中國營造學社主要成員最後一次結伴長途跋涉考察古建築。

一個時代行將落幕。

古遠的夢

1940 年的一天，梁思成忽又想起佛光寺雄大的斗拱。在報紙上，他發現了一個熟悉的名字 —— 豆村，據說中日兩國軍隊都準備以豆村作為據點，發起進攻與反攻。時隔三年，重新看到這個名字，恍如隔世。但佛光寺，他心心念念的佛光寺，就藏匿在那裡，藏匿了一千多年。但梁思成不知道，佛光寺又能否熬得過這一場炮火。

他只能面對圖稿上描繪的線條，懷想那座恢宏的遺構，以及自己從未消退的狂喜和無盡的悲哀。其實，就連他們繪製的這組佛光寺的圖稿，都歷經坎坷才得以保全。它先是被從北平帶到天津，又從天津帶回北平，朱啟鈐請社員把它們複製下來，託人送到上海，又從上海

1　參見劉敍傑《創業者的腳印 —— 記建築學家劉敦楨的一生》，載東南大學建築學院編《劉敦楨先生誕辰 110 周年紀念暨中國建築史學史研討會論文集》，第 190 頁。

郵寄到西南，才終於輾轉交到梁思成手上。[1]

佛光寺前途難卜，而他自己，也如同一葉浮萍，在洶湧的巨浪中無處棲身。[2]

用英文寫作《華北古建築調查報告》時，他坐在昆明龍頭村的家中，[3]或許在壁爐前。這是他和林徽因一生中為自己設計的唯一的房子。他們在靠近金汁河畔造起這座八十平方米的平房，三間房坐西向東，兩間坐東向西，中間構成一個小庭院。在這座中式宅院裡，壁爐是唯一與眾不同的構建。這房子耗盡了他們的積蓄，他們「不得不為爭取每一塊木板、每一塊磚，乃至每根釘子而奮鬥」。[4]後來，林徽因用煤油箱做書架，拿廢布做成窗簾，於是，這個臨時的家又煥發出別樣的生機。

他們曾經希望在古建築的骨骸上，生出血肉，再造新的建築規則，但他們自己設計的建築其實很少，只有吉林省立大學禮堂圖書館、北京仁立地毯公司舖面改建、北京大學地質館和北京大學學生宿舍這幾處。[5]在昆明，他們卻設計了兩座房子。另一座是西南聯大的校舍，設計稿一改再改，不斷縮水，因為大後方根本沒有資金能承載他們的構想，最終造起來的，是鐵皮屋，不科學，不美觀，更沒有呈現出「中國建築的構架，組織，及各部做法權衡」，每逢雨季，教授便不時地要停課聽雨。那時，雨聲敲擊在鐵皮屋頂，密如鼓點，與日軍鐵蹄踐踏在

---

1 梁思成：《記五台山佛光寺的建築》，載《梁思成全集》(第四卷)，第 369 頁。

2 梁思成：《華北古建築調查報告》，載《梁思成全集》(第三卷)，第 360 頁。

3 《華北古建築調查報告》是梁思成用英文所做的演講，此前未發表過。根據《梁思成全集》編著者的考證，該文應寫於 1940 年身在昆明時。參見梁思成《梁思成全集》(第三卷)，第 322 頁，註釋 1。

4 費慰梅：《梁思成與林徽因》，第 137 頁。

5 參見梁思成《梁思成全集》(第九卷)，中國建築工業出版社，2001 年，第 5—20 頁。

中國土地上的聲音，何其相似。

流寓昆明的日子裡，林徽因仍在寫詩，有一首名叫《小樓》:「瓦覆着它，窗開一條縫，夕陽染紅它，如寫下古遠的夢。」可惜，房子落成不久，他們又要被迫啟程，向四川的深山遷徙。他們的那些「古遠的夢」，仍遺留在遙遠的北方 —— 不知何時才能回歸的北方。

第五章
李莊：沙漠中的金魚

戰時中國文化中心

江聲浩蕩。

1940 年冬天，幾尊神像從李莊東嶽廟裡被抬出去，再也沒有抬回來。

在抗戰的隆隆炮火中，同濟大學第六次遷徙，最終落地李莊。鄉民們請走神像，放進桌椅黑板，東嶽廟做了同濟大學工學院的校舍。作為回報，工學院架起電線，李莊人用上電燈，比南溪縣城還要早十多年。

同濟大學遷校，最初看中的是南溪縣，卻遭到婉拒。縣城裡的鄉紳們擔心，人口激增會導致物價上漲，甚至危及民風。舉棋不定之際，一紙十六字電文卻從偏僻的李莊發出：「同濟遷川，李莊歡迎；一切需要，地方供應。」電文起草者，是李莊的鄉紳領袖羅南陔。他和張官周、張訪琴、楊君惠、李清泉、江緒恢等鄉紳、袍哥的抉擇，讓名不見經傳的小鎮李莊成為戰時中國的文化中心之一，也讓飽經摧殘的華夏文化，得以留存一線生機。

與同濟大學一起來到李莊的，還有中央研究院史語所、社會科學研究所、中央博物院、金陵大學文科研究所，以及中國營造學社。梁思成、劉敦楨、林徽因等人也隨着人潮來到李莊。從昆明到李莊，山路蜿蜒崎嶇。每家人只允許攜帶八十公斤行李，從古稀之年的老人到剛出生的嬰兒，三十一個人擠在卡車裡，一路顛簸。隨即，他們如同蒲公英一般四散進李莊的土地，同濟大學佔據了鎮中心的各種古建築，史語所去了板栗坳，中國營造學社則搬到上壩。幾個月間，李莊人口就從三千六百人激增到一萬五千人。

從前，絕大多數中國人都不知道李莊的名字，後來，從世界各地寄出的信件，只需寫上「中國李莊」四個字，就可以順利抵達。

小小的李莊，成了這一代學人的挪亞方舟，載着他們迎向未知的命運。

最奢侈的味道

總有一條狗要搶先叫起來，像個蓄謀已久的指揮家。吠聲乍起，四鄰的狗立刻紛紛應和，遠遠近近，高高低低，曲折綿長。穿過農田就是梁思成、林徽因、劉敦楨等人當年寓居的房子，他們在哪裡，中國營造學社就在哪裡。

院子裡有棵大桂圓樹。梁思成一住下來，就往桂圓樹上拴一根竹竿，每天不辭辛苦地帶着年輕人反覆爬竹竿。到野外測繪古建築時，攀爬是基本功，一天也不容荒廢。

小小的院落裡，梁家與劉家的住所佔據兩側，中間是長長的辦公室，幾張舊桌椅擺放得挺整齊，每走一步，木地板也會隨着吱呀作響，彷彿時光沉悶的迴聲。

中國營造學社又壯大了些，招募了幾名年輕的工作人員，盧繩、王世襄和羅哲文等人，多年後都將成為中國建築界與文物界的泰山北斗。

1940 年，羅哲文考入中國營造學社做練習生時，只有十六歲。劉敦楨對這個好奇的年輕人説，中國營造學社是一個純粹的學術團體，大家都是讀書人，做學問的，不是當官的，不是衙門。[1] 最初，羅哲文幫劉敦楨抄寫、整理《西南古建築調查概況》，後來又隨梁思成學習繪圖、整理歷史文獻，梁思成手把手地教他使用繪圖板、丁字尺、三角板和繪圖儀器。

川南多雨，房間裡永遠潮濕、陰暗，老鼠和蛇時常造訪，臭蟲更是成群結隊從床上爬過。病中的林徽因受到特殊優待，有一個帆布床，其他人都只能睡光板和竹蓆。有時，林徽因連續幾個星期高燒達到四十攝氏度，李莊缺醫少藥，梁思成自己學會了給她打針。

物資緊缺，物價仍在飛漲。每個月收到薪金，就得立刻買米買油，稍有延遲，它們就可能變成一堆廢紙。劉敦楨一家五口，除夕之夜的年夜飯只有五塊小小的麻餅，唯一與往常不同的是，在這個特殊的夜晚，幾根小蠟燭暫時取代了桐油燈，插在一塊蘿蔔上。

梁思成開始學習蒸饅頭、做飯、做菜、醃菜，林徽因則學會了針線活兒，每天強撐着病體給孩子們縫補那幾件小得幾乎穿不下的衣服，她自嘲「這比寫整整一章關於宋、遼、清的建築發展或者試圖描繪宋朝首都還要費勁得多」。

倘若生計還是難以維持，梁思成就得去宜賓，把衣服當掉，換些

1　羅哲文：《難忘的教誨永遠的懷念 —— 紀念劉敦楨師誕辰 110 周年》，載東南大學建築學院編《劉敦楨先生誕辰 110 周年紀念暨中國建築史學史研討會論文集》，第 14 頁。

食物回來。被當掉的還有他鍾愛的派克筆和手錶，那時他就會開玩笑說，把這隻錶紅燒了，把那件衣服清燉了吧。

住在李莊的孩子不少，父輩們偶爾會信手在小本子上畫幾筆，給孩子們玩。梁思成畫過一幅小畫，是一個精緻的小碗，盛着蕃茄蛋湯。他在旁邊寫道：等到抗戰勝利了，要喝上這麼一碗。[1]

這就是梁思成最想念的味道，在那個時代，已是奢望。在林徽因眼中，兒子梁從誡曾是「一樹一樹的花開，是燕在樑間呢喃」，[2] 幾年之間，他卻長成了「一個曬得黝黑的鄉村小伙子，腳上穿着草鞋。在和粗俗的本地同學打交道時口操地道的四川話」，[3] 不知林徽因有沒有想起《呼嘯山莊》裡的哈里頓，命運如此陰差陽錯。

舊報紙上登的永遠都是舊聞，所幸，想讀書可以去史語所借。這也是中國營造學社從昆明遷往李莊的原因之一。[4] 簡陋的家裡竟還有一台留聲機，幾張貝多芬、莫札特的唱片，慰藉着困窘的時光。[5] 從史語所借來幾張莎劇唱片，就能讓林徽因興奮得像個孩子，她會模仿勞倫斯．奧利弗（Laurence Olivier）的語調，喃喃地講着哈姆雷特那經典的念白：「To be,or not to be:that is the question.」生存還是死亡，根本不是問題。梁思成與林徽因心中，其實早有答案。

1　2014 年 10 月，我在成都拜訪岱峻先生，感謝他講述了梁思成這幅畫作的故事。

2　林徽因：《你是人間的四月天》。

3　費慰梅：《梁思成與林徽因》，第 160 頁。

4　早在寓居昆明時，中國營造學社就開始向史語所借閱藏書。根據史語所檔案：昆 7—131，中國營造學社來函，函達敝社近遷居龍泉鎮麥地村，社員梁思成等六人擬借閱貴所圖書，希惠准並祈賜覆。1939 年 6 月 16 日。

5　費正清：《費正清中國回憶錄》。

何處是李莊？

流亡之中，所幸故人並未失去聯繫。

費正清、費慰梅夫婦時常收到李莊的來信，信封上貼滿郵票，裡面的信有厚厚的好幾封，署着不同的日期。因為郵資昂貴，寄信都是一種奢侈的行為。信紙大多極薄極脆，往往大小不一，形態各異，有的可能包過菜或肉，留着細微的印痕。紙張的每個角落都滿滿地填着字。在李莊，紙同樣來之不易。

怎樣向別處的朋友們解釋李莊這座偏僻的小鎮，梁思成頗費思量。

李莊地處長江上游，上承宜賓，下接瀘州，流向重慶。清人翁霪霖在《夜宿李莊》中寫道：「入境依然泊夜航，人煙最數李家莊。地沿僰道尋孤驛，江合戎城記一塘。別渚蒿蘆秋淡蕩，隔堤牛馬水蒼茫。雙漁藉手勞相問，深愧扶笻父老行。」當年行客們沿江直下，夜泊李莊時，每每也會在百感交集中望向江岸邊連綿起伏的炊煙。倘若登岸造訪，則會與無數神靈狹路相逢，東嶽大帝、龍王、玄武祖師、關公、佛祖、觀音，以及耶穌，在各自的門扉裡等候前來許願的人們。其實，梁思成他們並不是李莊的第一批流亡者，明清兩代，「湖廣填四川」，李莊就迎來過各地移民，四方雜處，形成「九宮十八廟」的古鎮格局。王爺廟的後山門，石坊上有一副對聯，「江客來從幽徑入，羽流歸向小門敲」，描述的正是典型的李莊風土，大江奔湧，山徑深幽，風波迭現，萬物靜默。

1942 年，費正清再度來到中國，擔任美國國務院文化關係司對華關係處文官和美國駐華大使特別助理。雖然他是中國通，費氏夫婦還曾與梁思成、林徽因結伴走過山西的窮鄉僻壤，然而，梁思成還是無法向他們準確地描述李莊，最終，他只能模糊地寫道，李莊在「長江上游一條不太吸引人的支流旁」。[1]

聽說費正清準備到李莊一聚，梁思成興奮地把李莊的位置標註得更詳細了些。「從重慶坐一艘破輪船到李莊，上水要走三天，回程下水要走兩天。沒有任何辦法可以縮短船行時間或改善運輸手段。然而我還是要給你一張標出我們營造學社位置的地圖，以備你萬一在李莊登岸而又沒人在碼頭接你時之用。船是不按班期運行的。每一次到達在這裡都是突發事件。但你仍然可以用電報通知我們你搭乘的船名和日期。電報是從宜賓或南溪用信函寄來，兩地離此都是 60 里（約 20 英里），它可能在你來到之前或之後到達。」[2]

他之所以對重慶與李莊之間的水路了解得如此清楚，是因為他也時常這樣往返奔波。中國營造學社早年依靠「庚款」維繫，「二戰」開始，「庚款」難以為繼，梁思成只能設法四處尋求支持，去陪都重慶，就是為了向行政院和教育部申請經費，最終，由中央研究院史語所和中央博物院負責發放營造學社主要成員的薪資，而討來的研究經費往往也只是杯水車薪。

這一年的 11 月，費正清來到李莊，他生了重病，一直臥床，傍晚五點半就要點起菜油燈和蠟燭，天黑得早。李莊的艱苦遠遠超出費正清的想像，他感歎：「如果美國人處在此種境遇，或許早就拋棄書本，另謀門路，改善生活去了。但是這個曾經接受過高度訓練的中國知識界，一面接受了原始純樸的農民生活，一面繼續致力於他們的學術研究事業。學者所承擔的社會職責，已根深蒂固地滲透到社會結構和對個人前途的期望中間。」這是中國文化人的宿命，近代以來更被頻仍的

1 費慰梅：《梁思成與林徽因》，第 146 頁。

2 同上書，第 154 頁。

國難烘托得愈發悲愴。

幾年後，費慰梅也有機會從空中俯瞰李莊。她和梁思成搭乘一架美軍的 C-47 運輸機，從重慶起飛，四十分鐘後，在長江的轉彎處，她看到一片城牆。梁思成告訴她，那就是上水行舟第一天最後到達的地方。[1] 就是在這片深山中的小鎮，梁思成與林徽因伴着昏暗的菜油燈，度過了各自的四十歲 —— 對學術研究與藝術創造而言，那本該是一生中最寶貴的時光。

與命運暗自較量

梁思成的體重降到四十七公斤，他的背比從前更駝了。回望北平的時光，時常有恍若隔世之感，他在信中寫道：「有時候讀着外國雜誌和看着現代化設施的彩色繽紛的廣告真像面對奇跡一樣。」

所幸，流亡的日子裡，他見到了另一種奇跡 —— 那些散落在深山之中的古老建築，精美絕倫的石刻造像，逃過了千百年光陰的侵襲，大美無言，遺世獨立。即便在最黑暗的時代，也總會有絲縷微芒，能夠照亮一隅，慰藉人心。

劉敦楨忙於整理《西南古建築調查概況》。從 1940 年 7 月到 1941 年 12 月，他代表中國營造學社，與中央博物院籌備處合作，走訪了雲南、四川、西康的四十四個縣，調查了一百八十多處古建築及附屬藝術遺物。但他深知，自己所見的不過是九牛一毛，只有「雲南十分之一，四川五分之一，西康十九分之一」。他和同事們正在面對的，是極其複雜的建築形態，一個與北方全然不同的世界。儘管西南地區的建築可以籠統地分為「漢式」和「藏式」，但「因地理、氣候、材料、風俗

1 費慰梅：《梁思成與林徽因》，第 168 頁。

及其他背景之殊別，產生各種大同小異之作風。每種作風又隨時代之遞嬗，而形成若干變化。故吾人欲於短期內完成詳盡而系統之調查，殆為事實所難許可」。[1]

他也開始興致勃勃地寫《雲南古建築調查記》，梳理了雲南古建築的歷史演變，並計劃針對自己在昆明及昆明之外各地域調查的古建築情況，分別寫兩篇論文，[2] 可惜，這篇文稿最終只完成了不到一半。

儘管研究經費極其微薄，中國營造學社還是考察了李莊周邊的古跡。莫宗江、盧繩測繪了李莊旋螺殿和宜賓舊州壩白塔，莫宗江、羅哲文和王世襄測繪了李莊宋墓，劉致平則調查了李莊的民居和成都的清真寺。此外，作為中國營造學社的代表，陳明達參與了中央博物院在彭山的崖墓發掘，莫宗江則參與了對成都王建墓的發掘。抗戰勝利看起來依然遙遙無期，工作可以消解每一天的焦慮與失望。

梁思成則開始寫作《中國建築史》，莫宗江負責繪製插圖，盧繩幫忙收集元、明、清的文獻資料，病中的林徽因除了收集遼、宋的文獻資料並執筆之外，還校閱補充了《中國建築史》的全部文稿。

脊椎組織硬化症一直困擾着梁思成，他不得不套着一件用鋼鐵製作的馬甲才能工作。為了減輕脊椎的壓力，他用一個花瓶抵住下頜，作為支點，支撐頭部的重量。他笑着宣稱，這樣可以把線畫得更直些。[3]

他們每天工作到深夜，在昏暗的菜油燈下，與命運暗自較量。寫作讓他們短暫地忘記了現實的苦厄，一次次重返那些傳說中的黃金時

---

1 劉敦楨：《西南古建築調查概況》，載《劉敦楨全集》（三），中國建築工業出版社，1982 年，第 320—321 頁。

2 劉敦楨：《雲南古建築調查記》，載《劉敦楨全集》（三），第 379 頁。

3 吳良鏞：《前言》，載《梁思成全集》（第一卷），第 18 頁。

代。許多年後，人們會發現，梁思成、林徽因與劉敦楨開創的時代，同樣曾是中國的黃金時代。

黎明之前

1943 年初夏，英國科學史家李約瑟來到李莊，在梁家受到「煎鴨子的款待」。[1] 他在李莊發表演講，探討為甚麼科學在中國的發展速度比不上歐洲。[2] 然而，眼前的現實又讓他百感交集。

當時童第周在同濟大學任教，李約瑟對這位蜚聲海外的中國科學家同樣心生好奇，執意要看看他的實驗室。不料，他只看見一台舊顯微鏡，以及幾尾金魚。那台德國造的顯微鏡是從舊貨店買來的，花了童第周夫婦兩年的工資。童第周沒有額外的實驗設施，像農民一樣靠天吃飯，天晴時到陽光下做實驗，下雪時則藉助雪地的反光。李約瑟不禁感歎，童第周解剖金魚做研究，但童第周自己又何嘗不是一條困在沙漠中的金魚。

中國營造學社同樣被困在沙漠中。李約瑟離開幾個月後，劉敦楨也向學社的同仁們辭行。1943 年秋，他決定回歸闊別十一年之久的國立中央大學建築系。離開的前夜，他與梁思成促膝長談。兩人因中國營造學社而相遇，合作十一年。抗戰之初，中英庚款董事會曾表示，即便中國營造學社的社員們因戰火流落各地，只要梁思成和劉敦楨在一起，董事會就願意承認學社的存在。他們熬過了最艱難的歲月，卻終究難逃一別。

1　林徽因在寫給費正清的信中這樣描述。參見費慰梅《梁思成與林徽因》，第 158 頁。

2　李濟：《安陽》，第 137—138 頁。

劉敦楨的離開，似乎頗有隱情，[1] 但其中一個重要原因，是中國營造學社已經失去經濟來源。儘管費正清努力向哈佛燕京學社爭取了五千美元贊助，也無濟於事。學社成員們無法領到工資，生活朝不保夕。劉敦楨給營造學社做過會計，更是深知其中的艱難。[2]

離開李莊後，劉敦楨前往重慶沙坪壩，並於次年擔任中央大學建築系系主任。他終於從一個風塵僕僕的考察者，重又變成「身穿長衫，手持茶杯，緩緩步入教室，講話如數家珍」的儒雅學者。[3] 可是生計並沒有獲得太大的改善，為了維持生活，他被迫變賣了珍藏多年的《辭源》，縱然如此，依然無從挽救小女兒，她被腦膜炎奪去了生命。

陳明達也在同期離開李莊，前往西南公路局。抗戰帶給他致命的精神打擊。他留在北平的母親和妹妹相繼去世，未婚妻在地下抗日活動中犧牲，未成年的弟弟妹妹突然又杳無音信。能慰藉他的，只有杯中酒，以及杜甫的詩句——「烽火連三月，家書抵萬金」。他用無窮無盡的工作麻醉自己，工作之餘就酗酒痛哭。命運無常，災難接踵而至，

---

1 關於梁思成與劉敦楨之間的微妙關係，存在許多爭議。吳良鏞先生有過一些回憶與評判，「關於梁先生和劉先生之間，有着種種傳説。例如 1988 年，我在波士頓 MIT，那時費正清夫人費慰梅正在整理《梁思成和林徽因》，她邀請我去她的別墅，問了好多問題，連帶了些史實的部分，最後她當面問我梁和劉的問題，我並沒有回答她，她就説：『你是儒家。』現在，我仍然認為我未回答她是對的，因為我難以把握她會如何在文章中發揮。『文化大革命』後，我主持編纂《梁思成文集》，童先生也曾經跟我提過，在兩位之間要持平，否則的話他們在九泉之下要 turn around，當然我是遵從童老的意見的……與其有種種傳説，不如深入地研究二位先生的治學理念，在學風、方法或學術觀點上的不同。這樣的研究可以讓人們更深刻地了解當時的時代背景，也可以更深入地了解前人做學問是那麼的不容易。他們真是披荊斬棘來從事這樣的學問。」參見吳良鏞《回憶沙坪壩時代的劉敦楨先生》，載東南大學建築學院編《劉敦楨先生誕辰 110 周年紀念暨中國建築史學史研討會論文集》，第 18 頁。

2 劉敦楨之子劉敍傑的回憶。根據崔勇在 2000 年 8 月 24 日對劉敍傑的專訪，劉敍傑時任東南大學建築研究所教授，參見崔勇《中國營造學社研究》，第 228—229 頁。

3 參見吳良鏞《回憶沙坪壩時代的劉敦楨先生》，載東南大學建築學院編《劉敦楨先生誕辰 110 周年紀念暨中國建築史學史研討會論文集》，第 17 頁。

但《營造法式》仍是他唯一的精神支柱。他強迫自己每天待在小房間裡，手抄了整本《營造法式》和全部的手繪建築圖。離開中國營造學社後，他也從未放棄對應縣木塔和《營造法式》大木作的探究。在他的餘生裡，他一直在研究並註釋《營造法式》，並且堅信，通過這部北宋的「天書」，可以一條一條地還原出「一個與西方建築學體系迥異其趣的中國建築學體系」。

中國營造學社只剩下四人，林徽因寫信向費慰梅哀歎：「現在劉先生一走，大家很可能作鳥獸散。」

中國營造學社並沒有作鳥獸散。1944 年，梁思成甚至恢復了停辦七年多的《營造學社彙刊》。在昏暗的房子裡，他們把論文編排好，在藥紙上謄抄、繪圖，再用石印印在土紙上，自己摺頁、裝訂。梁思成在復刊詞中描述了同仁們所做的努力：「在抗戰期間，我們在物質方面日見困苦，僅在捉襟見肘的情形下，於西南後方作了一點實地調查」，而這「一點實地調查」其實包括「雲南昆明至大理間十餘縣，四川嘉陵江流域、岷江流域，及川陝公路沿線約三十餘縣，以及西康之雅安蘆山二縣」，他們尋訪的遺跡包括寺觀、衙署、會館、祠、廟、城堡、橋樑、民居、庭園、碑碣、牌坊、塔、幢、墓闕、崖墓、券墓以及雕塑、摩崖造像、壁畫，等等。兩期彙刊中有多篇文章正是他們在四川的考察成果，有莫宗江的《宜賓舊州白塔宋墓》、劉致平的《成都清真寺》、盧繩的《旋螺殿》，以及王世襄的《四川南溪李莊宋墓》，而戰前梁思成在山西五台山佛光寺的發現，以及費慰梅對山東武梁祠的考察，也都在這兩期彙刊中有所交代。

在復刊詞中，梁思成不厭其煩地對各大機構在抗戰中給予中國營造學社的支持表達着謝意，來自中華教育文化基金會和中英庚款董事會的補助，來自教育部和行政院的特別補助與追加預算，來自史語所、國立中央博物館、國立編譯館、中央大學、江西建設廳的合作或委託，都讓中國營造學社得以勉強運轉。對此，他深懷感激。[1]

然而，《營造學社彙刊》復刊後只出版了兩期，就被迫永久停刊。在最後一期彙刊上，梁思成寫道：「每一個派別的建築，如同每一種的語言文字一樣，必有它的特殊『文法』『辭彙』……此種『文法』，在一派建築裡，即如在一種語言裡，都是傳統的演變的，有它的歷史的。」他一生執着於破譯這些「文法」，而探索《營造法式》、寫作中國建築史，正是他的嘗試。他為此奔波多年，尋訪，考察，測繪，也因此幸運地與不同時代的古建築狹路相逢。他做了充分的準備，只是沒有料到，起筆時已然國難當頭。

1945 年，他建議清華大學校長梅貽琦創立建築系，為戰後重建培養人才。他躊躇滿志，試圖重新規劃中國的建築教育。對於中國許多大學建築系沿襲的法國 Ecole des Beaux-Arts 課程體系，他頗為不滿，認為「過於着重派別形式，不近實際」，他自己則對包豪斯興趣盎然，希望以此規劃建築系的課程，培養「富有創造力之實用人才」。帶着中國營造學社剩餘的幾名成員，梁思成啟程前往清華。

中國營造學社存世十五年，自此悄然落幕。這十五年裡，有八年是在戰火、流離與極度困窘中度過的，縱然如此，他們依然努力取得了空前的成就。他們彼此扶持，熬過了抗戰，卻決定在黎明來臨前做出新的選擇。

當年梁思成離開美國後，格羅皮烏斯（Walter Gropius）、密斯．凡德羅（Mies Van der Rohe）等現代主義建築師開始引導建築界，包豪斯

1　梁思成：《復刊詞》，載《梁思成全集》（第四卷），第 223—224 頁。

風潮異軍突起，對此，梁思成多少有過一些遺憾，當然，只有面對知交好友時，他才會偶爾慨歎一番，覺得自己不小心錯過了現代建築學的盛宴。[1] 不過，當他在 1947 年短暫地重返美國，前往耶魯大學和普林斯頓大學講學，並參與設計聯合國大廈時，一位年輕的美國建築師感歎，儘管美國建築界「很少有人知道他（梁思成）或他的事業」，但是「他給我們的會議帶來了比任何人都多的歷史感，它遠遠地超越了勒·柯布西埃所堅持的直接歷史感」。[2]

陰差陽錯之間，許多中國古建築隨着梁思成、劉敦楨、林徽因等人的腳步，得以重現人間，《營造法式》不再是無人能懂的「天書」，中國建築史得到相對系統的書寫。他們走出書齋，合力拓展出一個新的領域，成了開創者而不是追隨者。於是，當初的錯過，也便擁有了彷若命定般的意義。

1 根據費慰梅回憶，梁思成曾多次表示，自己「剛好錯過了建築學走向現代的大門口」。參見費慰梅《梁思成與林徽因》，第 31—32 頁。

2 費慰梅：《梁思成與林徽因》，第 184 頁。

第六章
尋求新「意義」

1945 年春天的兩三個月間，梁思成一直待在重慶的一個小房間裡。他被任命為戰區文物保存委員會副主任，負責用中英文為美國第十四航空隊編製華北及沿海各省文物建築表，並在軍用地圖上做出標註，以免戰機誤炸這些古跡。[1] 三年多以後，北平解放前夕，他又應中共之邀，編寫了《全國重要建築文物簡目》。1949 年 10 月 1 日，他應邀登上天安門城樓觀禮，他感到無比振奮，次日又帶着全家人，在院子裡席地而坐，高唱《義勇軍進行曲》。他相信，他和他所鍾愛的北京城，正一起迎來新生。

當初中國營造學社的兩位領袖，一南一北，分別主持着清華大學建築系和南京工學院建築系。無論外界怎樣眾説紛紜，他們依然保持着友好的關係。兩人見面時仍會相互恭維，劉敦楨也會把自己的學生

1 參見梁思成在 1945 年編寫的《戰區文物保存委員會文物目錄》（*Chinese Commission for the Preservation of Cultural Objects In War Areas List of Monuments*）以及在 1968 年 11 月 5 日所寫的説明材料。

送到清華，請梁思成指導。[1] 有一次，梁思成為《中國古代建築史》寫了一篇序言，然而，當他得知劉敦楨也寫了一篇，就把自己那篇悄悄收了起來，至死都未曾示人。[2]

但時代不同了。面對接踵而來的政治運動，哪裡還有君子風度的容身之地。

梁思成的後半生，是在寫檢討中度過的。1935 年，他曾野心勃勃地期望用自己對古建築的研究，幫助建築師們「定他們的航線」，儘管他的理想根本沒有實現，但是二十年後，他還是不得不在《大屋頂檢討》中批評自己「嚴重地影響了許多建築師的設計思想，引導他們走上錯誤的方向」。毛澤東希望從天安門上望出去到處都是煙囱，梁思成卻和年輕的建築師陳占祥一起不合時宜地提出了「梁陳方案」，想讓北京保持歷史風貌，成為「像華盛頓那樣環境幽靜、風景優美的純粹的行政中心」。於是，所有關於城市和建築的專業探討，最終都將被定性為政治問題。

他仍惦念着佛光寺，他所發現的最古老的木構建築。但佛光寺，僅僅作為一座罕見的唐代建築是不夠的，他不得不為它尋求更高尚的意義。於是，1953 年，在《記五台山佛光寺的建築》中，他補充道：「解放以後，我們知道佛光寺不唯仍舊存在，而且聽說毛主席在那裡還住過幾天。這樣，佛光寺的歷史意義更大大地增高了。」[3] 他也開始笨拙地使用各種新的術語，來描述他的建築大發現。講起佛光寺的供養人寧公遇時，他提醒讀者們注意寧公遇與宦官的關係，「看看他們的權富

1 劉先覺：《紀念恩師劉敦楨先生》，載東南大學建築學院編《劉敦楨先生誕辰 110 周年紀念暨中國建築史學史研討會論文集》，第 22 頁。

2 參見吳良鏞《回憶沙坪壩時代的劉敦楨先生》，載東南大學建築學院編《劉敦楨先生誕辰 110 周年紀念暨中國建築史學史研討會論文集》，第 18 頁。

3 梁思成：《記五台山佛光寺的建築》，載《梁思成全集》（第四卷），第 369 頁。

怎樣反映於宗教遺物，留到一千一百年後的今天，就可以證明當時的宗教是服務於封建統治階級，用來麻痹人民的」。[1] 多年前，他對寧公遇的評價其實截然相反，那時他稱她為「功德主」，「謙卑地坐在壇梢」，他還曾興致勃勃地給林徽因和寧公遇拍攝過一張合影 —— 林徽因一手叉腰，一手搭在寧公遇的塑像肩上，彷佛失散了十幾個世紀的姐妹。[2]

1955 年，林徽因在風暴來臨前病逝。人生中的最後六年，她參與設計了國徽、八寶山革命公墓主體建築和人民英雄紀念碑。林徽因的墓碑，是由梁思成設計的。他在碑上留下七個字 ——「建築師林徽因墓」—— 為愛人的一生蓋棺定論。在林徽因複雜的身份標籤中，他只選擇了建築師這一個身份。可惜，哪怕這菲薄的、完全無害的七個字，也在「文革」中被紅衛兵毀去了。

許多年後，人們記住了梁思成與林徽因在北平北總布胡同的家，記住了「我們太太的客廳」，記住了種種緋聞與情感的暗湧，卻大多不記得，有許多時間，林徽因與梁思成並沒有留在那間舒適的客廳裡，而是寧願去荒野與山村間輾轉，把自己交付給古老的建築遺存，交付給那些消逝已久的時光。

梁思成留在人間，繼續小心翼翼地拿捏措辭，不斷做着各種看似深刻的檢討，甚至陷入自我懷疑。為《宋〈營造法式〉註釋》作序時，他反覆斟酌，修改了三次。他寫道：「另一方面，我們又完全知道它對於今天偉大祖國的社會主義建設並沒有甚麼用處。」但他後來把「用處」劃掉，改成了「直接關聯」。最後，他又劃掉「直接關聯」，留下了生前最後的未定稿 ——「另一方面，我們又完全知道它對於今天偉大祖國

1 梁思成：《記五台山佛光寺的建築》，載《梁思成全集》（第四卷），第 375 頁。

2 梁思成：《華北古建築調查報告》，載《梁思成全集》（第三卷），第 358—359 頁。

的社會主義建設並沒有甚麼現實意義。」從「用處」到「直接關聯」，再到「現實意義」，他竭力迎合，卻又顯然心有不甘，他試圖用一種迂迴的方式去證明，他和中國營造學社同仁們從前的探求、輾轉奔波的時光，並非全無意義。

這些檢討並不能保證他在一次次風暴中全身而退。1967 年，他被打成「反動學術權威」。在病中，他依然主動閱讀大量揭發材料，希望能跟上群眾的步伐，把自己視作塵芥一般，他寫道：「如果真是社會主義建設的需要，我情願被批判，被揪鬥，被『踏上千萬隻腳』，只要因此我們的國家前進了，我就心甘情願。」

劉敦楨並不比梁思成幸運。當梁思成致力於保衛老北京，劉敦楨則對南京、蘇州、揚州一帶的園林與城市綠化等問題提出了許多中肯的建議。然而，1966 年，風暴乍起，他就開始遭受批判，他對中國古典園林的研究，轉而成為他的罪證。當年 9 月 21 日，由於日本建築代表團來訪，他得以短暫地「復出」，奉命接待外賓，帶着他們遊覽了明孝陵和中山陵。日本代表團離開後，等待他的是變本加厲的批判。1968 年 4 月 30 日，劉敦楨因病不治去世。四年後，梁思成孤獨地閉上了眼睛，在城牆倒塌的塵埃中，他所鍾愛的故城早已面目全非。

1959 年冬，劉敦楨曾作為中國代表團的一員，訪問印度，在一個半月裡參觀了印度的大批文明遺跡。有一天，一家招待所的總管理員好奇地問他，有沒有參加過兩萬五千里長征。[1] 這個印度管理員當然不知道，劉敦楨、梁思成他們考察中國古建築走過的路，遠遠超過兩萬五千里。只是，這些往事不再被提起，也不便被提及罷了。

---

1 劉敦楨：《訪問印度日記》，載《劉敦楨全集》（四），第 171 頁。

結語
走出書齋以後

明天就死又何妨！
只拚命工作，
就像你永遠不會死一樣。

——丁文江

急起直追

「半年多未到田間，忽然又得浴日吹沙，精神為之一爽……」。[1] 1932 年春天，李濟重返安陽，主持殷墟第六次發掘，忍不住發出這樣的感歎。他和他的同事們已經越來越適應田野生活，熱愛並享受着考古發掘帶來的驚喜，沉埋已久的地下世界令他們魂牽夢縈。

不過，這一年是李濟最後一次主持殷墟發掘。[2] 從 1933 年開始，這項任務將徹底交給年輕的梁思永以及更年輕的石璋如等人，李濟終要為政務牽絆，而史語所也需要傳遞薪火。

考古隊正不斷壯大，甚至形成梯隊，這種情形在八九年前都是難

1 史語所檔案：元 168—14，李濟致函傅孟真，1932 年 4 月 18 日。

2 殷墟發掘一般分春秋兩季進行，這一年秋天，李濟還將主持殷墟的第七次發掘，也是他最後一次在現場直接主持殷墟發掘。

以想像的。九年前，李濟自己也只是科學考古的門外漢，憑藉在美國習得的人類學知識，勉力到河南新鄭進行第一次發掘，積累了一點經驗。八年前，如果歷史老師在課堂上講「石器時代」或者「銅器時代」，仍會引起鬨堂大笑，因為學生們覺得這些史前時代聽起來實在過於荒誕。[1] 所幸，從 1920 年代末開始，隨着各地考古發掘的推進，大量出土文物終於改寫了國人的觀念與認知。

他們生活在一個無比迷戀「急起直追」的時代，[2] 然而，田野考察的這一場轉捩卻顯然並非猝然降臨，而是經歷了漫長的探索與鋪墊。

近代中國的田野考察，從 1910 年代發端，幾乎與民國同齡；而考古學蓬勃之勢，則與「北伐」後形成的國家統一局面相始終。20 世紀上半葉的所謂「黃金十年」，不只是經濟、文化發展或生活方式升級，其實也是田野考察與大發現的黃金時代。無論是開採礦產，勘探煤炭、石油，發掘古生物、古人類化石，還是尋找古文明和古建築遺存，都是國家實力的體現乃至民族形象的縮影。一個重生的國家或者說新興的政府，需要解釋自身的合法性，證明自己代表着民族文化的正朔，於是，田野考察與考古發掘或多或少也成為這種政治敘事的一部分。在這十餘年間，儘管東北三省被日軍步步緊逼，內憂外患從未消弭，但是，相對統一、安定的環境，經濟的發展，國家對科學的倡導，對文化教育的重視，都為田野考察提供了空間，形成了助力而非阻力。飽經離亂的中國人也願意相信，在東方大地上始終存在着足以與西方並駕齊驅甚至超越西方的文明——從數十萬年前的「北京人」時代，到

1　李濟：《中國考古學之過去與將來》，載《安陽》，第 300 頁。

2　梁啟超、蔡元培、胡適、陳獨秀、李大釗、羅家倫、翁文灝、林徽因等人乃至蔣介石都習慣於一次次使用這個詞自我敦促或激勵同仁。

仰韶文化、龍山文化代表的新石器時代，再到殷商時代，莫不如此。新聞業的發達更提供了輿論環境，學界的新發現得以在民間迅速傳播、發酵、轟動，而在民族主義情緒日漸高漲的 1930 年代，這些大發現還帶有「雪恥」的意味，就更能引起共鳴，成為古老民族殘存的慰藉。中國早已不是舊日想像裡的天朝上國，國土淪喪之際，國人卻對天下中心依然心存執念。這當然是長期貧弱狀態下的一種心理上的反彈，其實也有救亡圖存的意味 —— 人們首先需要重拾自信，才有勇氣奮發圖強。

從「感佩」到「翻案」

發軔於這個特殊的時代，中國的田野考察與考古發掘背後，藏匿着複雜的情愫。

19 世紀末，中亞和遠東逐漸成為世界考古學界的重心所在，海外學者和探險家紛至沓來，而在中國大地上，一系列考古和礦藏大發現最初都是由海外學人代勞的。即便地質調查所是由中國學人創立並主持，海外學者同樣起到了不可替代的作用。葛利普和安特生都在國際學術界享有盛譽，安特生、梭爾格、德日進等人更是身體力行地為年輕的中國學人展示着田野考察的方法和研究規範。地質調查所能夠異軍突起，成為蔡元培眼中中國「第一個名副其實的科研機構」，離不開葛利普、安特生、梭爾格、德日進、步達生等海外學人的貢獻。因此，章鴻釗借用春秋戰國時的稱謂，親切地把他們稱為「客卿」。[1] 中國地質學會創建之初，章鴻釗更是明確表態：「新地質學和民國同時產出之後，十年以來，外國的有名地質學家，常常在我們左右和我們共事，這

1 章鴻釗：《中國地質學發展小史》，商務印書館，1937 年，第 5 頁。

正是使我們得到一種不能不發展的機會……這是極可感佩的。」作為這場巨變的主導者之一，他的總結可謂一語中的，而所謂的「不能不發展」更是生動地展現出中外學人之間微妙的關係 —— 海外學人給中國學人帶來了壓力，更賦予了動力；而中國地質界的發展，有被動應激的一面，但更多仍是主動的選擇。

隨着一大批擁有田野考察能力和經驗的年輕人成長起來，天平開始傾斜，「感佩」之外摻雜了更複雜的情緒。中國學者越來越能獨當一面，也逐漸有呼聲要求海外學者不要再繼續「染指」中國人力所能及的領域，[1] 此外，也有中國學者因為自己的發現未被海外學者認同而頗感憤怒。[2] 但是，整個中國地質學界其實未能真正擺脱對西方學者的依賴，舉世矚目的周口店發掘即是一例。五個「北京人」頭骨化石固然都是中國學人發掘出來的，但是，正如李濟後來的評價，「周口店發掘是一個國際合作的實例，參加發掘的除中國人外還有來自美國、加拿大、瑞典、法國、英國和德國的許多著名科學家」。[3] 周口店能進行大規模發掘，最初由安特生和步達生促成，新生代研究室則由步達生和魏敦瑞實際主持和規劃，他們還充當着中國學界與國際學界溝通對話的橋樑。步林和李捷等人摸索出發掘方法，德日進則和楊鍾健一起分析了地層分佈，這些具有奠基意義的工作，讓裴文中、賈文坡的發掘有路可循。

1　在《世界日報》1931 年 1 月 26 日的那篇《驅除斯坦因事件經過 —— 徐炳昶傅斯年之談話》中描述的中國學人的態度，可謂一例。「且此時吾國考古學已甚發達，古跡應盡國人先作，尤不便任外人匆忙掘取，致損古跡。」

2　例如，從 1920 年代到 1930 年代，李四光宣佈在太行山和廬山發現冰川遺跡，而安特生不認同。當時李四光這樣評價安特生的質疑：「他所持的懷疑態度是嚴肅的。」但是，等到 1950 年代，李四光的回憶發生了變化：「他用一種輕蔑的態度，把那些材料很輕視地置之一笑，使我大吃一驚……那些外國人為甚麼這樣做呢？就是要維持他們在中國的威信。」對於李四光的轉變，詳見樊洪業《李四光「廬山論冰」真相》，《南方週末》2014 年 3 月 13 日。

3　李濟：《安陽》，第 51—52 頁。

合作需求其實一直都是雙向的——海外學者需要考察機會和研究素材，中國學者則需要與海外學者切磋，甚至在某些特定問題上獲得他們的認可——無論是對「北京人」牙齒歸屬的評判，還是對「北京人」用火遺跡的論證，仍然需要海外權威專家一錘定音。

對於紮根中國十餘年、與大家亦師亦友的安特生，中國學人的情感最為微妙。作為地質調查所顧問，安特生雖是外國人，卻也在某種程度上代表着中國學術界。中國第一次加入世界地質學大會，提交的四篇論文中就有一篇出自安特生之手，而他還和丁文江、翁文灝等人通力合作，共同開創了中國地質學和史前考古的規範與格局。在他的一系列大發現中，最引人矚目的仰韶遺址與周口店遺址，由於事關中華民族起源，對中國人而言，其意義更是非比尋常。

然而，安特生根據仰韶村出土的彩陶提出「中國文化西來說」，卻又深深刺痛了中國學人。袁復禮曾在 1921 年和安特生一起發掘仰韶遺址，不過，五年後，當他和李濟結伴完成西陰村的發掘，立刻宣佈他們要依靠西陰村的出土文物來「翻案」。「中國文化西來説」始終讓李濟耿耿於懷，後來他一次又一次試圖用西陰村發現的精美彩陶、龍山文化出土的黑陶，以及與西方截然不同的俯身葬法來質疑安特生的假説。當然，還要一直等到 1930 年代梁思永在後岡發現「三疊層」的證據，再等到 1940 年代夏鼐在齊家墓葬的發掘過程中明確仰韶文化早於齊家文化，中國學人才算聯手完成了致命一擊。不過，儘管如此，李濟仍然能理性地評價安特生的貢獻，把他視為「第一個通過自己的成就在中國古生物調查中示範田野方法的西方科學家」。[1] 當然，這也並非譽過其實。

1 李濟：《安陽》，第 45—46 頁。

如果說學人們對安特生「中國文化西來說」的反擊主要還是基於學術層面的切磋，那麼，與日本學界的對抗則帶有更強烈的愛國情感和民族主義情緒。地質界曾有人要求把許多專用名詞都廢棄，重新命名，因為這些名詞大多是從日文轉譯成中文的。所幸，丁文江、翁文灝等人冷靜地呼籲:「科學界必須求節省時間，最宜免各分門戶。日本名詞為中國所無者中國自宜應用，中國名詞為日本所未有者日本亦必接受。所以中國用日文寒武，日文亦必用華文之奧陶。誼尚往來最便實用。」1930 年代，中國被日本侵略者步步蠶食，書生無力投筆從戎，只好以學術研究對陣日本學界和政界。傅斯年派梁思永調查昂昂溪遺址，他本人又在「九一八事變」後趕寫《東北史綱》，正告侵略者，東北自古就是中國的一部分，與日本無關。中國營造學社也因梁思成和劉敦楨的堅持，從此「驅逐」了全部日本社員。1932 年 6 月，林徽因在信中毫不客氣地說，梁思成正在寶坻縣考察古建築，「我們單等他的測繪詳圖和報告印出來時嚇日本鬼子一下痛快痛快，省得他們目中無人，以為中國好欺侮」。[1] 後來，他們對唐代木構建築滿懷執念，自然是為了學術研究，但在很大程度上，也未嘗不是想「嚇日本鬼子一下痛快痛快」。可惜，當他們終於如願以償，全面抗戰卻爆發了，一個時代的期望與絕望，都濃縮進 1937 年芒種前後那個大喜大悲的戲劇性時刻。

當然，他們並非聖人，不可能全知全能，有時也失之草率。傅斯年在《東北史綱》中的一些論斷被證明存在錯誤，而李濟的得意弟子、後來的國際考古學界領袖張光直也對 1950 年代以前的中國考古學有所

1　1932 年 6 月 14 日，林徽因致信胡適。

反思，認為其最主要的特徵是民族主義。[1] 無論是地質學界、考古學界還是建築學界，都有過一些難以解開的心結，執迷於回應甚至刻意對抗海外學界的某些判斷，這幾乎變成了一種本能反應。這些思維慣性顯然都是「民族情感壓倒了學術規範」的體現，[2] 會直接影響研究的客觀性和價值。如果回到 1930 年代中國的語境下，這一切似乎情有可原，但它們無疑又是危險的。當這些複雜的情緒經年累月不斷淤積，形成思維慣性，終至變調乃至失控。

「借鏡」

與地質調查所相比，史語所和中國營造學社一直保持着高度的自主性，但這並不意味着盲目排外。史語所創辦之初，傅斯年就明確提出「外國人之助力斷不可少」，並陸續邀請伯希和、米勒（F.W.K.Müller）、高本漢[3]、史祿國、鋼和泰、步達生、德日進等海外學人擔任通信研究員或專任研究員。中國營造學社也有八名社員分別來自日本、德國和美國。[4] 兩家機構都與海外學界交流頻仍，往來緊密。

固然，中國學人始終心存糾結。胡適、陳垣、傅斯年等人一次次誓言要把漢學中心從巴黎、柏林、東京奪回北平，又頻頻哀歎夢想遙遙無期。陳寅恪給畢業生作詩留念，也大發感慨，大家蜂擁着到日本去研究中國歷史，「神州士夫羞欲死」，他希望學生們能夠努力，「要待

1 張光直：《二十世紀後半的中國考古學》，載《考古學專題六講》，生活 · 讀書 · 新知三聯書店，2013 年，第 170 頁。

2 這是王汎森的判斷，他認為，傅斯年在寫作《東北史綱》時出現的問題，體現出「民族情感壓倒了學術規範」。王汎森：《傅斯年：中國近代歷史與政治中的個體生命》，第 169 頁。

3 高本漢的名字當時被譯為珂羅倔倫。

4 林洙：《叩開魯班的大門》，第 20 頁。

諸君洗斯恥」。[1] 這種「奪嫡」與雪恥的渴望，在史語所創立後似乎終於迎來了曙光。1932 年，因伯希和大力推薦，安陽殷墟發掘報告獲得「儒蓮獎」，而歷史組和語言組也都有不小的成就，當年年底，傅斯年就迫不及待地向蔡元培宣佈：「此時對外國已頗可自豪焉。」[2] 蔡元培的回信則直接點破了傅斯年內心真正所想：「『中國學』之中心點已由巴黎而移至北平，想伯希和此時亦已不能不默認矣。」儘管兩人都知道，這個論斷下得太過草率，中國學界要走的路還很長，何況，即便是這個獎項也仍是西方學術界在決定遊戲規則。當然，對於創辦只有四年的史語所而言，這已是不菲的成就。

1933 年，伯希和再度訪華，史語所以歐美同學會的名義舉行歡迎會，傅斯年、梁思成、林徽因等人都在場。傅斯年致辭，盛讚伯希和的學術功底與見地，希望他能「對吾人有些同情而不客氣的批評」，與此同時，傅斯年又倡議中國學人發憤圖強，挑戰西方漢學界，「應存戰勝外國人之心，而努力赴之」。不過，這並不意味着中國學界要閉門造車，而是「應借鏡於西方漢學之特長，此非自貶實自廣也」，因為學術的進步「甚賴國際間之合作影響與競勝」。所謂的「借鏡」，既是學習和借鑒，更是一種多元、開放的治學態度，並非示弱，而是藉此獲得新生的力量。

歡迎會召開之前的幾個月，梁思成曾與伯希和有過書面往來。伯希和輯錄的《敦煌石窟圖錄》中有幾張建築照片，引起了梁思成的興趣，他與伯希和聯絡，詢問是否有更清晰的照片或相關材料，得到了伯氏熱情的回應，因此，梁思成用「惠然不憚繁屑的指導我們」這樣的

1　陳寅恪：《北大學院己巳史學畢業生贈言》。

2　史語所檔案：III：81，1932 年 12 月 26 日，傅斯年致蔡元培。

溢美之詞公開表達謝意，儘管事實上他並不需要伯希和幫他做出任何判斷或給予任何指點，他需要的只是一些照片、資料以及翻印照片的授權。[1]

那場宴會上，傅斯年提醒伯希和注意中國學界的新跡象，「北平的中國學人，在這幾年中已大大地擴充了他們的範圍，勇敢地嘗試些新方法」，兩年後，當伯希和再度訪華，適逢梁思永主持殷墟第十一次發掘，規模空前，出土文物繁多，傅斯年興奮地把伯希和帶到安陽發掘現場，後者驚歎不已。傅斯年自然想藉伯希和之口向世界傳播殷墟的重要價值，但他其實更是在自信地展示着中國學人獨立取得的成就。果然，兩年後，伯希和就在哈佛大學三百周年演講中盛讚殷墟發掘「是近年來全亞洲最重大的考古發掘」。

相形之下，中國營造學社對日本建築學家懷着很高的警惕心。關野貞曾向朱啟鈐提出聯合調查獨樂寺，朱啟鈐不置可否，卻把這個信息透露給梁思成，促成了梁思成第一次真正意義上的田野考察。近年有觀點認為，梁思成、林徽因等人或許未能突破伊東忠太對中國建築史的界定，[2] 但是，毋庸置疑的是，他們在田野考察的過程中掌握了大量一手資料，運用現代建築學的方法加以觀照，更對《工程作法則例》和《營造法式》進行了深入研究，因此，他們可以自信地宣佈，他們比所有外國人（當然也包括本國人）更理解中國營造，他們才是這個領域的權威，有足夠的資格回應並糾正海外學人對中國古建築的種種誤讀。

---

1 參見梁思成《伯希和先生關於敦煌建築的一封信》，載《梁思成全集》（第二卷），第 45—48 頁。當然，有一點值得注意。常盤大定和關野貞認為，中國存世最古老的建築是大同華嚴寺薄伽教藏，而伯希和提出，敦煌有一處檐廊比薄伽教藏還要早數十年。他在給梁思成的信中駁斥了常盤大定和關野貞的論斷，這反映出他的學術功底與視野，而且顯然也引起了梁思成的共鳴。

2 朱濤在《梁思成與他的時代》一書中，對此做了詳盡的論述。

當然，中國學人在考察和研究過程中，運用的仍是西方的地質學、地層學、古生物學、考古學、人類學、建築學等領域的知識和方法。大多數學術領袖從海外留學歸來，即便是自學成才者如裴文中、賈蘭坡，也都有着各自視作「聖經」般的西方學術典籍——《古生物學教程》和《哺乳動物骨骼入門》，而當梁思成打算培養莫宗江繪圖時，交給他的也是一部西方經典——弗萊切爾的建築史。

既然能成為所謂的「聖經」，它們提供的當然不只是基礎知識，更是視野和方法論。在這些「聖經」中，唯一的例外大概就是《營造法式》了——這部「天書」由中國人書寫，而且誕生於千年以前。梁思成、劉敦楨、陳明達等人都相信，依靠它可以架構起與西方截然不同的建築史系統，甚至可以推動當下的建築實踐。這部北宋的「天書」激勵着他們一次次踏上尋訪古建築的旅程，嘗試揣摩古人的深意。不過，儘管他們試圖別開通途，通過考察欅、柱尤其是斗拱，摸索研究中國古建築的獨特角度，但是，無論是調查、測繪，還是撰寫考察報告，他們運用的仍是現代建築學的方法，並遵循其學術規範。學術為天下之公器，中國學人不可能不學習這些知識，不依賴這些工具，不借鑒海外學人的思維方式與方法。故步自封注定無路可走。他們固然希望復興中國學術乃至民族精神，但他們的目標是要融入世界，而不是自絕於世界。

消逝的星河

地質調查所是在實業救國的語境下建立起來的，但其主持者丁文江構思的卻是更大的學術版圖，涉及礦產、岩石、古生物、地理、氣候甚至人類學等諸多領域，以雄闊的視野塑造了地質調查所乃至中國地質界的格局。他的構想，與其説是一種預言，倒毋寧説是一種極具前瞻性的判斷。對煤與鐵的尋找，不可避免終將觸及沉睡在大地深處無數個世紀的遠古生物化石和史前人類遺骸，地質調查所的工作注定會從勘探礦藏，助力實業，擴展到古生物學乃至史前考古領域，而古生物學甚至後來居上，成為一時的顯學。跨領域研究漸成趨勢，並持續加速。僅僅周口店的發掘，就在短短十餘年間經歷了從古生物學到人類學再到考古學的跨越，[1] 而安特生、步達生等學人也都在中國找到了新的研究空間，與這個大發現的時代相互成全。

當然，地質勘探與古生物研究都很重要，並無高下之分，但這種轉變至少意味着地質調查所逐漸脱離了成立之初政府施加給它的界定（何況，地質調查所也很難依賴微薄的政府撥款維持運作），田野考察與研究變得更加多元而獨立。

地質學和古生物學的探索，為中國的田野調查佈下恢宏的開局，考古學的發展也變得順理成章。傅斯年創辦史語所，是以地質調查所為榜樣的，而李濟也從不否認，「做考古學工作的人親自跑到野外去收集材料，則完全是受了近代科學的影響，尤其是地質學、古生物學的影響。安陽發掘也可以説就是這種影響所及的一個發展」。[2] 當然，考古學也「反哺」地質學和古生物學，尤其是李濟等人運用的「探溝法」，同樣影響着周口店的發掘實踐，而德日進、楊鍾健、裴文中、梁思成等人都曾到訪殷墟，或給予建議，或受到啟發。中國營造學社社長朱啟鈐為地質調查所圖書館捐過款，[3] 丁文江與梁家則有多年私誼。中國

1 裴文中：《龍骨山的變遷》，《中國科技史料》1982 年第 2 期。

2 李濟：《〈安陽發掘〉日文版序言》，載張光直主編《李濟文集》(5)，第 154 頁。

3 1922 年 8 月 5 日，丁文江組了一場飯局，邀請胡適參加。他請的都是給地質調查所圖書館捐款的人，其中就有朱啟鈐。這是胡適第一次見朱啟鈐，他在日記中寫道：「他是近十年內的第一個能吏，勤於所事……交通系的重要分子，以天資的聰明論，自然要推葉恭綽；以辦事的真才論，沒有可比朱啟鈐的。」

營造學社在抗戰期間陷入困境，是史語所和李濟主持的中央博物院出面為梁思成、劉敦楨等人支付薪資，傅斯年和翁文灝更全力為梁氏兄弟和林徽因爭取資助。[1] 中國營造學社與史語所結伴從昆明一路遷徙到李莊，當然不僅因為梁思成和梁思永的血緣關係；史語所豐富的藏書，以及傅斯年、李濟等人對梁氏兄弟的關愛，都將這兩家機構緊密地聯結在一起。流寓西南的日子裡，劉敦楨與董作賓合作調查了周公測景台，而營造學社與史語所、中央博物院還聯合組成川藏古跡考察團，冒着戰火，調查不輟。這一切，正如李濟評價的那樣：「近代的學術工作大半都是集體的。每一件有益思想的發展，固然靠天才的領悟和推動，更要緊的是集體合作的實驗、找證據以及復勘。只有在這類氣氛中，現代學術才有紮根生苗的希望。」

這幾家學術機構的主事人也大多身兼多職，彼此密切關聯。丁文江創辦地質調查所，後來又擔任中央研究院總幹事，而他和翁文灝都是史語所的特約研究員；李濟由清華國學研究院加入史語所，同時也是中國地質學會會員和中國營造學社理事；梁思成作為中國營造學社法式部主任，還是史語所兼任研究員。事實上，丁文江和傅斯年不只是地質調查所和史語所的創始人，他們實際上還充當着當時中國學術界的「設計師」，兩人同樣格局開闊，精力充沛，同樣豪氣干雲，急人所難。在他們背後，還站着楊銓、任鴻雋、翁文灝、朱家驊、王世傑這些橫跨學界和政界的知交，以及蔡元培和胡適兩代精神領袖，所有的力量最終凝聚成學術的共同體。不世出的天才湧進同一個時代，合力造就時勢，自此，中國學界出現脱胎換骨的蛻變，其實已經毫無懸念。

1　翁文灝在這件事中起到的作用，詳見李學通《翁文灝與梁思成、林徽因》。

作為前所未有的一代人，他們既是「賽先生」的門生，又是「德先生」的信徒，在時代夾縫裡，努力維繫思想的獨立與尊嚴，試圖讓學術超然於政治之上，不斷碰壁，卻屢敗屢戰。他們比此前許多時代的士人都更有愛國意識，更渴望復興，迷戀富強之術，願意為之付出任何代價，但這種愛國熱忱基本是清醒的，沒有被極端民族主義情緒徹底污染。

他們不再盲目地沿襲前人，或迷戀所謂權威，而是寧願放下成見，走向田野，以科學的方法求索、實證，探尋地球的隱秘或還原歷史的真相。他們保持着開放、理性的態度，願意跨領域協同，跨國界合作，紙上的世界與地下的世界交匯，終於建構起新的格局；而當災難降臨，他們又彼此扶持，相互砥礪，捱過無盡長夜。他們締造的時代固然傳奇，但歸根結底，無他，其實就是尊重常識，相信科學，保存開放的心態。

無論怎樣的時代都有落幕的一日，星河終將消逝，人們各奔前程乃至生死陌路，過往種種都被時間稀釋。街市永是流駛，世事不斷輪迴，他們經歷的困惑，未來的世代仍要面對並做出抉擇——是信仰科學還是迎合權力，是融入世界還是閉門自守，是努力恪守「獨立之精神，自由之思想」，還是甘做附庸，究竟該如何選擇，似乎不言而喻，但在現實中，所望與所求常常相悖。許多事情聽來都是常識，可惜，當人們真的需要做出選擇時，最先捨棄的往往就是這些最基本的準則與常識。

參考書目

「中央研究院」八十年院史編纂委員會主編：《追求卓越：中央研究院 80 年》，台北「中央研究院」，2008 年。

卞僧慧纂，卞學洛整理：《陳寅恪先生年譜長編（初稿）》，中華書局，2010 年。

陳存恭、陳仲玉、任育德訪問，任育德紀錄：《石璋如先生口述歷史》，九州出版社，2013 年。

陳洪波：《中國科學考古學的興起：1928—1949 年歷史語言研究所考古史》，廣西師範大學出版社，2011 年。

陳明達：《營造法式大木作研究》，文物出版社，1981 年。

陳明遠：《文化人的經濟生活》，陝西人民出版社，2010 年。

陳平原：《觸摸歷史與進入五四》，北京大學出版社，2010 年。

程光煒：《文人集團與中國現當代文學》，人民文學出版社，2005 年。

崔勇：《中國營造學社研究》，東南大學出版社，2004 年。

岱峻：《發現李莊》，福建教育出版社，2015 年。

岱峻：《李濟傳》，江蘇文藝出版社，2009 年。

岱峻：《民國衣冠：風雨中研院》，北京聯合出版公司，2012 年。

丁文江、趙豐田編：《梁啟超年譜長編》，上海人民出版社，1983 年。

丁文江：《漫遊散記》，雲南人民出版社，2008 年。

東南大學建築學院編：《劉敦楨先生誕辰 110 周年紀念暨中國建築史學史研討會論文集》，東南大學出版社，2009 年。

竇忠如：《王國維傳》，百花文藝出版社，2007 年。

杜正勝主編：《來自碧落與黃泉—中央研究院歷史語言研究所文物精選錄》，台北「中央研究院」歷史語言研究所，1998 年。

費慰梅：《梁思成與林徽因》，曲瑩璞、關超等譯，中國文聯出版公司，1997 年。

費俠莉：《丁文江：科學與中國新文化》，丁子霖、蔣毅堅、楊昭譯，楊照明校，新星出版社，2006 年。

費正清：《費正清中國回憶錄》，熊文霞譯，中信出版社，2013 年。

高星，裴申主編：《不朽的人格與業績 —— 紀念裴文中先生誕辰 100 周年》，科學出版社，2004 年。

高星等主編：《探幽考古的歲月：中科院古脊椎所 80 周年所慶紀念文集》，海洋出版社，2009 年。

格里德爾：《知識分子與現代中國：他們與國家關係的歷史敍述》，單正平譯，廣西師範大學出版社，2010 年。

葛兆光：《宅茲中國：重建有關「中國」的歷史論述》，中華書局，2011 年。

耿雲志：《胡適年譜（1891—1962）》，福建教育出版社，2012 年。

胡慧君：《抗日戰爭時期的胡適》，浙江大學出版社，2013 年。

胡適著，曹伯言整理：《胡適日記全編》，安徽教育出版社，2001 年。

胡適著，歐陽哲生編：《胡適文集》，北京大學出版社，1998 年。

賈建飛：《文明之劫 —— 近代中國西北文物的外流》，人民美術出版社，2004 年

江勇振：《捨我其誰：胡適（第一部：璞玉成璧，1891—1917）》，新星出版社，2011 年。

蔣天樞撰：《陳寅恪先生編年事輯（增訂本）》，上海古籍出版社，1997 年。

解璽章：《梁啟超傳》，上海文化出版社，2012 年。

李方桂：《李方桂先生口述史》，王啟龍、鄧小詠譯，李林德校訂，清華大學出版社，2003 年。

李光謨：《從清華園到史語所：李濟治學生涯瑣記（修訂本）》，商務印書館，2016 年。

李濟：《安陽》，河北教育出版社，2000 年。

李學通：《幻滅的夢：翁文灝與中國早期工業化》，天津古籍出版社，2005 年。

李學通：《書生從政：翁文灝傳》，蘭州大學出版社，1996 年。

梁啟超：《梁啟超全集》，北京出版社，1999 年。

梁思成：《梁思成全集》，中國建築工業出版社，2001 年。

林志宏：《民國乃敵國也：政治文化轉型下的清遺民》，中華書局，2013 年。

林洙：《叩開魯班的大門——中國營造學社史略》，中國建築工業出版社，1995 年。

劉敦楨：《劉敦楨文集》，中國建築工業出版社，1982 年。

劉夢溪主編：《中國現代學術經典：趙元任卷》，河北教育出版社，1996 年。

劉致平著，王其明增補：《中國居住建築簡史：城市、住宅、園林》，中國建築工業出版社，1990 年。

魯迅：《魯迅全集》，人民文學出版社，2005 年。

陸鍵東：《陳寅恪的最後 20 年》，生活 · 讀書 · 新知三聯書店，2013 年。

羅斯瑪麗 · 列文森採訪：《趙元任傳》，焦立為譯，河北教育出版社，2010 年。

羅志田：《再造文明的嘗試：胡適傳（1891—1929）》，中華書局，2006 年。

歐陽哲生：《傅斯年：一生志業研究》，台北秀威資訊科技有限公司，2014 年。

潘光哲：《何妨是書生：一個現代學術社群的故事》，廣西師範大學出版社，2010 年。

潘惠樓編：《周口店遺址》，北京出版社，2018 年。

裴文中：《裴文中科學論文集》，科學出版社，1990 年。

裴文中：《周口店洞穴層採掘記：地質專報乙種第七號》，國立北平研究員地質學研究所實業部地質調查所，1934 年。

石璋如調查，石磊編輯：《龍頭一年：抗戰時期昆明北郊的農村》，台北「中央研究院」歷史語言研究所，2007 年。

石璋如著，李永迪、馮忠美、丁瑞茂編校：《殷墟發掘員工傳》，台北「中央研究院「歷史語言研究所，2017 年。

舒衡哲：《中國啟蒙運動：知識分子與五四遺產》，劉京建譯，新星出版社，2007 年。

斯文·赫定：《亞洲腹地探險八年》，徐十周等譯，新疆人民出版社，2001 年。

宋廣波：《丁文江圖傳》，台北秀威資訊科技有限公司，2007 年。

蘇同炳：《手植楨楠已成蔭 —— 傅斯年與中研院史語所》，台灣學生書局有限公司，2012 年。

陶英惠：《典型在夙昔 —— 追懷中央研究院六位已故院長》，台北秀威資訊科技有限公司，2007 年。

汪榮祖：《陳寅恪評傳》，百花洲文藝出版社，1997 年。

王忱編：《高尚者的墓誌銘：首批中國科學家大西北考察實錄（1927—1935）》，中國文聯出版社，2005 年。

王汎森、杜正勝編：《傅斯年文物資料選輯》，台北「中央研究院」歷史語言研究所，1995 年。

王汎森、潘光哲、吳政上主編：《傅斯年遺札》，社會科學文獻出版社，2015 年。

王汎森：《傅斯年：中國近代歷史與政治中的個體生命》，王曉冰譯，生活·讀書·新知三聯書店，2012 年。

王汎森：《中國近代思想與學術的系譜》，河北教育出版社，2001 年。

王國維著，謝維揚、房鑫亮主編：《王國維全集》，浙江教育出版社，2010 年。

吳宓：《吳宓自編年譜》，三聯書店，1995 年。

吳學昭：《吳宓與陳寅恪（增補本）》，生活·讀書·新知三聯書店，2014 年。

徐玲：《留學生與中國考古學》，南開大學出版社，2009 年。

許紀霖等：《近代中國知識分子的公共交往》，上海人民出版社，2008 年。

許倬雲口述，李懷宇撰寫：《許倬雲談話錄》，廣西師範大學出版社，2010 年。

楊鍾健：《西北的剖面》，生活·讀書·新知三聯書店，2014 年。

楊鍾健：《楊鍾健回憶錄》，地質出版社，1983 年。

葉文心：《民國時期大學校園文化（1919—1937）》，馮夏根、胡少誠、田嵩燕等譯，中國人民大學出版社，2012 年。

易社強：《戰爭與革命中的西南聯大》，饒佳榮譯，九州出版社，2012 年。

余英時：《重尋胡適歷程：胡適生平與思想再認識》，上海三聯書店，2012 年。

袁疆：《西北科學考察的先行者：地學家袁復禮的足跡》，新華出版社，2007年。

張灝：《梁啟超與中國思想的過渡（1890—1907）》，崔志海、葛夫平譯，江蘇人民出版社，1995年。

張朋園：《梁啟超與民國政治》，吉林出版集團有限責任公司，2007年。

趙元任：《語言問題》，商務印書館，1980年。

趙元任：《趙元任生活自傳》，中國華僑出版公司，1989年。

趙元任著，吳宗濟，趙新那編：《趙元任語言學論文集》，商務印書館，2002年。

周明之：《胡適與中國現代知識分子的抉擇》，雷頤譯，廣西師範大學出版社，2005年。

朱華：《近代中國科學救國思潮研究》，人民出版社，2010年。

朱濤：《梁思成與他的時代》，廣西師範大學出版社，2014年。

責任編輯　許琼英
書籍設計　霍明志
排　　版　高向明
印　　務　馮政光

書　　名　荒野上的大師：中國考古黃金時代
作　　者　張　泉
出　　版　香港中和出版有限公司
Hong Kong Open Page Publishing Co., Ltd.
香港北角英皇道 499 號北角工業大廈 18 樓
http://www.hkopenpage.com
http://www.facebook.com/hkopenpage
http://weibo.com/hkopenpage
Email: info@hkopenpage.com
香港發行　香港聯合書刊物流有限公司
香港新界荃灣德士古道 220－248 號荃灣工業中心 16 樓
印　　刷　中華商務彩色印刷有限公司
香港新界大埔汀麗路 36 號中華商務印刷大廈 14 樓
版　　次　2023 年 5 月香港第 1 版第 1 次印刷
規　　格　32 開（148mm×210mm）320 面
國際書號　ISBN 978-988-8812-70-7

本書由一頁 folio 授權本公司出版發行。